貓頭鷹書房

有些書套著嚴肅的學術外衣，但內容平易近人，非常好讀；有些書討論近乎冷僻的主題，其實意蘊深遠，充滿閱讀的樂趣；還有些書大家時時掛在嘴邊，但我們卻從未看過……

如果沒有人推薦、提醒、出版，這些散發著智慧光芒的傑作，就會在我們的生命中錯失——因此我們有了**貓頭鷹書房**，作為這些書安身立命的家，也作為我們智性活動的主題樂園。

貓頭鷹書房——智者在此垂釣

貓頭鷹書房 459

法式愛情

法國人獻給全世界的熱情與浪漫

How The French Invented Love

Nine Hundred Years of Passion and Romance

瑪莉蓮・亞隆◎著

何修瑜◎譯

貓頭鷹

各界好評

《法式愛情》內容相當精采，生動又博學……瑪莉蓮．亞隆的這本書不但讓我們體驗了偉大文學，也感受到她充滿情感的個人回憶。

——戴安．強生，著有《馬拉喀什的露露》與《離婚》

在《法式愛情》中，瑪莉蓮．亞隆結合了機智與對話性的寫作風格與令人讚嘆的博學……這本迷人的著作帶領讀者踏上全面的法式愛情之旅。談到愛情或談到法國，亞隆並不是過於感傷的理想主義者，然而她在書中的個人經驗，也是這本可讀性高的著作中相當迷人的部分。

——蘇珊．魯賓．蘇利曼，著有《與當代文學藝術相遇》

瑪莉蓮．亞隆探索了數世紀以來遺留在法國文學中，關於愛情的神祕與複雜性……她不落俗套地提供讀者廣泛全面的研究與豐富的精神分析與文化考察。

——皮耶・聖阿曼德，著有《追求懶惰的啟蒙運動》

這是一場從十二世紀的阿伯拉與哀綠綺思一直到二十世紀的莒哈絲與二十一世紀的索雷爾的醉人法國文學之旅……博學與迷人的瑪莉蓮・亞隆是最完美的旅伴……本書讀者會想衝進圖書館裡待上一年，閱讀她所解構的每一本書。

——《出版者週刊》（星級推薦書）

推薦文

守護你我平凡人心中的浪漫之愛

秦曼儀／臺灣大學歷史系副教授

法國之旅，行前憧憬浪漫花都的人們不知凡幾。賦歸後，少不了抱怨幾句巴黎人的冷漠傲態。前後印象無論多麼虛幻與真實，驅動你我無意或有意地尋覓解密法國社會文化的好書。

美國知名學者瑪莉蓮·亞隆的《法式愛情：法國人獻給全世界的熱情與浪漫》是一本出乎我意料之外的好書！原因在於愛情這朵山巔之花，不易摘！縱使史學高手絡繹不絕地挑戰研究古久歷史上男男女女的情感經驗，愛情禁得起史學分析這把解剖刀的切割嗎？我曾讀過根據書名統計來分析法國近代早期的愛情史著，可惜當時以及後來都沒心讀完·但是，要推薦一本書名像似散播「法式愛情」迷思的書，我一時也有猶豫的情緒。法文譯作刪除原作副標題「九百年的熱情與浪漫」，不就是因為沒完沒了思辨愛情和編織故事的法國人，把外國人眼中的法式特質視為刻板了無新意嗎？我不是也期許自己的教學須盡「除魅」之力：學生一旦了解了歷史上法國社會、政治和文化複雜交織的關係和權力樣態，他們將不再脫口說出「法國為什麼那麼浪漫？」這般天真俗套的問題！

然而，展頁暢讀本書之後，我發現中譯書名比原文、法譯本更貼切作者字裡行間傳達的心意；我也領悟到，天真俗套的問題是觸動人心求知問學的契機。讀者在譯者簡潔流暢的文筆引導下，跟隨亞隆女士兼容文化比較和文學分析的視角，閱讀歷史上謳歌愛情的經典，欣賞新式的影視劇作，和作者一起驚嘆不論是當代名人抑或一般法國人不尋常的愛情經歷，將發現作者從跨幅九百年擷取的文獻和證詞原來同時烙印了法國特性（frenchness）以及該社會文化的變遷軌跡。

在當代可辨識的「法式愛情」傳統裡，韌性最強的非十七和十八世紀貴族創造的殷勤和調情這樣的兩性社交模式莫屬。歷經法國大革命取消等級制度的十九世紀、性解放倡議的二十世紀，甚至民事伴侶法施行的二十一世紀，社會和婚姻制度變化巨大，個人追求的浪漫幻滅無常，但殷勤和調情卻成為文化面紗，讓人迷惑究竟其顯現的是迷人的紳士禮貌還是遮蔽粗鄙的性騷擾？在等待法國社會對於 #MeToo 的回應之前，讓我們先饗宴《法式愛情》的歷史之旅。

沒有我就沒有你，沒有你就沒有我

——《忍冬詩》，法蘭西的瑪麗，十二世紀

法式愛情：法國人獻給全世界的熱情與浪漫

目次

兩種款款深情

致讀者

法國人是多麼熱愛愛情！愛情在他們的國家認同中占有重要的一席之地，與流行、美食和人權分庭抗禮。沒有欲望的法國男女會被認為是有缺陷的，就好像少了味覺或嗅覺。數百年來，法國人藉由文學、繪畫、歌曲和電影，成為愛情藝術的引領風潮者。

我們這些說英語的人，在表達愛的語彙時往往會使用法語。我們把舌頭交纏的接吻稱為「法式親吻」。我們會直接用「rendezvous」（約會）、「tête-à-tête」（談心）和「ménage à trois」（三角關係）這些法文字眼讓親密關係的形容方式帶著點法國味。有些英文字如「courtesy」（禮貌）和「gallantry」（殷勤）也都直接來自法文，而 amour（愛人）則根本無須翻譯。美國人和世界上其他許多人一樣，對於保證能使大幅增進我們的外表與戀愛生活的任何法國製品深深著迷。

「法式愛情」的定義之一，就是對性歡愉直率的堅持。從最近一項針對五十到六十四歲的美國人與法國人的民調就可看出，即使上了年紀，法國男女也很執著地憧憬基於肉欲的愛情。《美國退休人員協會雜誌》在二〇一〇年一月／二月號發表了一篇研究報告，指出只有百分之三十四的法國人同意「缺少精采的性生活，真愛也能存在」這句話；相較之下同意的美國人卻有百分之八十三。對於性的需求，雙方意見差距竟有百分之四十九之多，這是多麼驚人的統計數字！法國人對肉欲滿足感的強調，讓一本正經的美國人覺得他們真是壞得可愛。

此外，在法國人眼中，愛情還包括一些黑暗成分，美國人卻不願意承認這些是正常的情緒：受苦、婚外情、腳踏多條船、激情之罪、幻滅，甚至是暴力行為。或許最重要的是，法國人接受一項前提：性的熱情有其自成一格的正當理由。法式愛情就是缺少美國人能接受的那種道德外衣。

從中世紀的《崔斯坦與伊索德》，到現代電影如《騙婚記》、《鄰家女》和《為愛遠離》，愛情代表一種宿命，一種無法抗拒的命運，在它面前你無法反抗。遇上情欲，道德成了無力的對手。

我在本書中追尋法式愛情，一路從十二世紀直到我們生活的年代。經過數世紀再造，法國人九百年前的發明已經越過法國國界來到世界各地。我這一代的美國人認為法國人是愛情供應商。從這些人的書籍、歌曲、雜誌和電影，我們建構出一幅性感的浪漫圖像，與一九五〇年代粉飾過的美國愛情典型截然不同。法國人是怎麼辦到的？寫作本書就是為了回答這個問題。

前言

阿伯拉與哀綠綺思，法國情侶的守護聖徒

上帝知道，在我這一生中，我更怕的是冒犯你而不是冒犯祂；
我更想取悅的是你，而不是祂。

——哀綠綺思致阿伯拉，約一一三三年

TOMBEAU D'HELOÏSE ET D'ABEILLARD

拉雪兹神父公墓裡的哀綠綺思與阿伯拉之墓

法國人熟知阿伯拉與哀綠綺思，正如美國人與英國人熟知羅蜜歐與茱麗葉。這對十二世紀初情侶的故事如此奇特，讀來簡直就像是一則哥德小說。他們以拉丁文寫給對方的情書令人稱奇，而阿伯拉的自傳《我的苦難史》已經成為法國愛情史上的憲章。

阿伯拉是巡迴各地的神職人員和學者，也是哲學家，他是當時最受歡迎的教師。二、三十歲時，他以辯證學（邏輯學）與神學演說名噪一時，他英俊的外表也對此大有助益。公開演說的阿伯拉宛如現代搖滾巨星一般，以堂堂相貌引來大批仰慕者。在法國的大學還沒出現之前，城市裡的學校總是出現在知名學者周遭，阿伯拉在巴黎創辦的學校就讓基督教世界各地的學生齊聚一堂。

哀綠綺思是一名巴黎司鐸的姪女與受監護人，少女時期就以聰穎博學聞名。當時的她精通拉丁文，也開始逐漸嫻熟希臘文與希伯來文。深受才華洋溢的哀綠綺思吸引，阿伯拉設計出一個引誘她的必勝方法：他住在這名司鐸的家中當她的家庭教師。要不了多久兩人就投入對方懷抱，對彼此產生炙熱的愛情。

一一一五年至一一一六年間的冬天兩人相戀之初，哀綠綺思不過十五歲，阿伯拉大概三十七歲。然而他聲稱與哀綠綺思相遇之前自己一直獨身，也完全沒有預料到兩人之間的致命吸引力：「雖然書攤開在面前，我們之間交換愛的言語比閱讀的時間更多，親吻比教學的時間更長。我的雙手往往游移在她的胸前而非書頁間；愛使我們的目光停留在彼此，無視於眼前的文字。」[1]

對哀綠綺思來說，他們的愛情是令人著迷的天堂，她永遠無法將其從腦中抹去：「我們共享的男歡女愛太過甜蜜，它從來不讓我失望，我幾乎無法停止這些思緒。」

但是愛欲也有不利的一面。阿伯拉的學術工作受到影響，學生們開始抱怨他心不在焉；心思全在為哀綠綺思譜寫戀歌的阿伯拉無暇研究神學，罔顧周遭流言。最後，哀綠綺思的叔父再也不能無視這段戀情，這對情侶被迫分開，但這時哀綠綺思已經懷孕。阿伯拉把她送到他布列塔尼的家人那裡度過孕期，自己留在巴黎面對哀綠綺思憤怒的叔父。兩人同意阿伯拉與哀綠綺思應該結婚，以便恢復她的清譽，卻沒有人在意哀綠綺思反對此事：她寧可當阿伯拉的情婦也不願成為他的妻子，因為她知道婚姻會摧毀他的事業，而她也和一般人看法相同，認為愛情在婚姻中無法存活。

然而，在生下兒子阿斯妥拉普後不久，阿伯拉與哀綠綺思就在她叔叔和幾名證人的見證下於教堂中祕密結婚。他們希望保密這樁婚事，才能保住阿伯拉的聲譽。但這隱密的情況無法滿足依舊與哀綠綺思同住的叔父。阿伯拉開始對她惡言相向，拳打腳踢，並決定暫時將她安置在她兒時受教育的阿讓特伊女修道院。哀綠綺思的叔叔認為阿伯拉這麼做是想擺脫哀綠綺思，於是用了個可怕的方式懲罰他：某天晚上僕人們趁阿伯拉睡覺時溜進他的房間，將他閹割。閹割！即使是品味最糟的電影也不願演出這種令人毛骨悚然的犯罪。

我第一次聽到阿伯拉與哀綠綺思的名字，或許是來自一九三五年的音樂劇《二十五週年慶典》中柯爾．波特所寫的歌曲〈命中注定之事〉：「就像阿伯拉對哀綠綺思說的／請你別忘了寫信給我。」

這首歌在二十世紀中曾經紅極一時，當時的老戲迷應該都明白其出處。不過這兩個名字對我毫無意義，直到一九五〇年代我在衛斯理女子學院讀中世紀法國文學時，讀到由十五世紀詩人弗朗索瓦．維庸所寫的著名〈昔日淑女歌謠〉：

學識豐富的哀綠綺思在何方？
阿伯拉為了她遭到閹割
成為聖德尼教堂的僧侶
為了她的真愛，他承受這些試煉。[2]

我在字典裡查閹割（châté）這個字，我翻譯為「gelded」，不過「castrated」比較接近原文*；然後我鼓起勇氣請我的教授進一步解釋。安德蕾．布埃爾教授是位壯碩的女性，她毫無困難地以比武騎士的姿勢示範動作，但尷尬地解釋，阿伯拉的睪丸確實落入哀綠綺思叔叔僱用的惡棍之手。她長話短說，並用兩位愛侶的魚雁往返和阿伯拉的自傳轉移我的注意力。

在應付課堂指定作業之餘，設法讀了這些文字的我驚訝得無法言語（我讀的是譯自拉丁文的法文）。哀綠綺思這個青少女——她比當時的我還年輕——怎能如此徹底獻身於這年紀比她大一倍的男人，而且他還是一名神職人員！她如何能挑戰向來藐視人類的熱情、認為除非是夫妻為了生兒育女，否則做愛是有罪私通的羅馬天主教？他們如何能忍受懲罰未婚媽媽和結婚神職人員的社會與家庭壓力？他們又如何熬過阿伯拉遭去勢的痛苦與恥辱？

現在我知道阿伯拉雖然慘遭去勢，原本是不能阻止他以丈夫身分和哀綠綺思一起生活的；且他們倆已經在教堂結婚，從各方面來說都是合法伴侶，唯有兩人尚未圓房，教會才會答應廢止這段婚姻。然而，他們卻沒有過家庭生活。阿伯拉指示哀綠綺思進修女院，發下宗教誓言，他自己也發誓成為僧侶。阿伯拉為何做出這個決定，而哀綠綺思為何接受他的命令？

在他們分開許久之後，阿伯拉試圖在《我的苦難史》中辯解他的行為，這是他寫給友人的一封安慰信：

> 我承認，我遁入修道院是出於懊悔與悲痛下產生的羞愧與困惑，而非出於皈依的虔誠心願。哀綠綺思已經同意遵從我的願望進入修女院成為修女。因此我們都披上僧侶與修女的長袍，我在聖德尼修道院，她在阿讓特伊女修道院。

這封寫給一名友人的信在看得懂拉丁文的人之間流傳，最後引起哀綠綺思的注意。這時她已經年過三十，與阿伯拉分開了十五年，先是在阿讓特伊女修道院，並在這裡當上院長，接著她又成為聖靈禮拜堂的院長，而創立這所修道院的不是別人，正是她從前的丈夫阿伯拉。然而她的熱情依舊，她責備他絲毫沒有像對待那位匿名友人那樣聯絡她或安慰她。

「如果可以，請告訴我一件事，」她要求他，「在我們進入修道院之後——這完全是你一人的決定——為何你如此忽視與遺忘我？……我會告訴你我的想法，世界上其他人也是這樣懷疑。那就是將我們聯繫在一起的是欲望而不是依戀感，是肉欲的火焰而不是愛情。」

哀綠綺思把焦點放在愛與欲的差別，在我們思索「愛」這一主題的變化型態時，這差別將一而再、再而三出現。男人是否主要受到身體欲望驅使，而女人卻更受到情感驅使？或者用更

＊這兩個英文字其實都是去勢的意思。

粗鄙的說法，男人是否被陰莖左右，而女人卻跟著心的去向？哀綠綺思對阿伯拉的愛是身體欲望和情感依附的結合體，然而她認為阿伯拉只感受到肉欲。這聽起來依舊是今天男人和女人間熱烈討論的議題（我想到神經精神病學者盧安．布里薩丁所寫的一本書《女人的腦和男人的腦》〔暫譯〕，其中提到男人使用比女人多二點五倍的腦內空間用來追求性，而女人腦內的同理系統則遠比男人的活躍。[3]）當然了，哀綠綺思對阿伯拉「無邊無際的愛」在他離開她之後依然持續下去。

十五年前，她為了他成為修女，她完全不是出於自己的意願，她對他而不是對上帝的絕對忠誠，沒有隨時間而改變。即使成為聖靈禮拜堂女修道院院長，她還是將他塑造成完全掌控她命運的「主人」、「父親」和「丈夫」等角色。在那樣的年代，身為女人就等同於服從男人，無論在個人生活或宗教生活都是如此，即使有些女性教團能建立相當程度的自主性，而有些堅強的女人也能駕馭丈夫。然而有一個部分無法被人控制，即使是哀綠綺思也不能，那就是她的潛意識。

在寫給阿伯拉的信中，哀綠綺思承認情色欲望沒有隨著年月而消失，然而阿伯拉卻接受被閹割的命運，認為這是一種神的懲罰形式。寫下《我的苦難史》時阿伯拉已經五十四歲，他缺少令他擁有男子氣概的男性器官，因此回顧兩人的戀情與婚姻時，阿伯拉視之為過往雲煙，而且這段情也已經被他對上帝的愛所取代，他勸哀綠綺思也照著做，但是當時哀綠綺思只有三十二歲，她仍舊渴望得到那失去的歡愉。對外扮演了傑出女修道院長角色的同時，在想像中她還是阿伯拉的妻子和情人，還沉浸在性愛的回憶中：

> 無論在何處，它們總是在我眼前，喚醒的渴望與幻想令我難以成眠。即使在做彌撒時我們的祈禱必須更加純潔，但那些淫穢的歡愉畫面卻緊抓著我悲哀的靈魂，我滿心放蕩的思緒取代了祈禱文。我應該抱怨我犯下的罪孽，反之我卻只能悲嘆我所失去的愛。我們所做的一切，以及所有的時間與地點，都和你的影像一起烙印在我心中，以至於我和你一起又經歷了這一切。

哀綠綺思激情的呼喊流傳千百年。她說出所有毫無保留的去愛，卻發現自己被奪去所愛的女性心聲。死亡、離婚、拋棄和肢體殘障迫使無數男男女女活在不安的絕望中。阿伯拉與哀綠綺思如此突然又如此殘忍地被拆散，兩人的餘生都成為神職人員，教會收容了他們，即使阿伯拉時常與神學家同僚產生衝突，而哀綠綺思則永無止境地被肉體欲望所折磨。阿伯拉與哀綠綺思在有生之年已經受同時代人敬畏，而在往後幾世紀中，兩人也獲得一群將他們視為守護聖徒的忠誠追隨者。毫無疑問的是，阿伯拉的去勢造就他們神聖的光環，因為某種程度的身體殘障往往和聖徒有關聯——聖賽巴斯提安被箭刺中的胸膛或聖阿加莎被切下的雙乳就是很好的例子。因此不難把這對知名情侶——阿伯拉和他虛弱的傷口，以及哀綠綺思和她精神上的磨難——視為愛情殉教者。

一一四四年阿伯拉去世，依照他的要求，他葬在聖靈禮拜堂；二十年後，一一六四年五月十六日，哀綠綺思也與他合葬。之後在法國大革命時，修女院被賣掉，建築物被拆毀，兩人的骨骸被帶往不遠處位於塞納河畔諾讓的聖羅蘭教堂；一八一七年又被移到巴黎的拉雪茲神父公墓，現在他們躺在一座高聳哥德式的墓底下。情侶們逐漸開始到他們的墓前朝聖。最後一次造訪他們的墓時，我看見一束水仙花，和一小張請求這對早已去世的夫妻給予祝福的卡片。

第一章　宮廷之愛

法國人如何發明羅曼史

依我之見，如果一個人不渴望愛情，他就一文不值。

——伯納・德・凡塔多恩，活躍於約一一四七至一一七〇年

情人把心獻給他的淑女

我的法國朋友瑪麗安在一九七七年嫁給皮耶，那時她才剛離婚，得到一對雙胞胎女兒的單獨監護權。當時她二十九歲，皮耶四十九歲。皮耶的姊姊讓娜警告他，兩人年齡差距太大，他妻子之後會給他戴綠帽。皮耶回答，如果那一天到來，他會搜尋未婚男子，替妻子選擇一名情人。瑪麗安沒等皮耶幫忙，自己就找到了情人。大概在他們結婚十五年後，她和同齡的法國人史戴方墜入愛河。史戴方和瑪麗安盡可能將他們的戀情保密，但當她又一次從他公寓裡出來時，話傳到皮耶耳裡，皮耶先是難以置信，之後勃然大怒。他質問妻子，要她在他和她情人之間做出選擇。瑪麗安與幫忙她撫養女兒的皮耶感情深厚，但又與史戴方熱戀，她掙扎在這兩個男人之間，無法離開任何一個。最後她找上皮耶的姊姊讓娜，懇求她協調出妥善的安排。

如果皮耶准許瑪麗安每天四點到七點離開家，除了星期天以外，然後不問她任何問題，她至死都會維持和皮耶的婚姻。在無數小時痛苦但開誠布公的討論後，皮耶拋開自尊，接受她的條件。他們的婚姻又維持了十二年，直到皮耶病重，瑪麗安忠誠的照顧到他去世為止。她誠心誠意哀悼他之後，搬去和史戴方同住。

我相信這就是一則經典的法國故事。因為這三方我都認識，我可以說他們很有尊嚴地成功克服了這樁難事。瑪麗安從來沒對我或對其他人提到這項協議，我是從讓娜那裡聽來的。雖在他們朋友圈裡大多數人都知道瑪麗安和史戴方是情侶，卻沒有人提起這件事。大家都遵循上層資產階級粉飾太平的禮儀。

瑪麗安、皮耶和史戴方如何能生活在這種非傳統的情境之下？法國歷史中哪裡可以找到這種行為的源頭？我的心思立刻回到中世紀，那是蘭斯洛與關妮薇、崔斯坦與伊索德以及其他夾在丈夫與愛人之間的女人們炙熱的愛情故事發生的年代。如果這樣的文學主題到此時已經是稀鬆平常的手法，並且具體表現在世界知名小說如《包法利夫人》與《安娜・卡列尼娜》中，我們不應該忘記通姦作為文學主題，最早在十二世紀的法國開始流行。沒錯，我們說的就是包含阿伯拉與哀綠綺思那段真實歷史的同一世紀。

在現實生活中，中世紀女性必須服從男性權威，無論那是父親、丈夫還是教士的掌控。還記得哀綠綺思如何屈從於她的叔父和她的教師、情人兼丈夫的絕對決定權。在阿伯拉的指導下，她邁入最初的愛與性。在他堅持之下，她去布列塔尼接受阿伯拉家人的照顧，生下孩子。雖然對婚姻有所保留，她還是祕密嫁給阿伯拉，接著又順從他的指示，躲藏在她長大的女修道院裡。她甚至在他命令下成為修女，雖然她自己並不想以宗教為職志。即使如哀綠綺思這樣一個出色的女人，還是必須向男人低頭。這毫無疑問是幾乎所有中世紀女性的情形，無論她們是農人也好，公主也罷。

和阿伯拉與哀綠綺思的婚姻不同，大部分貴族與上層資產階級的婚姻都沒有愛情存在。事實上，未婚男女間所滋生出的少許愛情受到嚴厲譴責，因為當時的人認為愛情（在古法語中叫做 amor）是一種非理性、破壞性的力量。對特權階級的男女而言，婚姻只能根據財產與想達成的親屬關係等利益，由雙方家人而不是由即將成為伴侶的兩人決定。有時年僅十三、四歲，但通常是十五到十七歲，女孩會嫁給與她們社會地位相仿，一般比她們大五到十五歲的男人。

但是在文學和詩歌中，情況就不同了。十二世紀的抒情詩和敘事詩反映出女人以及男人的幻想，尤其當女人是藝術贊助者時——這是她們在各地宮廷中愈來愈常扮演的角色。在幾世代之內，以戰爭為主題的史詩，例如以第一次十字軍東征（一〇九六至一〇九九年）為靈感的《羅蘭之歌》，被歌頌勇敢騎士以及他們所鍾愛的優雅淑女的騎士傳奇故事所取代。如果某位淑女剛好是某人的妻子，好吧，那不過就是讓故事更有可讀性。確實，那些可愛的女士也多半是某人的妻子。要不了多久，這些淑女和她們的情人就肩負起 fin'amor 崇拜的角色——我們通常把這個法文字翻譯為「宮廷愛情」。這種首次出現在詩歌和書頁中的全新兩性戀愛關係，將演化為所有西方男女的一種模式，無論其中有沒有通姦成分。今天我們稱它為浪漫愛情。

且讓我在此暫停，提出一項異議。在十二世紀之前，男人和女人間當然也有某種類似浪漫愛情的關係。聖經告訴我們，大衛王貪求示巴女王，而以撒也鍾愛新妻子利百加。古希臘悲劇中有費德拉，他瘋狂愛上繼子希波呂托斯；美狄亞對丈夫傑森嫉妒的怒火，使她殺了他們的孩子。古希臘詩人莎芙請求愛神阿芙洛黛蒂將她對一名年輕女子沒有回報的熱情，轉變為相互間的愛情；而哲學家柏拉圖則是讚美男孩對較年長男性的愛，並視為一種自然現象。誰又能忘記古羅馬詩人維吉爾在他偉大的拉丁史詩《艾尼亞斯紀》中，蒂朵在艾尼亞斯拋棄她之後憤而自殺？或者是在古羅馬詩人奧維德歡鬧的《愛的藝術》中，給予喧鬧求婚者的建議？我們很容易就認為，愛情從古至今一直以我們今天所了解的方式存在。

然而在一一〇〇年代左右，愛情歷史中的新變化的確出現在法國，在這文化劇變中宣揚情侶們有權不顧社會與宗教的反對，活出熱情。即使是阿伯拉與哀綠綺思的這段情史，無論是如何根植於對教會以及傳統男性權威的屈服，讚揚愛情本身這種初次萌芽的精神，依舊是它的特色。

中世紀故事裡，熱戀的情人們發現自己被困在無法自拔的欲望之網中，和教士、父母、鄰居與始終在場的丈夫產生衝突。我們看見丈夫因為妻子受到其他男人吸引而憤怒。我們看見女人對拒絕她們的男人做出錯誤指控。蠱惑理智男性的，一律是年輕貌美金髮的女子。愚蠢的老女人哀嘆自己魅力不再，她們緊抓著年輕男子不放，但後者的目光卻又在他處搜尋。擁有金錢、社會地位和年齡優勢的人，更有利於尋找未來伴侶。無論十二世紀城堡與當代美國牧場平房之間的差距有多大，我們還是會考量以上這些條件。但在內心中，我們卻依然和故事書中的中世紀法國人相同。

本章描述法國人如何發明與宣傳宮廷愛情的概念。我們必須從南法說起，吟遊詩人（troubadour）在那裡開始吟詠一種讚頌貞潔淑女的詩歌。接下來我們來到北法，這裡的吟遊詩人（minstrel）*將南法詩歌主題加入他們自己更精練的創作。在北法香檳女伯爵瑪麗的宮廷裡，以詩描述的騎士傳奇故事開始流行，最著名的是由克雷蒂安·德·特瓦所寫的蘭斯洛與關妮薇的故事，它將在往後好幾世紀被人廣為閱讀與模仿。香檳瑪麗的牧師安德烈亞斯·卡佩拉努斯所寫的《宮廷愛情的藝術》值得注意，它將宮廷愛情的規則傳遍整個中世紀歐洲。我們也來看看由柯農·德·貝杜恩所寫的一首不尋常的詩，其中描述一名吟遊詩人和一位淑女之間不愉快的故事。接著我們來到英格蘭，那裡有位神祕的女士名叫「法蘭西的瑪麗」，她用詩向許多面臨考驗的戀人們提出了她的觀點。為了將這份給貴族觀眾準備的歌曲、詩和故事蒐集得更完整，我們還要將農人們流行的「不快樂妻子」的哀嘆也納入其中。這趟十二世紀文化之旅能使我大膽歸納出幾種可供開放討論的說法。

*troubadour 和 minstrel 都是創作和演奏詩歌的歌手與樂手，前者尤指發源於南法的吟遊詩人，後者是承襲前者並加以發揮的北法吟遊詩人，也可以指雜技表演者。

一般認為，播下浪漫愛情的種子，使它在西方世界開花結果的，是中世紀某位南法人士。在十二世紀初，阿基坦公爵威廉九世最先創作出吟遊詩人風格的愛情抒情詩。這些以他的母語普羅旺斯語寫成的詩歌，全部在描寫愛情，特別是受寵愛的女人「*domna*」。威廉九世一反傳統，顛倒男女角色，賦予女人勝過男人的力量。確實，在他早期詩作中還是散發出強烈的厭女特質，只把女人當作是為了滿足男人而被男人騎在胯下的馬，但是在其他的詩中，他卻營造出被男人服侍、令男人臣服的受寵女子形象。這第二個典型將在高級文化中扎根，並且將觸角伸至全歐洲。

威廉公爵死於一一二七年，在世時他是全法國最有權力的貴族。他擁有的土地比國王還多，在封建制度下他理應效忠國王卻拒絕這麼做。威廉公爵征戰鄰國，以貪婪的戰士著稱，同時他也領軍前往聖地，進行一場以失敗告終的十字軍東征。但同時他也是一位花花公子，將他的英勇行徑帶到臥房裡。所有女人都是他征服的對象，或許有些還是被他霸王硬上弓，就如同他搶奪鄰國土地的手法。在他厭倦第二任妻子時，他直接以夏戴勒侯子爵夫人取代她的位置。子爵夫人是他的封臣的妻子，但對他而言（或對她也一樣？）這根本無關緊要。意料之中的是，他被逐出教會。如此野蠻的男人卻是浪漫愛情之父，這真是歷史上一大諷刺事件。

以下是威廉公爵現存的十一首詩作之一，詩中展現出頌揚女性地位的新穎態度。

賜與我喜悅的淑女，她能療癒我
但是她的憤怒也能殺死我。
……
如果我的淑女願意將她的愛給我，
我準備心懷感激地接受，
我的一言一行將隨她的喜好，隱藏或宣告這份愛……[1]

這首詩裡的威廉十分恭敬順服，謹遵淑女的要求，願意容忍她不可預料的奇想，與稍早那個不管對男人和對女人都施以暴行的威廉相去甚遠。這之前不曾存在的個性是來自何處？它會不會是受到一個女人的影響，也就是夏戴勒侯子爵夫人？它是否反映出基督教對聖母瑪利亞的初期崇拜？又是否源自於此時已經由遙遠的巴格達和鄰近的西班牙所引進的阿拉伯文學中的情歌？學者持續討論這些問題，不過所有人都同意，性格改變的威廉，催生出男人另一種截然不同對待女人的態度。

威廉所使用的「喜悅」這個字，成為吟遊詩人詩句中最關鍵的字眼。它代表的是男女身體與靈魂融合在神祕的共同狂喜中。吟遊詩人貝賀納·德·凡塔東以如下詩句歌頌威廉九世的孫女，著名的阿基坦的埃莉諾：「我，是如此喜悅。我最大的喜悅，來自我的淑女。」[2]埃莉諾在一一三七年到一一五二年間嫁給法國國王路易七世。根據各種流傳的說法，她是個活潑美麗又堅強的王后，可能曾有婚外情，而她那虔誠的丈夫卻中規中矩。當他們的婚姻廢止時，她把兩個女兒留在法國，嫁給了英格蘭的亨利二世。埃莉諾在英格蘭又生下三個女兒和五個兒子，並且持續贊助歌頌宮廷愛情的詩人和樂手，這些人用的是她的兩種母語——南法的奧克語，又稱奧西坦語，以及北法的奧依語，也就是我們現在所稱的「古法語」。

吟遊詩人的出身有高有低，偶爾也會有女性吟遊詩人。寫作時間為一一五〇至一一六〇年間的德戴女伯爵，大膽地將自己描寫為情色歡愉的主導者：

我的好友，你如此令人愉悅，如此俊美，
當你在我的掌控之中。
夜晚我與你共枕
給你一個愛的吻，我知道我最強烈的欲望
就是讓你取代我的丈夫，

但唯有你允諾
一切都依照我的意願行事。[3]

很少有女人如此明白表示她在性事上扮演強烈支配的角色！她暗示任何想上她床的男人，都得依照她的性幻想。不過，傳說告訴我們她嫁給普瓦捷的吉揚，卻與大領主也是詩人的奧朗日的韓波墜入愛河，她寫給他的詩非常不一樣。

我必須唱，但我不想唱，
我對我的愛人懷著滿腔怒火
我愛他勝過世上的一切。
但是我的溫柔，我的彬彬有禮，
我的美貌、財富和機智，
全都無法討他歡心。
我發現自己遭到欺瞞背叛，
彷彿我醜得令他不屑一顧。[4]

和同為詩人的阿基坦的威廉九世一樣，德戴女伯爵沒有假裝愛情可以缺少肉體上的親密（幸運的是，德戴女伯爵創作中的一首詩歌的音樂被保留至今，現在我們可以聽到擅於詮釋中世紀音樂的伊莉莎白・萊森錄製的ＣＤ）。

在法國北方的吟遊詩人（minstrel，法文為 trouvères）採用南法的主題，不過當地音樂卻深受崇拜聖母瑪利亞的巴黎聖母院學派影響。聆聽十二世紀晚期到十三世紀時的音樂，我們會發現雖然歌詞不同，聖歌和世俗歌曲的曲調聽起來卻很像。現存於世的手稿足以使我們對當時在小豎琴伴奏下的歌曲有所認識。法國北方的愛情顯然愈來愈理想化，詩歌中受寵愛的淑女愈來愈遙不可及，因為吟遊詩人將他對肉體報償的期待輕描淡寫。和南法吟遊詩人不同，北法吟遊詩人強調對愛情的渴望，而非愛情的實現。

情人兼詩人者終究要受苦，例如十二、十三世紀之交的加斯・布魯萊就驕傲地宣稱：

我想讓我的心為美好愛情所苦，
因為沒有人的心如我一般忠誠。

或：

愛情使我愛上不愛我的人
因此我知道的唯有痛苦與折磨。

還有：

我願意承受種種悲傷
如此才能增加我的價值。[5]

受苦成為品行的測驗，能讓情人更值得受到女士青睞。但無論她對他的感覺如何，他都應該順服並堅定地獻身愛情，縱使惡意的對手決心加以破壞。這些對手在古法文裡叫做 *vilains* 或 *vileins*（原本的意思是出身卑微的人，後來演變為英文中的「壞人、惡棍」〔villain〕一詞），他們或許會向嫉妒的丈夫洩漏這情夫的祕密，或毀謗他，甚至使他受傷。

從十二世紀後半以降，讚頌出身高貴女士愛情的吟遊詩人出現在所有說法語的宮廷中，因此他們不只在法國本土，也在阿基坦的埃莉諾與亨利二世的英格蘭宮廷中。貴族社會裡，女人成為一股不得忽視的力量。當他們的男人往往在外征戰或參加十字軍東征，或出外打獵時，女人必須指揮城堡裡的日常生活，帶領他們的孩子、雙親、僕人、騎士、教士，應付來訪的朋友、阿諛奉承者和藝人。許多手抄本中都描繪他們在宴會中用餐，共享悅耳的音樂、美食與舞蹈，也享受宮廷愛情的樂趣。在浪漫愛情的字句中，這時期的女性角色數目大幅增加，就像是為了反映出女性在貴族生活中漸增的重要性。聚集在城堡門前和貴族家中渴望聽到最新愛情故事的文盲聽眾，在他們聽到的詩歌中突然間描述了更多女性角色。之前內容主要以男性為對象的詩歌，現在已經男女都有。當男人在戰場上彼此廝殺時，另一群男女成為宮廷愛情遊戲中的對手。

我很想生活在那個鑑賞力轉變的年代，這時候的騎士不可能只靠騎馬和揮劍成就一切。宮廷中的男人依照新的騎士典範接受訓練，他們必須學習跳舞、作詩、甜言蜜語和下棋。我很想看看一名舊時代武士聽到訴說愛的誘惑的故事時，他臉上那困惑的表情，或一名母親鼓勵女兒不只紡紗刺繡、也要成為優秀的音樂家和下得一手好棋時，她臉上那認真的表情。正如我在《女王駕到：西洋棋王后的歷史》所闡述的，西洋棋成為貴族男女必要的技藝，棋盤提供他們以情感和棋子來彼此角力的空間。不像讓人聯想到放縱失序的骰子遊戲，西洋棋替貴族男女間的愛情儀式提供完美的隱喻。

根據定義，愛情儀式最主要是為了時常出入宮廷的上層階級所設計。確實，法文中的 *courtoisie* 和英文同源詞 courtesy（禮貌、殷勤）都是來自中世紀的 *cort* 這個字，也就是現代法文中的 *cours* 和現代英文中的 court（宮廷）。在國王、王后、公爵和公爵夫人、伯爵和伯爵夫人，以及地位較低的貴族活動的法國宮廷中，奉行禮儀（*courtoisie*）的男女們遵守一套既定的規範，以確保兩性以禮交流，並推銷由北法與南法吟遊詩人創造的理想化愛情。

在頌揚當時流行的新式愛情的法國宮廷中，最有名的要屬香檳的瑪麗所在的宮廷，她是阿基坦的埃莉諾與法王路易七世的長女。一一六四年瑪麗嫁給香檳的亨利伯爵，她因此擁有特瓦的宮廷，並統治該地直到於一一九八年去世為止。在她的贊助下主辦了幾場知名的「愛情審判」，她針對情人禮儀的七次判決流傳至今。例如，情侶可以送對方什麼禮物？香檳女伯爵回答：「手帕、髮帶、金皇冠或銀皇冠、鈕釦、鏡子、皮帶、小荷包、領結、梳子、暖手筒、手套、戒指、香水、花瓶和托盤等等。」[6]在另一個例子裡，被問到當一個女人有兩個情人，這兩人除了財富以外其他條件完全一樣時，該選哪一個，女伯爵的回答是，最好選第一個出現在面前的男人。另外她又加了句在當時看來很不尋常的評論：「如果一個物質非常充裕的女人忠於貧窮的男人而非富裕的男人，她確實值得讚賞。」

另一個浪漫戀情的廣泛議題是，夫妻間有沒有愛情存在。一一七六年，三十一歲的女伯爵措辭堅定地回答：「配偶間無法建立愛情。」做出這項決定，是由於她認為婚姻是基於共同義務，因此妨礙了真愛所需的自然吸引力。其他地位崇高的女性也宣告她們的意見，附和女伯爵的看法。納邦子爵夫人愛荷蒙嘉德主張，夫妻間的依附情感和戀人間的愛情是兩種截然不同的感受。路易七世的第二任妻子，法國王后香檳的阿黛勒也說：「我們不敢反駁香檳女伯爵的決定：夫妻間無法宣稱擁有真愛。」

這些身分最尊貴的夫人們已經解決了這個問題。但真的是這樣嗎？約在一一七七年，香檳的瑪麗成為特瓦的克雷提安的贊助人，他是當時最聲名顯赫的法國作家。他那以騎士故事為主題的敘事詩將會在歐洲各地所有說法語的宮廷中吟誦。有些故事（roman，這個字的意思後來演變為現代法文中的「小說」）與婚姻中沒有真愛的概念不符。的確，在克雷提安最早的作品之一——《艾雷克與艾妮德》中，英雄被婚姻的狂喜沖昏了頭，因此必須重回騎士的漂泊生活，才能重獲聲譽。說也奇怪，他的妻子堅持陪他上路，但是她必須遵守不能和他說話的規矩。於是接下來發生一連串提心吊膽的故事，裡面有巨怪、魔法花園和其他童話故事元素。最後，這對夫婦抵達亞瑟王的宮廷，兩人終於能安定下來。

克雷提安寫於晚年的《伊萬》，同樣敘述婚姻中的愛情。故事中的騎士娶了某位他在戰鬥中殺死的領主妻子。但他沒有享受安穩的婚姻生活，反而請妻子准許他和其他亞瑟王騎士一起參加另一輪戰鬥與比武。她准許他離開一年，如果超過一年，她就不准他回來。伊萬捲入騎士的各種冒險，忘了妻子，也忘了答應她回家的時間。於是，當她不准他出現在她面前時，他傷心欲絕，他發狂了，他必須接受一番嚴酷的考驗才能恢復神智，重新贏得妻子的心。《伊萬》在某種程度上像是一則道德勸說的故事，它暗示走入家庭生活的男人必須放棄年輕時的好戰心。作為一名作者，特瓦的克雷提安可以輕易想像夫妻間的愛情，並試圖調解浪漫愛情與家庭生活需求間的衝突。然而當他受僱於香檳的瑪麗時，後者堅持宣稱婚姻中沒有真愛，於是他被說服，寫下蘭斯洛和關妮薇傳奇，把它變成所有挑戰死亡的通姦故事原型。

• • •

誰沒聽過蘭斯洛與傳奇的亞瑟王妻子關妮薇王后的愛情故事？其實早在十二世紀之前，英國和法國聽眾就已對關妮薇這角色不陌生，她是口傳凱爾特故事中優雅但善變的淑女。但是在特瓦的克雷提安之前，沒有人把蘭斯洛想成是她的情人。《克雷提安的蘭斯洛：馬車騎士》故事裡獻給讀者的英雄，既是完美的騎士，又是完美的情人。他在戰場上展現出的過人力量，來自於他對關妮薇皇后強烈的愛意。沒有任何事能阻止蘭斯洛踏上追尋之路，從俘虜關妮薇的邪惡王子手中將她救出。當報答他的時刻到來時，她便以身相許。

如果我們仔細思索這故事的細節，就能看出克雷提安如何把凱爾特神話和吟遊詩人的詩作改頭換面，變成一部愛情小說。因為它毫無疑問是一部小說，只是以詩的形式寫成。它是我們今天大量閱讀的羅曼史小說前身。

克雷提安的第一段話，就營造出一種完全臣服於某個地位高於他的女人的氛圍，她就是香檳的瑪麗：「因為我那位香檳的淑女／希望我寫一則全新的／故事，我很樂意開始動筆，／因為我是她全心全意的僕人／無論她的要求如何我都會去做。」[7]接著敘事者立刻跳到亞瑟王宮廷的場景，宮中的王后、男爵和許多「出身高貴的美麗／淑女，以最優美的法文／優雅地交談。」女人受男人愛慕的特質在詩中開宗明義就是：她必須美麗且善於表達。從以前一直到現在，絕對的美貌與能言善道，是令人渴慕的法國女人應有的標準。這時有位王子來到這歡樂的場景中，他宣告了令人不安的消息：他俘虜許多亞瑟王的臣民，包括騎士、淑女和女孩等等。他不打算釋放他們，但如果有一名亞瑟王宮廷中的騎士膽子夠大，能把王后關妮薇帶給他當人質，而且又能在比武時打敗他，那麼他就承諾釋放所有俘虜以及王后。

亞瑟王不情願地把王后關妮薇送到邪惡王子的宮廷裡。但是亞瑟王派了一隊人馬跟在她後面，包括他的姪子高文爵士。另一名滿頭大汗的騎士也上氣不接下氣地抵達，這就是蘭斯洛。

當然，為了保持神祕感和懸疑感，讀者還不知道這名英勇騎士的名字。事實上，直到故事後半段，敘事者才說出他的名字！我們也沒有被明白告知他和關妮薇已經交換了愛的誓言，不過在她被送出宮廷時，有一句話暗示她有情人：「噢，我的愛，倘若／你知道……」

故事前半段圍繞在蘭斯洛尋找關妮薇過程中的冒險之旅。他進入超自然的地域，與奇特的女人會面，這些都令人想起凱爾特神話。他經歷有生命危險的試煉，與敵人激烈戰鬥，他的言行完全以完美無瑕的騎士規範為根據。但是克雷提安加入一個違背這完美圖像的元素，它構成了這故事的標題：《馬車騎士》。在剛開始冒險時，為尋找王后芳蹤，丟失了馬的蘭斯洛不得不坐上一輛由侏儒駕駛的馬車。坐進馬車之前他猶豫不決，因為這輛馬車上坐的通常都是些盜匪、罪犯和惡名昭彰之人。作者告訴我們這輛馬車等於是召來一般大眾奚落與恐懼的移動頸首枷，人們看到它經過時無不在胸前劃十字。我們可以理解蘭斯洛為何不願意被人看見他坐在這輛惡名昭彰的馬車上；然而敘事者告訴我們他不應該感到羞恥，因為愛情驅使他儘快找到王后。「他聽從／愛情，迅速跳上馬車，／在愛情的命令下，／拋開所有羞恥心。」儘管這輛馬車如此低賤，他必須受人譏笑，蘭斯洛的行為依舊高貴。他在戰鬥中所向披靡，就算敵人人數眾多也一樣，而他對女人也總是殷勤有禮，即使對方提出非常不合理的要求。

在一次最愉快的境遇中，某位大膽的年輕女人讓蘭斯洛住在她的城堡裡，但條件是他要與她同床共枕。雖然他設法避開，但最後還是接受了她的提議，不過卻在內心打定主意，除了睡在她身旁以外，什麼也不做。在這裡我們不只看見克雷提安說故事的技巧，和他使用的反諷與幽默感，也看見故事的細節裡透露出富有貴族所過的優雅生活。桌上鋪著一大張桌巾，上面放著燭台和蠟燭，還有以金子裝飾外層的銀製高腳杯和兩個水罐——一個裝的是黑莓酒，另一個裝的是濃烈的白葡萄酒——這一切都創造出一種適當的美學氛圍。中世紀愛情故事裡的主角，不會就這樣和對方上床，發生性關係。貴族優雅生活的極致，表現在給人洗手的兩碗熱水和做工精緻的擦手巾上。這就是克雷提安在瑪麗宮廷中習以為常的優渥生活，因此他高傲地分享給讀者。

緊接在這些畫面後的是騎士打鬥的盛大場景。在和城堡女主人一起吃飯喝酒之後，蘭斯洛如他之前承諾的欲與她同眠。但是他驚恐地發現她被另一個打算強暴她的騎士攻擊。「救我！救我！」她大喊。「除非你把他從我身旁趕走／他將在你眼前毀壞我的名譽！」雖然當時有其他幾個拿著劍的騎士，還有四個拿著斧頭的忠心僕人，蘭斯洛還是鼓起勇氣面對攻擊淑女的騎士。「我的主啊，我／能怎麼辦？為了關妮薇，／我展開這趟追尋之旅。／如果我的心／不過和兔子一樣膽小，我無法前進。」

腦海中的關妮薇激勵了蘭斯洛，他成功打敗所有敵人。其中免不了出現「人頭從頭頂到牙齒被劈成兩半」等令人毛骨悚然的細節描述。我們很熟悉在許多虛張聲勢的演員拿著劍打鬥的類似電影場景裡，以寡擊眾的英雄們總是能打贏邪惡的敵人，劇情中的騎士也總是為了某位淑女而戰，最後抱得美人歸。

這事件中的喜劇原創性，在於蘭斯洛必須扮演和他不喜歡的女人睡在同一張床上的角色。他對關妮薇一心一意，即使他發現自己和一位不知名淑女一起躺在鋪著乾淨白床單的床上，他依舊不改其志。不過他還是免不了注意到上層階級精緻的把戲。這位淑女準備的可不是普通稻草床墊，也不是粗糙的被子，而是「繡著花的／絲質床罩。」他依舊穿著襯衫，以確保「他的身體／沒有一個部位碰觸到她。」蘭斯洛瞪著天花板（這描述不禁令人想起電影《當哈利遇上莎莉》裡，和梅格·萊恩做愛後的比利·克里斯多也做出同樣的事），蘭斯洛無法從心中抹除他唯一真愛的印記。「統馭我心的／愛情，只能有／一個歸宿。」心繫他對關妮薇的深情款款，他拒絕和這位年輕迷人的淑女發生進一步關係，而後者感覺到他興趣缺缺，於是到另一個房間去睡。現在，除了關妮薇以外，有哪個女人能指望她的伴侶能如此為了她而節制呢？無論多麼不切實際，中世紀羅曼史文學還是滿足了人們對理想愛情的渴望。

信守承諾——無論是睡在女人身旁，或者在比武時現身，又或者被釋放一段時間之後依約再次成為囚徒——是真正騎士的代表。在許多場合中，尤其是身處危機和險境時，蘭斯洛都證明他是個一言九鼎的男人。但最重要的是，他作為關妮薇忠僕的承諾在所有考量之上。蘭斯洛必須一而再再而三服從她的命令，無論這命令是如何武斷。在蘭斯洛與邪惡王子的打鬥中，她命令即將勝利的他中止打鬥；他照做了。她差人捎了口信給他，要他在一場比武中打得很差勁，於是他表現出懦夫的樣子，以至於眾人都輕視他。她又送了另一則訊息，要他拚命打鬥，於是他擊敗所有對手，把戰利品分送給前一天嘲笑他的群眾。

蘭斯洛侍奉他的淑女，一如其他人侍奉上帝，在幾次生動描述的事件中，我們更能清楚理解以上的類比。在無數冒險之後，他終於找到關妮薇，並且在她的要求下潛入她的臥房，「他靠近王后床邊，／崇拜地鞠躬／他明白／自己正在最神聖的聖物之前。」早晨當他百般不願地離開時，「他鞠躬並在胸前劃十字，／彷彿向聖壇／致意。」宮廷愛情向宗教借來最神聖的儀式，之後在十二與十三世紀間，當愛情崇拜與聖母瑪利亞崇拜同時發展並日益茁壯時，這種情形將繼續下去。臥室的場景毫無疑問地傳達了情侶雙方都享受了肉體歡愉。

如此極度甜蜜
以及美好——那些親吻，那些擁抱——
蘭斯洛知道了這喜悅之事，

如此美妙絕倫，在這之前
世界上沒有人知道有任何事和它一樣，因此幫助我
上帝！我只能告訴你這些；
我不能再多說。

克雷提安描述的方式並不色情。它沒有形容做愛細節，因為貴族認為那會過於鄙俗。騎士故事貴在靜默，它留給我們想像的空間。

克雷提安替十二世紀晚期的愛情故事樹立了金科玉律。無數模仿他的作家傳播年輕英雄堅持在武士冒險的同時追求情感教育的故事。它們的情節各有變化，但如果沒有描述浪漫的愛情故事，聽眾也會提不起勁。

在香檳的瑪麗宮廷中，另一位顯赫人物是安德烈亞斯．卡佩拉努斯。他和克雷提安一樣，在瑪麗的慷慨贊助之下寫作，並且大獲成功。他寫於一一八五年的著作《宮廷愛情的藝術》成為奉行宮廷愛情之輩的官方指南，它不只風行於特瓦，也遍及整個中世紀歐洲。這本流通各地的書不僅有原版的拉丁文版，也有每個國家各自語言的版本，它的內文不斷被人引用，以便說

明情侶們應有的行為規範。

卡佩拉努斯筆下描寫的愛情，是在各方面條件相同的兩個貴族男女彼此間全心全意的吸引。不過男人必須把女人視為地位較高的對象。他稱呼她的方式彷彿自己是她的臣民，他永遠必須臣服於她的意志之下。在書中的第一部分，他條列出十三項理想情人的原則。

避免貪婪宛如避開瘟疫，積極從事與它相反的行為。

為所愛的人守貞。

對於與他人幸福相戀的淑女，不要試圖摧毀她的愛情。

不要追求你不會娶的女人。

記得不要說謊。

不要透露所愛的人的祕密。

滿足淑女們的所有要求，儘量時時保持愛情的騎士風度。

在給予和接受愛情歡愉的同時，試著時時保持謙遜節制的態度。

不要道人是非。

不要洩漏情侶們的祕密。

在任何情況下都要殷勤有禮。
盡情享受愛情的歡愉時，不要超越你情人的欲望。
讓自己不負騎士風度的愛情之名。8

情人應當尊敬他所愛，對她表現出極度的崇敬，為了榮耀她而建立功勛，就算沒有得到報償也依然對她真誠以待。要不要把自己當作答謝的禮物，則完全取決於這位淑女。大致來說，卡佩拉努斯把注意力放在婚姻以外的愛情，他重述香檳的瑪麗之前的主張，認為婚姻會耗盡兩人的愛情，因為夫妻會被責任束縛。根據瑪麗和卡佩拉努斯的說法，已婚的人甚至不能在彼此身上感受到嫉妒，因為婚姻是一份契約，與自發的吸引力無關。只有未婚情侶們會吃醋，而這才是出於內在的「真愛」。瑪麗的推論適用於她自己的狀況；婚後她丈夫有很長一段時間參加十字軍東征，之後她又成了寡婦，沒有結婚。正如她說服克雷提安在蘭斯洛的故事中賦予通姦的特權，她也依賴卡佩拉努斯書寫婚姻以外的愛情，彷彿那才是崇高的理想。

然而就在卡佩拉努斯即將完成著作之際，他的態度有了一百八十度的大轉變，他不再寬恕婚外情。在第三以及最後一部分，他譴責通姦，並力陳婚姻中愛情的好處。但是破壞已經造成，婚外情早已成為中世紀法國羅曼史的主要典範。

宮廷愛情取決於強烈的欲望，因此它不受傳統社會規範的束縛。熱情凌駕於一切，包括與丈夫的誓約、家庭、封建領主，以及天主教教令。理所當然的是，教會對於一般人對世俗愛情的讚揚反應激烈；在十三世紀初，它甚至試圖藉由宗教法庭的權力加以壓制。但在那之前，對宮廷愛情的狂熱崇拜已經公然向宗教禁令挑戰，因此創造出三個典型的角色：丈夫、妻子以及妻子的情人。

另一對婚外情伴侶崔斯坦與伊索德和蘭斯洛與關妮薇不相上下，兩者都是最受歡迎、命運多舛的法國情侶典範。後來全世界觀眾都將透過華格納無與倫比的歌劇《崔斯坦與伊索德》，認識這兩人。最早的崔斯坦英雄事蹟以凱爾特口述的傳說故事為基礎，故事中的英雄崔斯坦被馬克國王派去把他的新娘伊索德接來。在回程中，崔斯坦與伊索德偶然喝下原本應該給伊索德和馬克飲用的愛情藥水。於是，即使伊索德隨後嫁給了馬克國王，致命的熱情將這對戀人永生永世與彼此緊緊相繫。在往後數世紀裡，愛情藥水成為一種牢不可破的隱喻，形容男女之間一見鍾情、不畏任何艱難險阻的謎樣熱情。

就在克雷提安和卡佩拉努斯，以及各式各樣崔斯坦與伊索德不同版本的故事，創造出一股強大宮廷愛情風潮的同時，詩人柯農·德·貝杜恩卻在一首長詩中揭露了宮廷愛情的陰暗面。

這首詩的內容是來自年輕的國王腓力・奧古斯都和埃諾的伊莎貝拉結婚時，法國宮廷中發生的不愉快事件。腓力・奧古斯都是路易七世的第三任妻子，即已守寡的香檳的阿黛勒的兒子。她的兩個哥哥，香檳的亨利與香檳的戴奧波德，娶了路易七世第一任妻子阿基坦的埃莉諾的兩個女兒為妻，因此阿黛勒成了她哥哥的岳父的妻子！我們比較關切的是，這也使她成為香檳的瑪麗的小姑。當北法吟遊詩人貝杜恩來到王室宮廷時，阿黛勒和瑪麗都取笑他的法蘭德斯口音。在以下這首詩中，貝杜恩狠狠地報復這兩位瞧不起人的淑女。我如實譯出全部內容，因為讀者們無法在其他地方找到譯文。

很久很久以前，在另一個國度，
一位騎士愛上了一位正值青春年華的淑女
她拒絕了他的求愛，將他趕走
但後來有一天，她說：「親愛的朋友，
我讓你吃足苦頭，
現在，我欣然接受你成為我的愛人」。

騎士回答：

上帝為證，我的淑女，
過去得不到你的喜愛，我已經受夠了。
你曾經如百合般美麗的臉龐，
現在卻每況愈下，
那似乎是從我那裡偷去的。

聽到對方如此嘲諷自己，這位女士暴跳如雷，一心也想報復。她說：

……
你或許更想讓
年輕貌美的男孩親吻和擁抱你。

我們稍微停一下，想想這事件令人驚訝的轉折。上了年紀的淑女被騎士奚落，因此指控他為同性戀，這在當時是一樁死罪。她繼續往下說：

騎士大人，你口出惡言
質疑我不再年輕。
即使我已年華老去
我還是依舊貌美，而且地位崇高
因此現在男人還是會喜歡我部分的美貌。

最後騎士告訴她，她弄錯了：

男人愛上一位淑女，不是為了她的出身，
而是因為她美麗、有禮而有智慧。
你必須再次明白這項事實。[9]

男女在整首詩裡的脣槍舌戰，洩漏吟遊詩人與贊助者、追求者與高傲的淑女、理想的愛情與血淋淋的現實之間，存在祕密的緊張關係。「美麗、有禮而有智慧的」理想淑女，對這位被描寫為虛榮、醜陋又愚蠢的驕傲貴族態度丕變。詩中也透露出中世紀社會不時冒出頭來，隨時準備對女性加以謾罵詆毀的厭女情結。從基督教早期開始，教會元老們所塑造的女人形象不只在各方面居於男人之下，而且還背負著將邪惡帶入人世的妖婦惡名。男人必須留心潛藏在每個女人之中的夏娃。不過女人的價值雖然總是在男人的宗教論述以及粗俗幽默的世俗故事，也就是「中世紀故事詩」中遭到貶損，人們卻沒有預期到會從宮廷吟遊詩人口中說出此種觀點。十二世紀晚期對騎士羅曼史大有貢獻的另一人是位神祕的女人，她叫法蘭西的瑪麗。除了她住在英國，寫下十二首悅人的敘事詩和一些寓言故事之外，後世對她可說是一無所知。據推測，表演者在一〇六六年之後，在統治英格蘭的諾曼系英國貴族面前吟唱瑪麗所稱「以詩句寫成的故事」，無疑有助於將宮廷愛情的福音散布到英吉利海峽另一端。

瑪麗所寫的敘事詩主題全都是愛情，她呈現的是在逆境中打滾、備受考驗的情人。他們的逆境與考驗當然是丈夫們，不過也包括情人本身。他們是否心胸開闊，願意承受苦難，以及最重要的是，是否能絕對忠誠，都是評斷的標準。生命中沒有比愛情更高尚的目的，但唯有戀人能達到標準才算數。真愛甚至能消融階級間的差異，讓地位較低的男女與王子或公主平起平坐。其他詩歌創作者如加斯．布魯萊也將闡述這一主題：「愛情不看出身或貧富……它征服所有生命……無論伯爵、公爵或法國國王。」

當法蘭西的瑪麗筆下的故事〈埃基坦〉中的國王追求宮廷總管的妻子時，他以平等的口吻向她示愛：

最親愛的淑女，我將自己獻給你！
別把我看做你的國王，
而要想成是你的臣民和你的情人！[10]

國王用這樣的甜言蜜語，不費吹灰之力就贏得淑女的芳心。但是這對情人的性格缺陷導致他們終將毀滅。他們設計將這女人的丈夫殺死在滾燙的洗澡水中，導致最後他們自己也遭到同樣的悲劇結局。故事以清楚明白的道德勸說告終：「對他人作惡者，厄運將落到自己頭上。」

正如〈埃基坦〉，法蘭西的瑪麗所寫的大多數敘事詩都是關於女人嫁給她們不愛的男人；十二首詩中有八首主題是通姦。例如〈紀傑瑪〉中的女主角有個愛吃醋的丈夫，他把她囚禁在面海的房間裡，陪伴她的只有一名同情她的女僕和一名做為監護人的教士。這位不幸淑女的生命故事，注定要與年輕騎士紀傑瑪交會。

故事一開始，紀傑瑪就擁有完美騎士的所有特性，只除了一點：他對愛情無動於衷。我們讀到，「大自然犯了錯誤，讓他成為一個對愛情冷淡的人……他彷彿不想體驗愛情。無論是他的友人或陌生人，都認為這是一項缺點。」[11]有一天打獵時——這是他最喜愛的活動——他發現一隻母鹿和牠的小鹿。他毫不遲疑朝牠們射出一箭，射傷母鹿，但這枝箭又飛回來刺中他自己。這時紀傑瑪和母鹿都倒在地上，紀傑瑪離母鹿很近，因此聽到母鹿在死前說，除非有一名淑女為了他深受愛情的折磨，而他也為了這位淑女深受愛情的折磨，否則他的傷無藥可醫。和凱爾特的傳說故事相同，超自然現象會出現在現實場景之中，故事裡的角色並不因此感到驚訝。

紀傑瑪踏上旅程，尋找母鹿所說的淑女。他發現有艘看來沒有主人的船剛好停在海邊，於是他登上這艘設施豪華的船，船上有上等的蓋毯，昂貴的蠟燭和使人永保青春的枕頭（真是個很棒的點子！）。正如克雷提安筆下的《蘭斯洛》，敘事者以描寫在某個迷人場所的奢華物品為樂。這艘神奇的船載著紀傑瑪越過大海，去見那位被嫉妒心重的丈夫隔離的淑女。

這位女士和她的女僕發現生命垂危的紀傑瑪，他們將他帶入室內照顧。紀傑瑪身上的傷痊癒了，卻陷入一樣令他痛苦的相思病。他不再感覺到箭傷帶來的疼痛，但發現「愛情就是他身上的一道傷口」。法蘭西的瑪麗遣詞用字一如莎士比亞與普魯斯特，她用生病和受傷等字眼，讓人聯想到浪漫愛情所帶來的波濤洶湧情緒。當然，這位淑女也為情傷所苦，她和紀傑瑪發現對彼此擁有的熱烈情感，這段情將持續一年半。

這段時間裡，淑女的丈夫在哪裡？我們不需要知道。不過他最後還是回到家，發現妻子的不貞，終結這對戀人的幸福。紀傑瑪被送上當初帶他來到愛情園地的那艘船，沮喪地回到故鄉。故事最後一段充滿更多驚奇的冒險，並且再度用上魔法船——這一次是由那位淑女搭乘——這對戀人也終於團圓。

之所以有這些女性通姦故事，或許是因為中世紀貴族婚姻很少出自男女情投意合。正如我們之前所見，適婚年齡的女孩（最年輕是十五歲）為了對方的財產和身分嫁給比她年長許多的男人，是當時稀鬆平常的情況。也難怪她夢想著與她年齡相仿的英俊騎士，和他一起搭乘不知名的交通工具，結為連理。瑪麗的敘事詩提供了與現實生活相反的戀愛幻想。如果丈夫必須忍受這種通姦的三角戀情故事，他們安慰自己，希望這種女人只出現在虛構的故事裡。

我們無從得知中世紀現實生活中的女人出軌到何種程度。被當場逮到的女人可能會被憤怒的丈夫趕出家門，不過通姦的女人大概不會像古代那樣活活被燒死；例如在古羅馬，丈夫如果殺死女人和她的情人，他的殺人罪行可以被寬恕。到了十二世紀，教會法規範法國的婚姻制度，它對通姦的態度相較於古代已經相當軟化。它特別聲明：「男人不准殺死他通姦的妻子。」[12]事實上，如果丈夫不想拋棄通姦的妻子，作丈夫的必須悔過兩年。

至於男性通姦，卻從來不被認為是妻子拋棄丈夫的充分理由。通姦狀況必須非常嚴重，例如丈夫的情婦已經登堂入室。中世紀文學裡反映出對女性通姦的普遍迷戀，它倒不怎麼關注丈夫的出軌，後者在現實生活中無疑更為常見。

宮廷愛情這種典型是否只局限在貴族之中？是的，極有可能如此。下層階級的人們關心更基本的生活問題，例如替自己和家人尋找遮風避雨的地方和食物。鄉下的農夫和農奴以及城市的工匠和商人，這些人與騎士羅曼史之間的距離，就好比美國無業遊民和一九三〇年代電影裡那些上流社會人物之間的距離。然而確實有證據指出，中世紀下層社會的人並不是沒有受到地位較高貴族通姦幻想的影響。有一種叫做「不幸妻子的悲歌」的中世紀歌曲在農人間廣為傳唱，它再次探討妻子、丈夫和情人的三角戀情。以下這個例子是來自普瓦捷大學的希雅．勒梅蒐集的一組歌曲：

丈夫啊，我根本不在乎你的愛
因為現在我有個朋友！

他英俊又高貴
丈夫啊，我根本不在乎你的愛
他日夜服侍我
這就是為何我如此愛他。[13]

這些流行歌曲中不快樂的妻子完全不受罪惡感左右，她們大膽唱著：「我的丈夫不能滿足我／作為補償我將找個情人。」在某首歌謠中，主角抱怨丈夫毆打她，因為他看見她親吻她的「朋友」。現在她打算報復：「我會讓他成為妻子不貞的男人……我會一絲不掛地和我的朋友睡覺去。」[14]

在另一首歌謠中，不快樂的妻子一再呼喊：「別打我，可悲的丈夫！」但她同時警告他：

因為你這樣虐待我，
我會選一個新的情人。
……
我和他會彼此相愛

我們的歡愉將加倍。15

從這些歌曲看來，宮廷愛情文化已從地位高的貴族逐漸滲透到平民階級。既然由妻子而不是她的情人唱出，也顯示文化角色可以跨越性別界線。有些最早的吟遊詩人是女性，而且有些最早的法國流行歌曲由女性「藍調歌手」吟唱，哀嘆她們婚姻的命運，以及讚美她們的情人。

雖然很難知道這些歌曲和故事與真實狀況有多大關聯性，我們可以很肯定的說，它確實開始影響人對愛情的想法。浪漫愛情的發明，代表著我們現在所稱的典範轉移（paradigm shift），它提供兩性間一套全新的關係，而且產生驚人的持久後果。

首先，愛情變得女性化。我相信，從此時開始，女士掌控聚光燈，成為眾所矚目的焦點。既是男人欲望的客觀對象，也是自己欲望主體的法國女人，享有無敵的情色聲望。無論在現實生活中或在文學作品中，人們期望伊索德與關妮薇的後代是性感的女人。法國人從來不認為女人的熱情有一丁點少於男人。

此外，十二世紀是法國女性寫作傳統的開端，女作家從自己的觀點出發，書寫愛情這個主題。以下只是過去九百年來知名法國女作家中的幾個例子：法蘭西的瑪麗、克里斯蒂娜·德·

皮桑、路易絲・拉貝、拉法葉夫人、斯戴爾夫人、戴博赫德－瓦勒莫、喬治・桑、柯蕾特、西蒙・波娃、薇奧麗・賴朵克、瑪格麗特・莒哈絲、莎岡、愛蓮娜・西克蘇與安妮・艾諾。這些女人之中有許多曾經公開表達對性的渴望，正如拉貝大聲呼喊她「被愛火燒灼」。其次，男人和女人必須達到某些適合做為戀人的標準。外貌從頭到尾都很重要，尤其是女人的外貌。男人墜入愛河，起因往往是遇見一位美若天仙的女子。愛情從雙眼直達內心。法國人形容一見鍾情是「被一道閃電打中」（un coup de foudre），英文的說法卻更注重視覺：「第一眼就愛上」（love at the first sight）。男人也必須要夠迷人，不過男人的強項或許在他處：女人主要以男人的勇氣與忠誠評斷他。

第三，一般人都同意浪漫愛情必須以阻礙為基礎，以增強愛的感受，今日配得上「羅曼史」這稱謂的任何一本熱情如火的小說內容都足以證明這一點。丹尼・德・胡吉蒙特在他深具影響力的分析中主張，發明自十二世紀並且男女奉行至今的浪漫愛情，藉由面對阻礙而蓬勃發展。[16]不過，無論旅途有多危險，無論家人、宗教和社會都和男女主角做對，中世紀婚外情故事通常不會結束在人物永遠的被放逐或自殺。女主角不可能像維吉爾《艾尼亞斯紀》裡的蒂朵那樣自殺，也不會像霍桑《紅字》裡的海斯特・白蘭，被迫在胸前佩戴字母A。

時至今日，通姦在法國不會造成和在美國相同的道德恥辱。我的法國朋友不了解比爾・柯林頓和莫妮卡・陸文斯基引起的軒然大波，他們批評他僅僅是因為認為他應該找個更苗條更出色的女人。甚至有位反墮胎、反同性戀的法國基督教右派女性眾議員也恭賀柯林頓的男性雄風：「這男人，他愛女人！……這表示他身體很健康！」[17]法國總統們很少費事去遮掩他們的婚外情事，法國人也習以為常。一九七四年到一九八一年的總統季斯卡・德斯坦，甚至把婚外情寫在回憶錄和兩本小說裡，最後一本寫於他八十多歲時。一九九五年到二〇〇七年的總統席哈克的出軌祕密，被他之前的司機讓-克勞德・洛蒙特在二〇〇一年的一本書中洩漏；同一年，席哈克的妻子貝赫娜黛德承認自己為了孩子們忍受他拈花惹草，但她不准他忘記，沒有了她，席哈克就成了迷途羔羊。[18]

已逝的密特朗在總統任期內曾經被記者問到，他是否真有一個非婚生的女兒。他回答：「沒錯，是真的。那又怎樣？這件事跟大眾無關。」他去世時，兩邊的孩子們在兩位母親丹妮耶勒・密特朗和安・潘若陪同下，一起參加葬禮。

因出軌而使家人蒙羞的美國政客們，例如馬克・桑福德和阿諾史瓦辛格，他們的妻子不再容忍這種行為；她們直接訴諸離婚法庭，盡可能試圖保護孩子們。

值得注意的是，這些都是丈夫發生婚外情的例子。法國從來沒有女性總統，也很少有女性部長和參眾議員。不過以前法國總統尼古拉・薩科奇的妻子卡拉・布妮過去的經歷，在美國她絕對當不了第一夫人。卡拉・布妮是成功的歌手和作曲家，也曾經是模特兒（她的裸照曾在網路上流傳），她毫不隱瞞自己有三十多個情人，其中包括前英國滾石合唱團主唱米克・傑格和前法國總理洛朗・法比烏斯。她和當時已婚的電台主持人拉斐爾・恩多芬暗通款曲，還生下一個私生子。恩多芬的妻子朱絲婷・李維為了報復，在二〇〇四年的小說《沒什麼大不了》裡寫下這段情事。二〇〇八年薩科奇一離婚，布妮就和他結婚，這段婚姻多少幫助他重新贏得他第一次競選總統時的聲望。

薩科奇在二〇一二年總統大選中輸給弗朗索瓦・歐蘭德。這兩個男人的婚姻生活都很不傳統：薩科奇有三段婚姻，歐蘭德則是以習慣法婚姻與塞格琳・賀雅爾未婚同居，他們生下四個孩子。賀雅爾於二〇〇七年競選總統，失敗後歐蘭德與她分手，之後公開承認和一名小他十歲的記者在一起。要是以上這些魯莽的戀情發生在美國，都會給總統候選人帶來嚴重打擊。

第四，雖然中世紀文學獨厚婚外情，其中倒也有幾篇描寫夫妻情感的卓越作品，例如一直對彼此情深意重的艾雷克與艾妮德。這些故事暗示，婚姻生活中的愛情和未婚情人的愛情一樣，需要的是巧思、淘氣和忍耐等特質。

在過去五十年中，我所熟悉的法國人交友圈裡的男女一而再、再而三令我震驚，因為他們是如此努力試圖在婚姻中維持浪漫愛情氛圍。法國女人往往將妻子角色視為一種特權，無論她們有沒有孩子或有沒有工作。還記得法文中的「女人」——*femme*——和「妻子」是同一個字。在暢銷書（字面上的翻譯是）《衝突：女人和母親》中，伊麗莎白·巴丹德主張，女人不應該讓為人母的壓力破壞她身為妻子的角色。[19]

我懷疑美國女人是否會像法國女人一樣重視身為妻子的角色，尤其是有小孩和事業時。我看過某個八十歲老太太為了抓牢那比她年輕的丈夫而玩弄的小伎倆，這種事不可能發生在美國女人身上。某天出去買東西回家後，她誇張地訴說自己如何在街上絆倒，摔了一跤。他的丈夫先是難過得要命之後又很生氣，說她不應該穿著高跟鞋到處跑。後來她告訴我她其實也沒真的跌倒，我問她那幹麼還跟她先生提起這件事。她說，「為了引起保羅注意啊。如果沒絆倒，我會想些別的事來說。」

我回想起和伊麗莎白·巴丹德的某次對話，使我對法式愛情再度大開眼界。她先生侯貝·巴丹德在多年擔任某政府機關首長後，當選法國參議員。我不假思索問她：「我不知道他幾歲……」她打斷我，笑著回答：「他六十八歲，而且帥得和天神一樣。」我很驚訝她如此公開示愛，只能結結巴巴地說：「美國女人不會像你這樣說。」

「為什麼？」

「我不知道。」

「那她會怎麼說？」

「她比較有可能說，我老公六十八歲，他真是惹人厭。」

我們倆忍不住大笑了起來，然後我更正我的話。「我可能太誇張了。美國女人或許會說，『他還很健康。』但我不覺得她們會用英文說出和你意思一樣的話，例如，『我老公六十八歲，他帥得跟電影明星一樣。』我們美國人不會這麼形容自己的丈夫。」

我依舊不明白我們為什麼不會這麼說。

黛安．艾克曼在她那本抒情的著作《愛之旅》中聲稱，美國是個提到愛情就會尷尬的社會。她寫道：「我們不願意承認。即使說出這個字，都會讓我們結結巴巴，滿臉通紅。」[20]和法國人比起來，這種話語上的差異就更大了。

以下是另一對非常迷人的巴黎佳偶小故事，這次是丈夫比妻子更公開表達愛意。卡爾是個四十五歲左右的迷人律師。他那美麗又頑固的妻子西蒙也是律師，但她有時不怎麼好相處。西蒙對每件事的標準都非常高，從衣服、食物到教育，乃至於機智對答，如果卡爾沒達到標準就會受到嚴厲指責。某次又被西蒙數落了一頓之後，卡爾轉過頭來，惆悵地對我說：「愛上我太太真是不幸。」

這男人英俊、時髦、能言善道，是個藝術鑑賞家，而且在結婚三十多年後顯然還愛著他妻子，他根本就是從中世紀浪漫小說書頁裡走出來的男主角。他願意忍受她專制的行為，只因為愛她。就像一位忠心耿耿的騎士，他榮耀愛情，雖然它帶來折磨。而她，也以她的方式回應他的愛。

我的小兒子有一次比較西蒙和他認識的美國女人之間的異同，他的看法如下。「她不只美麗，」他說，「而且比較神祕。」確實如此！法國女人營造神祕感。最近我在一本專門討論一夫一妻制的雜誌上讀到，對於夫婦是否該和彼此討論生活上一切事物，法國和美國心理治療師的看法截然不同，對此我並不驚訝。某位巴黎家庭治療師對於夫妻應該坦承一切的想法感到驚恐萬分，即使場所是在心理諮商師的辦公室。雜誌引述他的話：「神祕感是讓我們年復一年保持對伴侶興趣的必要成分。為了讓我的婚姻不會死氣沉沉，我必須要覺得對於我太太，我還有許多不知道的事。」[21]他把好的婚姻關係形容為兩個交會但不重疊的圓圈。「在法國，」他說，「當我們想到『男女關係』時，這兩個圓圈的重疊部分很少超過三分之一。已婚人士不僅有權要求保有隱私，他們也必須擁有私人生活，才能引起對方的興趣並且吸引對方。」

不管你稱它是「神祕感」也好，「藉口」或「不誠實」也罷，但在愛情這件事上，法國男女對於美國人最流行的「全盤托出」根本不屑一顧。他們喜歡把愛情想成一場你不會亮出底牌的遊戲。

我這輩子大部分時間都在思考其中的不同，在考慮兩國各自的歷史背景之後，我得出一些持久的看法。經歷四百年的變遷，美國人理想的愛情從一個奇怪的新世界發展出來，在這裡夫妻必須把彼此當作「牛軛伴侶」。他們遠離原有的社群，不能依靠父母或兄弟姊妹，於是丈夫和妻子被迫一起對抗惡劣的天候與其他人。浪漫愛情一直要到十九世紀初才成為美國人結婚的主要原因，即使在那時，夫妻也立刻就把「家庭」放在婚姻生活中的第一位。長久以來，美國女性就生活在這種某位作者稱之為「強壯的母親，軟弱的妻子」的文化中。[22]時至今日，已婚伴侶的需求依舊往往排在孩子的需求後面，丈夫與妻子間的浪漫愛情常難以維持。我的法國媳婦還記得她第一次來美國，聽到同事說自己和孩子的關係最重要，丈夫只是這關係的「附屬品」時，她感到無比震驚。

然而背後擁有數世紀宮廷文化的法國人，早已由上至下發展出他們的愛情觀。國王和王后、領主和貴婦、吟遊詩人和作家作詩文頌揚愛情。從中世紀以降，情色之愛成為一種備受推崇的現象，同樣社交圈裡的成員擁有相同的愛情標準和理想。隨著時間流逝，一開始局限於各省與王室宮廷的氛圍，跨越區域界線向外擴散，也超越了吟遊詩人的年代。

第二章　殷勤之愛

克萊芙王妃

野心和風流韻事是宮廷中不可或缺的命脈，吸引男人，也同樣吸引女人。

——拉法葉夫人，《克萊芙王妃》，一六七八年

CARTE DU PAYS DE TENDRE
Tendre sur Estime
LAC D'INDIFERENCE
Comme on peut avoir de la tendresse par trois causes, ainsi on va de NOUVELLE AMITIÉ au bas de la carte, à TENDRE par la route de Grande Estime, ou par celle de Reconnoissance ou encore par celle d'Inclination.
Oubli
Légereté
Tiedeur
Inesgalité
adame la
RAMBOUILLET

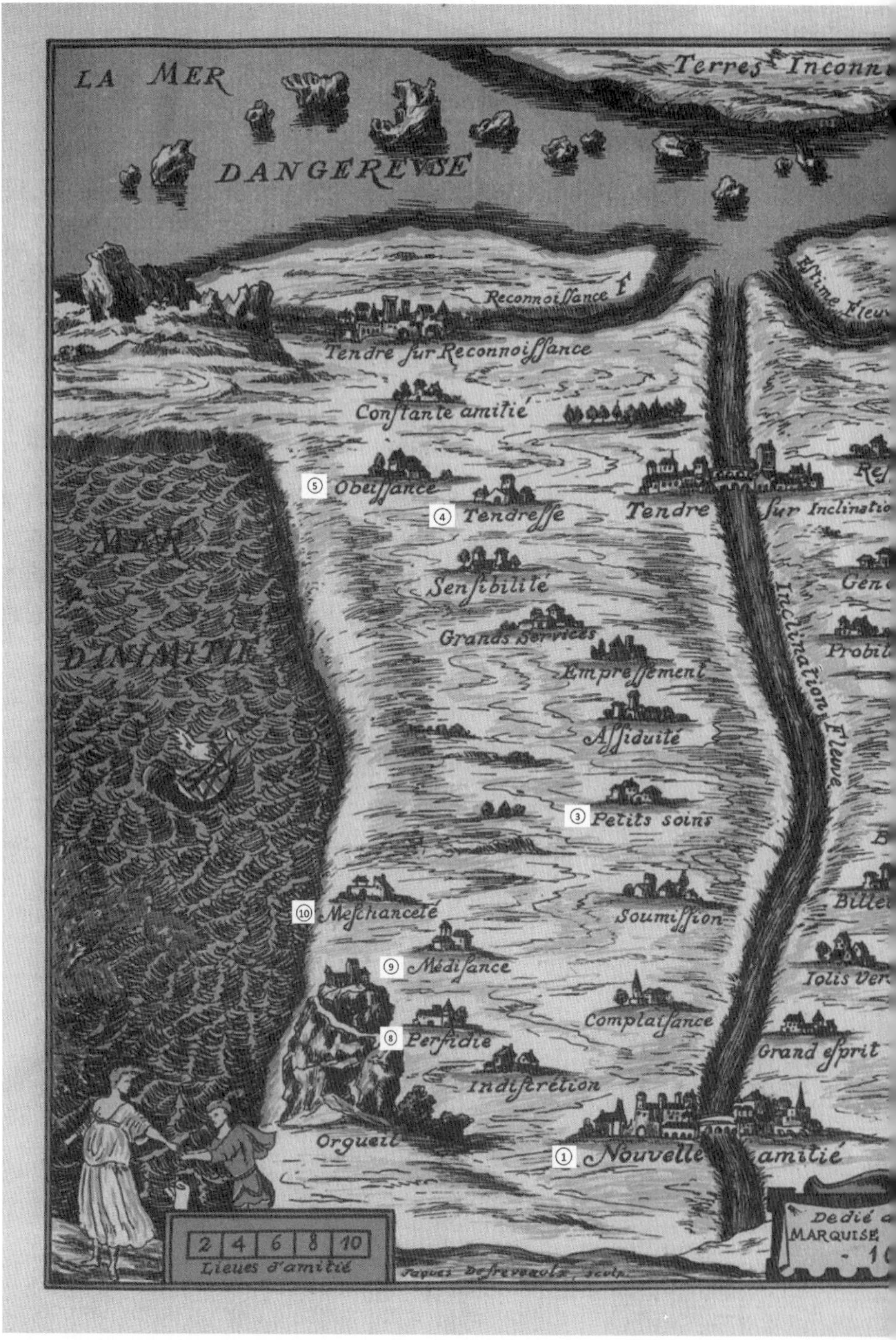
LA MER
DANGEREVSE
Terres Inconn
Reconnoissance
Tendre sur Reconnoissance
Constante amitié
⑤ Obeissance
④ Tendresse
Tendre
sur Inclinatio
Sensibilité
Grands Services
Empressement
Assiduité
Inclination Fleuve
③ Petits soins
D'INIMITIE
⑩ Meschanceté
Soumission
⑨ Médisance
Complaisance
⑧ Perfidie
Indiscrétion
Orgueil
① Nouvelle amitié
Grand esprit
Iolis Vers
Probit
2 4 6 8 10
Lieues d'amitié
Dedié a
MARQUISE

從十二世紀以降，法國各地的上流社會宮廷倡導種種藝術活動，其中也包括愛情的藝術。當然，那些較熱愛英國、義大利和德國（或痴迷於西班牙、荷蘭、捷克、希臘、俄國和斯堪地那維亞）的人，也可以一一指出這些地方在中世紀與文藝復興時期的豐功偉業，不過我們可以很肯定地說，直到君主制度結束於十八世紀末之前，法國這座文化燈塔照亮了全歐洲。

在愛情方面，法國流行起一種叫「獻殷勤」的新風格。廣義來說，它是一套對待異性的細膩禮節；狹義來說，它是取悅女士的技巧，這種新風格將在往後至少三百年主導上流社會。雖然「獻殷勤」的意義將會隨時間改變，我們還是會用這個字來形容迷人而有禮的男性。

殷勤（galanterie）、殷勤文雅的（galant, galante）、精力充沛的情郎（Le Vert Galant）、《雅宴》（*fêtes galantes*）、《風雅信使》（*Le Mercure Galant*）、《多情的印第安人》（*les Indes galantes*）、風流史（annals galantes）、風雅書信（lettres galantes）、《風雅的繆斯女神》（*les muses galantes*）等詞語*在上流社會裡非常盛行。男人應該要像騎馬那樣毫不費力，表現出風流倜儻的態度。十六、十七、十八世紀的貴族男性如果對女人興趣缺缺，將會和之前吟遊詩人的時代一樣，被人認為是一項缺點，不過兩者最大的差異就是貴族男性不保證對女人一輩子忠誠。中世紀宮廷愛情要求男人只能將自己奉獻給一位淑女，通常這淑女已經結婚，而且地位比愛慕她的騎士高。然而獻殷勤的男人卻沒有限制，他通常會追求和他階級相同的女人，但他也能追求地位高於或低於他的女人，前提是所有人都了解地位不相同的戀人不可能結婚。

獻殷勤從地位最高的人開始，也就是君王。和中世紀文學中的描述不同的是，國王有權與配偶以外的對象同床共枕，但王后不行。很顯然王后的私處只能作傳宗接代之用，但國王卻能在臥室款待其他女人，或想辦法安排許多約會，而這些順從的女人們將張開雙臂迎接他。漸漸地，王室情婦的財富和影響力都勝過有合法婚姻關係的王后。

偉大的法國文藝復興國王弗朗索瓦一世（一四九四至一五四七）將他正式的情婦埃唐普公爵夫人安，安頓在王室城堡楓丹白露宮裡。不只在楓丹白露宮，他和安以及其他女人也在羅浮宮和羅亞爾河河谷的幾個城堡裡談情說愛，這些地方成為國王和朝臣的享樂庭園。

在他之後的法國國王，尤其是亨利二世、亨利四世和路易十四與路易十五，都以情場老手

---

*《**雅宴**》：十八世紀畫家華鐸的系列畫作。

《**風雅信使**》：法國文人讓・多諾・德・維澤（Jean Donneau de Visé）於一六七二年在巴黎創辦的雜誌，內容為詩歌、史話，以及當時的宮廷軼事與民間趣聞等。之後經歷更名、轉讓與停辦，十九世紀末之後隸屬於伽利瑪出版社（Editions Gallimard）。

《**多情的印第安人**》：巴洛克作曲家讓・菲利普・拉莫（Jean-Philippe Rameau）創作的巴蕾歌劇，於一七三五年八月首演。

《**風雅的謬斯女神**》：一七四五年盧梭創作的歌劇。

著稱，不只有正式情婦，還有許許多多位情人。法國國王可說是享有某種形式的王室一夫多妻制。即使女人不願意讓國王嘗到甜頭，例如「老」亨利四世（他當時三十七歲）追求埃唐普的嘉百列時她很不願意，國王也不需要花太多力氣，就能說服她順從國王的欲望是為了她和她的家人好。一五九三年四月十九日，在寫給她的許多封情書中的某一封，亨利四世說道：「好好地睡吧，我甜蜜的愛人，如此你來見我時就會神清氣爽，豐腴飽滿。」[1]

在亨利四世據說超過五十個情婦之中，嘉百列難產死亡後取代她地位的昂希耶·安塔格大概要算是最不得體的一位。她似乎能對國王任意妄為，還曾經當面對他說他發出腐肉的味道。亨利四世甚至在把梅迪奇的瑪麗帶來巴黎當王后之後，還讓昂希耶成為正式情婦。在亨利與瑪麗十年的婚姻中（一六〇〇至一六一〇），他們生了六個王室子女，王后卻必須忍受國王貪婪的婚外情欲望。後來人們稱他為 *Le Vert Galant*（精力充沛的情郎），今天這名稱還出現在巴黎一間有名餐廳入口處的遮篷上，餐廳離新橋上的亨利四世雕像不遠。

直到死前，亨利四世一直和各式各樣的女人享受魚水之歡，有些他已經對她們公開示愛，有些他只是想引誘她們。國王最後一個情人是從他的朋友弗朗索瓦·德·巴松皮耶身邊偷來的一名少女，以下是巴松皮耶在回憶錄裡的敘述。

巴松皮耶吹噓他有好幾個情婦。一六〇八年十月，二十九歲的他有機會和康內塔伯·德·

蒙莫朗西十五歲的女兒結婚。這對巴松皮耶來說可能是個優勢，而且這名少女美麗絕倫。但是一六〇九年一月，國王看見了她，並且對巴松皮耶坦承自己「不僅和德・蒙莫朗西墜入愛河，而且是發狂的愛上她。如果你娶了她而且她也愛你，我會恨透你。」[2]

國王想出另一套方案：她將會是他老年的「安慰」（當時他已經五十六歲，再過一年多一點點就要死去了）。他會把她嫁給他的姪子孔代親王；這男人「喜愛打獵比喜愛女人還多一百倍」。親王每年將得到十萬法郎供他「打發時間」，而女孩就去陪伴國王。他試圖讓巴松皮耶相信他只想得到她的愛慕。做為補償巴松皮耶的損失，國王安排他和另一個地位很高的女人結婚，並且封他為公爵，也讓他進上議院。德・蒙莫朗西小姐和巴松皮耶毫無選擇，只能默許。然而這故事並沒有如亨利四世所計畫的落幕。德・蒙莫朗西小姐和孔代親王於一六〇九年五月十七日結婚，但沒多久這對夫妻就溜到布魯塞爾，令國王懊惱萬分。

從這個例子看來，顯然性事的陰謀和政治權謀一樣，都是宮廷生活的一部分。你和誰上床、和誰結婚不是件私事，而會關係到親戚、朋友、教士，甚至是國王和王后，因為貴族會用盡心機你爭我奪，想在王室裡得到好處。在這種圈子裡，一樁妥當的婚姻或一個欠考慮的私通，都關係到整個家族的成敗，對初嘗愛情苦果的少男少女來說，愛情成了諸多必須考慮的因素中最不重要的一項。

對於作為法國愛情溫床的宮廷，沒有人能比拉法葉夫人在她的小說《克萊芙王妃》形容的更傳神。她寫道：「有數不清岌岌可危的利益，還有數不清的派系，女人在其中扮演關鍵角色，愛情總是與政治糾纏不清，反之亦然。」[3]

匿名出版於一六七八年的《克萊芙王妃》在法國立刻成為暢銷書，第二年英國也出現暢銷譯本。這本小說在兩國都引發熱烈爭論。作者是何方神聖？誰是這位揭露法國宮廷中情色交易的「法國才子」？[4]

拉法葉夫人從來沒有承認自己寫了這本小說（和人們認為作者是她的其他作品），但今天幾乎可以肯定她就是作者。或許她確實和她的知識圈內其他男性合作，其中最著名的就是她的密友拉侯謝傅科公爵，他那本憤世嫉俗的《道德箴言錄》已經吸引許多讀者。單就匿名出版這件事看來，就知道這本小說一定出自女人之手，因為在十七世紀（十八和十九世紀也一樣），女人用自己的名字出書並不恰當。

《克萊芙王妃》是最早的「心理學」小說之一，而依我之見，在十七世紀的小說中，沒有其他小說比它更出色。我在稍後將會解釋，這本小說在我生命中扮演很重要的角色，也因此二〇〇九年當法國總統薩科奇表示這本書對法國學生的教育而言並不恰當時，我有種被冒犯的感覺。要不是人在八千公里遠，我也會加入法國抗議人士，輪流公開閱讀這本小說，作為政治上的反對行動。就在法國人民對薩科奇的支持度一路下滑的同時，《克萊芙王妃》的銷售量也一路攀升。

這部篇幅相當短的作品在世界各地有許多粉絲，絕對有其道理。這是個已婚年輕貴族女性與同樣是貴族的追求者之間的愛情故事，雖然兩人的愛情充滿挫折與阻礙。和之前的小說很不一樣的是，它講述的是婚姻故事。故事中有許多無意間聽到的對話和遺失的信件，以至於有時令讀者難以置信，但作者對於男女輕率地在愛情中來去的情感描述卻很有說服力，因此彌補了上述缺陷。

拉法葉夫人把小說背景設在十六世紀亨利二世統治期間，特別是在一五五八年到五九年的這段時間內。從這點看來，《克萊芙王妃》是一本基於真實人物和事件的「歷史」小說。只有克萊芙王妃本人和她的故事完全出於杜撰，而由於克萊芙王妃和其他人物的生活交織在一起，因此在各方面來說，它都是一本「小說」（Roman）。十七世紀小說依舊有著中世紀羅曼史的正字標記，也就是故事核心圍繞著勇敢的男人拚命想贏得出身高貴的淑女芳心，這位淑女通常已婚。作者回到一百年前亨利二世有名的情婦普瓦捷的戴安的年代，她的光芒掩蓋了王后梅迪奇的凱薩琳；作者於是替這個在詭譎的宮廷陰謀中剛萌芽的愛情故事找到最完美的背景。然而時光倒流的伎倆騙不過任何人：《克萊芙王妃》映照出拉法葉夫人自己的國王路易十四的宮廷。在正式的階級制度和拘謹的宮廷禮儀背後有一個祕密約會的世界，在此男男女女把服飾和假髮連同社會角色一起拋棄。無論是年輕人或老年人，都表現出內心對彼此的愛情與歡愉的渴望。

即使是路易十四，也曾經隨心所至將他青澀的愛情獻給馬琪妮夫人，危及他原本預計與西班牙的瑪麗亞·泰瑞莎的婚事。最後他還是被說服，完成這樁政治婚姻，但接下來他的情史中卻有許多對象都成為王室寵信的人，包括他第一個正式情婦路易絲·德·拉瓦莉埃，他和她生了兩個孩子。更有影響力的是蒙斯潘夫人，她替路易十四生了至少七個孩子。在結束與蒙斯潘夫人的戀情，以及在王后瑪麗亞·泰瑞莎死後，一六八四年至一六八五年冬天，路易十四祕密與這些私生子的監護人曼特儂夫人結婚。二十年來，瑪麗亞·泰瑞莎一直是個可愛的妻子，她以驚人的優雅態度接受丈夫的情婦。據說她去世時，路易十四說：「這是她第一次做出令我懊惱的事。」

正如我們所見，法國有接受甚至是期待國王擁有妻子以外性伴侶的悠久傳統。國王可以有「兩個身體」*：一個身體具有「神性」，可以藉由世系代代相傳，不斷延伸；而另一個則是極其凡俗的「人性」身體。只有吹毛求疵的教士會反對國王的性冒險。國王的情人數目能證明他的男子氣概。這種態度在君主制度結束許久後依然存在，它延續到法國總統身上，他們的婚外情眾所皆知，而且絕不會阻礙事業。

婚前的拉法葉夫人在擔任路易十四的母親奧地利的安的侍女時，開始熟悉法國貴族的兩性權謀。一六五五年嫁給拉法葉伯爵後，她更加精通宮廷生活，雖然兩人也住在伯爵位於奧弗涅的遙遠莊園裡。結婚時拉法葉夫人已經二十一歲，不再是個「年輕的」新娘，因為當時的貴族女子往往早在青春期結束前，也就是在她們有機會被花花公子玷汙之前就結婚了。和她的階級中大多數女子相同，她嫁給較年長的男人。不管是真實生活中的拉法葉夫人或是小說中的克萊芙王妃，一直到二十世紀初之前，父母之命媒妁之言的婚姻都是常態。父母會根據財富、頭銜和家族關係的利益替兒子與女兒找對象，一般不會期待有愛情的婚姻。

因此在小說中，當有人向年僅十六歲未來的克萊芙王妃提議克萊芙親王是個合適的對象時，她並不覺得無法接受，即使自己並不愛他。首先，她從來不曾體會到那些法國人貼切地形容為「心煩意亂」（trouble）的內心深處甜美的悸動。她一直在出了名的優秀又具有美德的守寡母親夏爾特夫人的監護下，過著備受保護的生活。夏爾特夫人不僅培養出女兒的機智和美貌

＊德裔美國學者恩斯特．坎托羅維奇（Ernst Kantorowicz）在他出版於一九五七年的中世紀政治神學著作《國王的兩個身體》（*The King's Two Bodies*）中，提到國王有「自然的身體」和「政治的身體」。

——這兩項被認為是待嫁女子的必要特質——她也設法讓她保有「貞潔」。女性的貞潔就在於避免做出會導致牽涉到性事的行為。夏爾特夫人警告女兒，無論愛情看來是多麼吸引人，卻也非常危險：她對女兒說起「男人的偽善、欺瞞與不忠，他們的風流韻事對婚姻生活的災難性影響」，她還振振有詞地主張「唯一能保障女人幸福的」，就是丈夫和妻子對彼此的愛情。

初次在宮廷露面的年輕女性都會造成一場轟動。克萊芙親王被未來的克萊芙王妃的美貌以及端莊的舉止深深打動，他當場就愛上她。映入眼簾的景象立刻深植內心和其他難以啟齒的器官——這是典型的一見鍾情。

其他被愛沖昏頭的競爭者也在現場，但種種事件的巧合替克萊芙親王排除一切障礙。他找到一個場合，以合宜得體的態度向她訴說他的熱情：「克萊芙親王懇求她讓他知道她對自己的感覺，並且告訴她，如果她嫁給他只是服從母親的命令，他將會永遠不開心。」

這一切浮誇的言語只圍繞著一個問題：「你愛我嗎？」這問題至今依舊會造成提問人心中以及必須回答的人心中的焦慮。「愛我，不愛我」無法由摘雛菊花瓣決定。它不僅是一個人年紀輕輕時感受到的一股荷爾蒙，即使在成年後也是如此。夏爾特小姐還不知道愛的感受。她告訴母親，比起其他男人，她「沒有那麼不願意嫁給克萊芙親王，但是他這個人並不特別吸引她。」

夏爾特夫人接受親王對她女兒的求婚，她沒有理由相信自己替女兒挑了個她不能愛的丈夫。就這一點來說，這樁婚姻和傳統的印度婚姻沒有差別，許多印度父母現在依舊替子女選擇配偶，並希望新郎新娘將會漸漸愛上彼此。今天西方年輕人大多假定他們會根據對彼此已知的愛情選擇伴侶，然而在奉父母之命的婚姻中，男女卻是被給予某個「在將來」必須要去愛上的人。《克萊芙王妃》是西方歷史中的一個關鍵點，這時浪漫愛情開始侵入婚姻選擇，它甚至是最高標準。

訂婚後不久，夏爾特小姐和克萊芙親王就在羅浮宮舉行婚禮，接著是一場有國王和王后出席的婚禮晚宴。我們不過進行到小說的前二十頁，婚禮就已經舉行。十八或十九世紀英國小說的美滿結局，在這個經典法國故事一開始就發生了。

可惜，婚姻並沒有改變王妃的感情，親王也不滿意他們的夫妻關係，雖然他讓她冠上他的姓，也進了她的臥房（這個階級的男女有各自的套房）。他希望她以和自己同樣程度的熱情愛著他。但是愛和熱情對王妃來說依舊是未知的情緒。她對親王只能感受到 *amitiè*，這是一種更近似友情而非性愛的情感。在這一點上，克萊芙王妃證明了十二世紀香檳的瑪麗和她同伴的看法——配偶之間沒有真愛。

從頭到尾讀完《克萊芙王妃》的二十一世紀讀者，絕對會注意到它豐富的愛情語彙和各種不同層次情緒間營造出的細微差別。愛情（*amour*）、激情（*passion*）、友情（*amitiè*）、柔情（*tendresse*）、依戀（*attachement*）、傾慕（*inclination*）、心煩意亂（*trouble*）、激動（*agitation*）、熱情（*ardeur*）、情火（*flamme*）、尷尬（*embarras*）——這些只是法國小說人物不斷地分析自己情感時所用的諸多語詞的一部分。我們別忘了，拉法葉夫人與同時代其他作家是受到一群學識豐富的「才女」（*précieuses*）引進的語言創新風格所影響，她們要求純粹的語言，細膩的思想，以及心理狀態上的新覺察。才女們所倡議的極致精練優美的對話語氣，滲透到許多重要的文學作品裡。最早之一就是瑪德蓮・史居德里的小說《克萊莉：一部羅馬史》，這是一場前往愛情國度的寓意之旅。書中的〈溫柔鄉地圖〉成為當時最著名的圖畫文獻，經後人不斷重製。我也有一份，是在塞納河左岸買的，我把它放在這一章開頭。請看地圖上的情人之路是如何帶領他們經歷許多愛情階段，從「新的友誼①」（編注：以下編碼請對應本章開頭地圖）到「情書②」和「略獻殷勤③」，再往上走到想像的「溫柔鄉④」，它周圍的聚落包括「服從⑤」、「善良⑥」和「尊重⑦」。如果情人們想走到終點，就必須小心翼翼避免「不誠實⑧」、「誹謗⑨」和「惡意⑩」，不要誤入「冷漠之湖⑪」。

當我們聆聽《克萊芙王妃》角色的對話時，我們聽到才女與其精緻純淨的討論迴盪其中。這裡已經完全不再出現中世紀與文藝復興文學中直言不諱的肉體暗示。親王只提到身為丈夫的他被賦予較高特權，但沒有暗示這些特權和身體有任何關係。夏爾特夫人也一樣，她和女兒談到「風流韻事」時，也完全沒有提及相關的肉欲本質。新婚之夜等著她的是什麼，夏爾特小姐是否有概念？我們永遠不會知道。第一次性交經驗（且讓我們回到沒那麼文雅的術語）並沒有造成她的內心衝擊。雖然克萊芙親王費盡心力，卻還是沒能帶領他的王妃抵達溫柔鄉。

當然，現在第三方進場了。宮廷中最英俊迷人的男人內穆爾公爵以最浪漫的方式遇見王妃：國王命令之前未曾見過王妃的內穆爾公爵，在國王的女兒法蘭西的克洛德訂婚舞會上與王妃共舞。發生在一群仰慕者之中，這宛如童話故事般的相遇，只會朝一個方向前進。可想而知，內穆爾公爵瘋狂愛上王妃，接著這本書的後半段就開始描述他想將她據為己有的失敗嘗試。或者我們用十七世紀的語彙來說，在這場「獻殷勤」的遊戲中，內穆爾公爵比宮廷中任何人都占優勢，然而他卻沒有得到自己認為應得的回報。

為何如此？讀完這本小說的人會提出這最根本的問題。不是因為王妃缺乏熱情；內穆爾公爵喚起王妃強烈的覺醒，這和她對丈夫毫無性欲的感覺截然不同。不。漸漸地，她明白了對一個男人炙熱愛戀帶來的喜悅與折磨，這男人是法國宮廷中的俊男，他甚至是英國王后伊莉莎白女王一世的夫婿候選人。有生以來第一次，王妃隱藏她的情感。但她母親可不是傻瓜，她開始懷疑她女兒逐漸萌芽的愛情。擔心女兒的她突然染病，導致身體衰弱，但臨終前她確保女兒充分意識到眼前的危險。「你對內穆爾公爵有好感；我沒有要你對我坦白……你現在等於是站在懸崖邊。」夏爾特夫人勸女兒退出宮廷，以避免「戀愛的悲劇發生」。

在為母親的死感到憂傷的同時，王妃抗拒內穆爾公爵追求的意志也更堅定。作為敘事策略，母親過世是為了女兒好的一種犧牲形式。王妃隱居鄉間，比以往更加忠於丈夫，希望能以對他的依戀感來抵禦公爵。但後來親王與王妃必須回到宮廷，她又再次與迷人的公爵見面。

他設法以「才女」喜愛的拐彎抹角方式對她宣告他的愛意。「有些女人讓男人不敢表露出一丁點熱情的跡象……既然我們不敢讓她們看出我們愛她們，我們至少應該希望讓她們看到我們不想被任何人愛。」

如果今天有誰用這種方式告白，我們一定覺得這人就算不是個呆子，也是個怪人。以上這番話聽起來拐彎抹角又不坦率。美國人表達愛意的方式比較簡潔，不過也很真誠。那麼現在的法國人又如何？他們是否依舊使用附庸風雅的詞彙去取悅女士們？有些人會，尤其是受過良好教育階級的年長男人，因為對他們而言，「*le bon mot*」（妙語如珠）依舊是一種必要能力。法國男人還挺常用他們學校裡學的古文的華麗辭藻向女性示愛。「女士您是否在巴黎與我們這些殷勤的男士度過了美好時光？」「那件洋裝尤其能襯托出您眼珠的顏色。」「您對法國文學的熱愛令我們尊敬。那麼歡愉（pleasure）您覺得如何？」歡愉？這個字在法文中有特別的性意涵。我很清楚這位男士在想什麼，就好像克萊芙王妃也很清楚內穆爾公爵在說什麼。

雖然意圖良善，王妃無法隱藏公爵出現時她內心愉悅激動的情緒。「不像他那樣敏銳的男人或許不會注意到；但有那麼多女人已經愛上他，這些墜入愛河的徵兆他不可能不清楚。」明白這一點，公爵放大膽子做出一件厚顏無恥的舉動：就在他和王妃都在太子妃的房間裡時，他偷走一小幅王妃的肖像。雖然王妃看見他的偷竊行為，她卻不能告發他或要他把畫像還她。

就在這時，公爵喜不自勝，認為他「已經使她情不自禁地愛上他」。發現畫像被偷的克萊芙親王很不高興，但他開玩笑地說，他的妻子一定把畫像給了情人。王妃懊悔萬分，卻無法平息波濤洶湧的情感。因此丈夫、妻子與未來的情人這三角關係持續著他們的欺瞞之舞，不可避免地迎向正面衝撞之路。

從一幕到另一幕，王妃在「悲慘的婚外情」陡坡一路往下滑，違背她母親的鄭重警告。她甚至在牽強的次要情節中發現嫉妒之苦：她拿到一封來自她叔叔情婦的信，但她誤以為那是給內穆爾公爵的。一旦發現真相，她鬆了口氣不再嫉妒，但傷痛的感覺縈繞不去，因而使她認清之前自己不願面對的問題。她直截了當地問自己：「我是否打算外遇，不忠於克萊芙親王？不忠於自己？」此刻，她依舊能回答「不」。

故事情節愈來愈迂迴，克萊芙王妃再次躲避到克萊芙親王的鄉間別墅，努力疏遠可能成為情人的公爵。全書中最有名、也最不可思議的一幕就在這時登場。她向親王坦承她愛上了別人，這懺悔實在太驚人，以至於當小說出版時，流行雜誌《風雅信使》向讀者提出以下問題：「妻子是否應該向丈夫坦承她對其他男人動情？」如果這場告白不夠令讀者難以置信，作者還進一步讓這對夫妻的對話被人偷聽；聽到的不是別人，正是默默躲在親王與王妃坐著的花園涼亭背後的公爵。我們能相信嗎？只有請各位在讀了這本書之後自行判斷。

這消息對克萊芙親王有如晴天霹靂。他請求妻子抗拒這份情感，不只出於他作為她丈夫的身分，「也因為作為一個快樂與否取決於你，比你心之所向的那人更熱切、溫柔、激烈地愛著你的男人。」親王是一位正派的男人，在各方面來說都十分高貴，不該是個受人訕笑、戴綠帽的男人。他顯然值得被愛，但在這故事中卻非如此。對妻子更加懷疑的親王陷入絕望，他「受不了壓垮他的巨大悲傷」，發起高燒。瀕死的親王用盡力氣最後一次向妻子表達他的愛與恐懼。他的死和王妃母親的死一樣，成為另一次犧牲，藉此代表王妃個性上的發展。

不過這本小說以克萊芙王妃命名，因此也是王妃的故事吸引我們讀到最後。現在她自由了，可以依照她的心意嫁給內穆爾公爵，但她選擇另一條路。雖然公爵持續關心她，她見到公爵也重新燃起熱情，但她卻拒絕他的求婚。為什麼？最顯而易見的答案是，她一想到丈夫的死，就滿懷懊悔，因為她將之歸罪於她自己和公爵的行為。公爵嘗試將她的拒絕僅僅解讀為

「揮之不去的責任感作祟」，但卻徒勞無功。她堅定不移，不只因為過去種種使她充滿罪惡感。另一個更深的理由是她懼怕與內穆爾這樣的丈夫共度未來。在兩人引人入勝的最後一次會面，她清楚而振振有詞地陳述這項原因。且讓我們聽聽看：

> 我恐懼的是，你現在對我的愛，有一天必然消逝……當兩人永久結合時，男人的熱情能持續多久？……對我來說，你持續的情感是靠它所面臨的阻礙維持。這些阻礙多到足以引發你追求勝利的渴望……
>
> 我承認……我的熱情或許左右了我，但沒有使我盲目……你已經有過許多熱切的情感，將來還會有其他情感出現。我無法再讓你快樂；我將看著你追求另一個女人，就像你曾經追求我那樣，那景象會使我深深受到傷害……女人或許可以責備情人，但她是否能責備只是不再愛她的丈夫？……
>
> 無論分離使我感到多麼劇烈的痛苦，我還是打算離開你的視線。我用盡所有力氣懇求你，不要找任何機會見我。

這段冗長的獨白，使我們窺見一位非凡淑女的靈魂。在一百五十頁裡所描述的兩年之間，克萊芙王妃已經產生高貴的情操。她從天真無邪的少女轉變為成熟的女人，她從經驗中學習，包括墜入愛河的經驗。因為如果沒有經歷愛情的喜悅與折磨，她又如何能評斷愛情的真正價值？任何人只要曾經墜入愛河，夢想著與情人會面，早晨醒來知道將會見到他而加倍感到愉悅，穿上取悅對方的衣服、比平常更仔細梳妝——都該知道生命中少有比深陷愛情更強烈的情感。克萊芙王妃知道這一切，但還是放棄與她所愛的男人共度未來。

無論我們是否同意她的決定，有一件事很明白：從今而後愛情將必須承受犀利的心理審查。從今而後愛情將會伴隨某種懷疑論。它是否能維持？它是否值得？它是否有著不忠的本質？

《克萊芙王妃》的出現，使得中世紀宮廷愛情傳統與十七世紀懷疑主義產生衝撞。笛卡兒和拉侯謝傅科公爵跟隨蒙田的腳步，質問我們最珍視的信仰的可信度。他們把批判思想帶入人類的兩性關係、宗教、哲學以及現在我們所稱的心理學領域中。拉法葉夫人並不否認愛情的力量。她巧妙描寫愛情，甚至抬高它的價值，接著又加以分析並降低它。或許她曾經聽友人拉侯謝傅科公爵說過一些苛刻的座右銘，警告世人愛情的愚蠢：「所有形式的熱情都使我們犯錯；愛情使我們犯下最嚴重的錯。」「理智永遠受到心的欺瞞愚弄。」「真愛就像鬼魂：我們都會談論它，但沒有人真的見過它。」

或許當克萊芙王妃用盡所有力氣拒絕內穆爾公爵時，心裡想的另一句話也是引用自拉侯謝傅科公爵：「在把太多的心意放在任何事物上之前，讓我們先檢視一下我們的心有多快樂，和誰已經擁有了這事物。」觀察宮廷裡其他女人的命運——妻子與情婦，和那些曾經被愛、被背叛和被拋棄的女人們——她不希望自己的下場和她們一樣。她選擇小心謹慎，最後宣告放棄對長久愛情的希望。從崔斯坦與伊索德或蘭斯洛與關妮薇的兩情相悅，到此刻我們已經有很大的進展。拉法葉夫人和許多同時代的人把熱情視為災禍的成分之一。

《克萊芙王妃》標示出法國情色傳奇故事中值得注意的轉變。在接下來的三百年間，雖然浪漫愛情將會一而再、再而三以各式各樣的面貌不斷回來，它的本質卻再也不相同。浪漫愛情再也不會向拉法葉夫人這部傑作出現之前那樣，免於懷疑的色彩。

讀者們，到此時你已經猜到《克萊芙王妃》對我而言有著特殊意義，正如同它對千萬名被薩柯奇總統駁斥這本書的冒犯之舉觸怒的法國男女。我甚至可以說它改變了我的人生。事實上，當艾倫．狄波頓那本精采的《普魯斯特如何改變你的人生》出現時，我想到拉法葉夫人如何改變我的人生，因為一九七六年她直接影響我做出一個重大決定。

那年冬天，我還在加州某州立大學教授法國文學與西方文明，有人請我審閱諾頓出版社一九七三年版的《文藝復興以來世界文學名著選》。其中包含一八五九頁來自法國、英國、愛爾蘭、德國、義大利、美國、俄國和挪威的文學作品：這一八五九頁由七位男士選編，其中沒有任何一篇女性的作品！（你以為現在的性別差距狀況很嚴重？當時絕對更糟糕。）我立刻想到拉法葉夫人。他們怎麼能忽略《克萊芙王妃》呢？的確，諾頓文選裡大部分作者都是傑出男性，但我實在不能理解為什麼索忍尼辛在選集中占有一席之地而拉法葉夫人卻沒有，更別提珍．奧斯汀、夏綠蒂．勃朗特、艾蜜莉．狄金生和維吉尼亞．吳爾芙。與其爭辯例如海因里希．海涅與喬治．桑對歐洲浪漫主義各自的代表性，或是否在收錄沙特與卡繆的同時也必須納入西蒙．波娃，我以《克萊芙王妃》為根據，向諾頓出版社據理力爭。當然了，從各方面看來這都是一部傑作，值得被收錄在下一版的《文藝復興以來世界文學名著選》。我很高興能說，在接下來的每一版諾頓文選，都收錄了女性作家的作品。

一九七六年的經驗使我不得不重新思考我在文學系的工作，這門學科往往忽略而且詆毀女性作家的貢獻，無論她們多麼優秀。在思考如何以不同方式運用我的專業技能之後，我與新成立的史丹佛大學女性研究中心巧遇。在這裡我有幸找到安身之處，成為研究中心的資深學者，並且在之後當上主任。從這次轉變之後，我一直從事女性文化史書寫，並專門研究法國與美國女性。

思考女性的同時，我未曾遠離女性與男性間的關係。我試圖理解男人與女人在特定文化與歷史時刻如何看待自身。我著迷於閱讀他們描述自己如何取得特定性別的特徵與角色。雖然法國與美國的男性與女性經歷同樣的嬰兒期、童年期、青春期、青年期、成年期與老年期等生理階段，這些階段卻由一個人的特定時間與地點塑造而成，因此他們往往被語言、宗教、階級所劃分，更不用說還有性別差異，以至於少有相似處。第一位偉大的美國詩人安・布萊斯翠（約一六一六－一六七二年）曾經寫給她丈夫極其美妙的情詩，她只比拉法葉夫人早出生不到一個世代；然而成年後的安住在清教徒聚居的新英格蘭（她兒時在英格蘭度過），她將愛情概念化的方式，與十七世紀的法國宮廷如此截然不同，以至於我們懷疑她和那些法國作家寫的是否是同一件事。我們不得不承認，愛情也是由社會環境構築而成。

對拉法葉夫人而言，愛情是根據沙龍中的才女口授、由路易十四的宮廷實踐的「獻殷勤」規則建構而來。路易十四在世時——他活到一七一五年——「殷勤之愛」依舊是備受尊崇的法國特色，正如馬里伏發表於一七三〇年的著名喜劇《愛情與偶然狂想曲》*劇名所表示，殷勤之愛是一種經驗老到的遊戲。

十七、十八世紀的人閱讀小說與詩、觀賞戲劇、觀察長輩和同輩人，藉此學會如何取悅異

*劇名可直譯為「愛情與偶然的遊戲」。

性。大家都知道男人永遠該主動追求女性，絕不能由女性主動。另一方面，女性有權鼓勵或阻止某位可能的求婚者。男女之間這樣的語言遊戲就和音樂與跳舞一樣，對宮廷生活而言至關重要。我們別忘了，一六五六年，路易十四還只有十八歲，他就在作曲家呂利的芭蕾舞劇《我們這個時代的風流韻事》中跳舞。以國王為榜樣的男人如果被稱為「殷勤文雅之人」將會非常自豪。不過，如果女性被冠上「風流的女人」這個詞卻帶有貶抑，它暗指「隨便的女人」或甚至指妓女。

到了拉法葉夫人的時代，也就是十七世紀的最後三分之一，殷勤這個字暗指情感上某種程度的輕率。如果辦得到，你甚至可以不需得到其他貴族的同意，就周旋於好幾段男女關係之中——如果在十二世紀由香檳的瑪麗做出裁決，她可能會加以指責。

內穆爾公爵是殷勤之愛的佼佼者。他異常俊美的外貌、有禮的態度與巧妙的言詞，都使得他在一般的求婚者中出類拔萃。他是情人宇宙中的一顆明星，任何女人都會迷上他，就算克萊芙王妃也不例外。然而……哪個女人不會害怕過往有一長串情史的這個男人，難保不會在愛情帶來的歡愉變得過於稀鬆平常之後甩了她？她投注全副心力的童話故事，最終或許將成為一場噩夢。她無法冒險使自己這獨一無二的愛情故事走向毀滅性結局。且讓它成為在寧靜中而非苦澀中回憶起的情緒（借自華滋華斯詩句*）之一。且讓它成為高尚的故事，沒有殷勤之愛的負面效應。

雖然殷勤之愛放蕩的那一面在十八世紀將會更明顯，法國人還是一直對這種愛情表達方式深感驕傲。一八八九年，皮耶·達赫布雷在《愛情生理學》一書中稱殷勤之愛為「我國的特色」[5]。當代學者阿蘭·維亞拉則是提問殷勤之愛是否為法國獨有的文化範疇。確實，當他向牛津大學的同事提到他打算把書名叫做《法式的殷勤》時，這位同事覺得「法式」是贅字[6]。他把「殷勤」一字和法國相連是對的，因為殷勤之愛不僅在法國舊政權時代有著特殊的歷史，它在革命後的法國也一直存在，繼續引發盎格魯薩克遜人無比的仰慕之情，以及某種程度的不信任感。

多年前我在牛津時，就深刻領略到英國人和法國人的不同風格。在教師公休假接近尾聲時，我知道有些事不如預期般順利。我應該要做一份法國女作家喬治·桑在英國接受度的研究報告，但大部分的時間我都在照顧一個任性的五歲娃兒，還有打理郊外一間老舊的茅草屋頂農舍。有時到了週末，為了擺脫這種無力感，我會進城去參加由牛津大學文學系所舉辦的正式晚

---

*華滋華斯（Wordsworth）原詩為「詩是強烈情感的自然湧現：它源自於在寧靜中回憶起的情緒」。（"Poetry is the spontaneous overflow of powerful feelings: it takes its origin from emotion recollected in tranquility"）

宴。那裡的食物總是淡而無味，對話也總是被除去性別特徵。我以為在歐洲生活必然會有的玩笑諷刺話到哪兒去了？

「夠了，」有一天我在內心尖叫。「我受夠了英國人的燉羊肉和白花椰菜。我受夠了迴避我的視線、讓我覺得自己像是一塊會說話的木頭的英國男人。我要去法國！」

一等學校放假，可以把兒子放在要過夜的男孩夏令營之後，我就出發前往巴黎。就在把行李箱放在塞納河左岸的一間小旅館，然後漫步在街頭的那一刻，我開始覺得有所不同。我住的旅館外面，有個拿著樹枝做成的老式掃把在掃地的清潔工人，用仰慕的眼光上下打量我，然後說：「日安，女士。」他那挑逗的口氣我一輩子也不會忘記。我又再一次置身法國，在這個國家裡，取悅女士是一種永遠不過時的態度。

我忍不住再加上一則趣事，說明時至今日法國男孩是如何被灌輸獻殷勤的技巧。我的美國朋友茱蒂二十五年前嫁給法國人，之後就一直住在巴黎，她回憶起發生在她兒子亞伯特身上的一個小插曲。當時三、四歲大的亞伯特坐在地板上玩耍，茱蒂和她的美國兄弟討論起法國與美國在異性戀情上的差異。她兄弟談到法國男人是如何不費吹灰之力就能吸引女人，同時感嘆他自己對異性根本束手無策。茱蒂同意法國男人很知道如何施展魅力，她自己就能作證，她先生是如何把她從沒那麼有誘惑力的美國男人身邊引誘過來。這些話顯然全被她兒子聽了進去。他從玩具裡抬起頭來，小心翼翼地說：「媽咪，你的嘴脣好美喔！」

許久之後我見到亞伯特時，他已經是一所知名法國高中的高三學生。他正在考慮要選擇法國大學或美國大學，我鼓勵他申請我任教的史丹佛大學。他接受我的提議決定前來，並且成為明星學生，不只是因為他的學業表現出眾，也因為他對女士們很有一套。無論他從法國帶來的是「獻殷勤」的哪些要素，都讓他在美國非常吃得開。

第三章 喜劇之愛，悲劇之愛

莫里哀與哈辛

愛情是個好老師：它把我們教成之前永遠無法變成的模樣。

——莫里哀，《妻子學校》，一六六二年

維納斯的詛咒是致命的。

——哈辛，《費德爾》，一六七七年

〈妻子學校〉版畫，一七一九年版

十七世紀時，大多數法國人還是文盲，只有貴族和資產階級能夠讀書寫字。對於那些能輕鬆閱讀的人而言，源源不絕的小說、詩、寓言故事、格言和回憶錄，使他們熟悉殷勤之愛的規則。至於其他人，例如莎士比亞所在的英格蘭，只要上劇院看戲就能跟上最新潮流，有錢人可以坐在舒適的包廂裡，而只要十五蘇就能站在正廳後面。巴黎和倫敦一樣，都是劇作家的發祥地，甚至連外省都有戲劇作品誕生。名聲顯赫的高乃依、莫里哀和哈辛，證明這是個戲劇大場面登峰造極的時代，在法國之前與之後都無法超越，這些戲劇內容則大多直接或間接與愛情有關。

莫里哀和比他年輕的同時代劇作家哈辛是殷勤之愛的第一批繼承人，他們也對這個最新的愛情時尚大有貢獻。愛情在莫里哀的劇作中以喜劇的面貌出現，不過有時這些喜劇面貌卻背叛其內心深處的苦悶；愛情在哈辛的戲劇世界裡卻是一場徹底的悲劇。藉由喜劇和悲劇的面具，我們就能一探一六六〇至一六七〇年代愛情的意義與現實狀況，這段期間也是《克萊芙王妃》出現的時候。在巴黎的凡爾賽以及其他省分的大城市，舞台上的愛情吸引許多觀眾，他們永遠看不膩無論有多少外力共同設法將年輕的俊男美女拆散，他們還是彼此吸引的橋段。就像在現實生活中，愛情不分年齡，有年長男人喜劇性地愛上年輕女人，也有年長女人悲劇性地愛上年輕男人。無論是哪種情況，戲劇都呈現出之前所沒有的心理層面。為了獲得娛樂來到劇院的觀眾，看完戲離開時或許就能洞悉自己糾纏不清的感情或對情色的渴望。

莫里哀的愛情喜劇

莫里哀於一六四三年到一六五八年間跟著劇團在法國四處旅行。在這期間，由「才女」掌控的沙龍對正確的法語使用方式與精緻化行為模式加以規範。然而即使是故作風雅的人指定合適的言行方式，對這些事情過度強調，最終也必定難逃荒謬的宿命。一六五九年，讓莫里哀在巴黎占有一席之地的戲劇《可笑的才女》，嘲弄被浪漫愛情蟲子啃咬的兩名天真少女。不如讓我們來聽聽其中一名年輕主角瑪黛隆對她深表懷疑的父親，陳述她那不大可行的愛情願景：

父親，我的堂妹會告訴你，就像我會告訴你的一樣，直到所有愛情歷程都結束之前，我們絕對不該論及婚嫁。一個令人滿意的情人應該要能玩味高尚的想像力，表達出甜蜜、溫柔與激情等全部情感。他也應該依照般勤求愛的規則進行……告白的日子來到；通常這應該發生在花園小徑上，在其他人都離開時……接下來是各種險阻：情敵來威脅情侶已經建立起的感情；父親的迫害；出於某些錯誤根據產生的嫉妒心、責備、絕望、誘拐以及一切後果。事情就該按照合宜的禮儀進行，這些般勤求愛的規則絕對不能省略。[1]

瑪黛隆的父親想法和她完全不同。婚姻是愛情的開始，他已經根據求婚者的家世和財務狀況替女兒瑪黛隆和姪女嘉托選好丈夫。

瑪黛隆大為憤怒。「什麼？一切從婚姻開始？」嘉托則說出這句常被引用的台詞：「至於我，只能告訴你我覺得婚姻這件事非常令人震驚。女孩怎能忍受睡在一個脫光光的男人身邊？」

父親警告兩個年輕女孩：「你們要不就馬上結婚，要不就去修女院。」

瑪黛隆批評父親是「徹底的資產階級」態度，嘉托譴責他「粗俗」。但是在這齣戲裡，粗俗的資產階級常識戰勝兩名少女的裝模作樣，來自外省的她們有的只是矯揉造作的言語，以及從書上看來的牽強浪漫想法。她們渴望將巴黎看成是「令人驚嘆的地方，絕佳品味、機智與風流文雅的中心」，她們無法分辨真品與贗品，因此接納了兩個裝扮成紳士的僕人。莫里哀用老套的戲劇手法抨擊這兩個不諳世事少女感情用事的觀念，使她們羞愧而屈服。

瑪黛隆的父親所擁護的資產階級婚姻觀，在莫里哀接下來的幾齣戲劇中沒有什麼進展。事實上，一旦《可笑的才女》演出大獲成功因此定居巴黎，並且在路易十四於一六六〇年給了他皇家宮殿劇院之後，莫里哀的劇作變得較同情女人對婚姻的渴望。《丈夫學校》（一六六一年）、《妻子學校》（一六六二年）和《可笑的才女》（一六七二年）以對句押韻寫成，之後這成為莫里哀戲劇的注冊商標；這幾齣戲都在講述年輕女性成功嫁給她們所選擇的男性。

首先，《丈夫學校》將傳統父權與新型態愛情對立呈現，後者主張應該要擄獲女人芳心。這兩種態度體現在史根納海勒和亞西斯特兩兄弟身上，他們是兩姊妹的監護人，此時她們正逢適婚年齡。傳統思想根深柢固的史根納海勒堅持他的受監護人伊莎貝拉應該依照他極端保守的觀念過生活：她要待在家裡專心打理家務，例如補他的內衣和織襪子；她必須關上耳朵不聽那些浪漫的話語；沒有年長女伴陪同就絕對不能出門。既然他自己打算娶伊莎貝拉，即使兩人年齡相差甚遠，他還是打算保持她的純潔無瑕，或者用莫里哀的語言來說：「我不想要頭上長角。」這是男人戴綠帽的傳統說法。

代表新秩序的弟弟亞西斯特，表達殷勤之愛的信條：「我相信我必須贏得的是女人的芳心。」他也想娶他的受監護人萊昂諾兒，但他根據完全不同的方式養育她。

我遵循以下座右銘照顧萊昂諾兒：
我沒有將她那些許自由變為罪惡。
我總是同意她青春的想望。
此外，感謝上帝，我無須悔罪。我准許她有迷人的同伴；
以及娛樂、舞會和觀賞喜劇；
在我認為，這些事物非常適合培養年輕人的智慧；
這世界就是學校，它的氛圍帶給人生的指導遠勝過書本。

至於結婚計畫，亞西斯特不想強迫萊昂諾兒嫁給他。他希望以他誠摯的情感和仁慈，再加上一筆一年四千克朗的財富，能彌補年齡差距。但如果不成，她有權到別處找個丈夫。最後，亞西斯特對女性自由的新主張勝過史根納海勒的老套腳本。萊昂諾兒選擇了亞西斯特，拋下了在舞會中追求她的金色假髮紈褲子弟，但伊莎貝拉卻設法嫁給私下擄獲她芳心的年輕男人瓦列爾，留下史根納海勒忿忿不平地表達厭女情緒：

信任女人的男人將永遠受到欺瞞；
即使其中最好的女人也是一肚子鬼胎；
她們是注定毀掉整個世界的性別！

這齣戲真正要傳達的，並非如同時期在許多英國與義大利戲劇中可見的年輕人的愛情和父母權威之間的衝突，而是激進的新精神出現，宣告女人獲得部分解放。在這齣戲的開頭，萊昂諾兒的女伴莉賽特攻擊史根納海勒的作為無疑是半囚禁他的受監護人。她尖銳地問他：「我們是否像土耳其人那樣把女人關起來？」土耳其後宮是女性被壓迫的象徵，和十七世紀的法國完全無法相提並論，就和今天西方人眼裡阿富汗女性穿的全身罩袍一樣。然而在路易十四統治時期，許多上層階級女性並不享有完整的自由，這些自由很少包括婚姻伴侶的選擇權。就算勉強稱得上有自由，也是從婚後才開始。

不久之前，法國貴族與上流資產階級女性在成長過程中，心裡還是牢記這順序。一九五〇年代我念衛斯理女子學院時，和我同房的室友莉莉安宣布，她要回到法國去嫁給一個她幾乎不認識的男人。我問，為什麼有人會想要這麼年輕就結婚？她的答案是：為了自由。自由？雖然有宵禁時間和禁止外宿規定，但我們在學校難道不自由嗎？她說她受夠了這些約束，想要得到「真正的自由」。但是一個人如何能在婚姻裡得到真正的自由？莉莉安生長在富裕的家庭裡，從來不曾脫離監看的目光。她先是上女子寄宿學校，然後上女子學院，她受夠了同性生活。婚姻是進入異性世界的入口。她想像的是相對獨立的生活，有機會在男性與女性為伴之下娛樂與被娛樂。因此在學院第一年結束後的夏天她回到法國，結婚，住在巴黎，然後（天知道）享受風雅的兩性關係之樂。雖然某次我曾經造訪她豪華的塞納河右岸公寓，但多年來我們已經失聯，我納悶著她的故事結局是什麼。結婚的決定是否如預期中令她滿意？

《丈夫學校》是女性選擇的勝利——伊莎貝拉選擇瓦列爾，萊昂諾兒選擇亞西斯特。但既然兩個女人的其中一個喜歡嫁給年長的監護人，代表這故事並不反對老夫少妻的婚姻。的確，一六六二年，四十歲的莫里哀娶了比他小二十一歲的女孩阿荷芒·貝賈特，此舉無疑能使他理解年長求婚者的難處。同時，逐漸忙於巴黎和宮廷社交活動的莫里哀，減少了對毫無節制的故作風雅與殷勤求愛風氣的攻擊——路易十四在一六六三年讓他享有成為自己第一個兒子的教父的殊榮（但嬰兒出生不久就死了），還贊助莫里哀的戲劇在凡爾賽宮演出，國王本人和他的第一位正式情婦德．拉．瓦里耶夫人都在現場——他能不收手嗎？

莫里哀結婚的那一年，更廣為人知的事情是他備受爭議的戲劇《妻子學校》在同年上演。這是一齣內容完整的五幕戲劇，它再次以年長男人和他打算娶的受監護少女為主題。和《丈夫學校》裡的史根納海勒相同，《妻子學校》裡的阿赫諾夫深信他的受監護人阿涅絲應該接受完整的家政教育，並且完全忽略其他事情，如此就能確保她成為完美的妻子。她只要「知道如何向上帝祈禱、愛我，以及縫紉」就夠了。

他的朋友克里薩德——也就是《丈夫學校》裡亞西斯特的翻版——譴責他目光短淺。

克里薩德：你喜歡愚蠢的女人？

阿赫諾夫：比起非常美麗但很有智慧的女人，我更喜歡非常愚蠢而醜陋的女人。

阿赫諾夫騙自己相信，在修女院長大的貞潔青少女能免於社會的誘惑。他最大的恐懼，也就是在這齣戲一開始就揮之不去的，正是當時會腐壞他未來妻子並使他戴綠帽的「風雅氣息」。決心不計一切代價避免這局面的他，向他的受監護人阿涅絲簡述他對他們婚後的期望。

結婚不是件隨隨便便的事。
妻子的身分必須是最嚴肅的職責。
在我看來，你絕對不能變成一個隨興生活的放蕩妻子。
你的性只為你所從屬的人存在。
所有權力屬於有鬍子的那一邊。

阿赫諾夫對阿涅絲發表的長篇大論，以及他要她大聲唸出的「已婚婦女的婚姻座右銘或職責」，都是父權的諷刺模仿。要一個上層階級女人和丈夫說話時視線放低，不能直視他的臉；只能為他打扮；放棄所有美化肌膚的乳液，同時要丟掉筆、墨和紙等文具；除了丈夫以外她不能取悅任何人——這一切都讓莫里哀的觀眾感到無望且荒謬得不合時宜。

阿赫諾夫把阿涅絲像一塊蠟那樣隨意揑塑的計畫注定要失敗。離開修女院時還納悶小寶寶是不是從耳朵裡生出來的阿涅絲，很快就在歐哈斯身上發現浪漫的喜悅，不再受到監護的她向愛情力量屈服。愛情幫助她穿透從出生以來就將她封閉的無知愚蠢面紗，教她以熟練的騙術智取監護人。但是在劇中看起來可笑的阿赫諾夫，卻不是只有單一面向的陳腐角色。他對阿涅絲深刻的愛、他痛苦的嫉妒心和他對戴綠帽的恐懼全都非常真實，使得他在戲劇接近尾聲時比觀眾一開始所想的更令人同情。即使知道阿涅絲與歐哈斯相愛，他卻更想得到她，並且提出新的婚姻條款。

請你只傾聽我愛的嘆息，
望著我渴求的目光，凝視我的外貌，
拒絕這傲慢無禮的混球和他奉上的愛情。
想必他對你施了咒語，
想必你和我在一起比較快樂。
如果你想放縱快活，
我答應你，這些你都能得到，
我會日日夜夜不停地寵愛你，

按摩你、親吻你、吃下你；
你可以隨心所欲做你自己。

他可憐兮兮地自問：「熱情能發展到什麼地步？」但太遲了。阿赫諾夫與阿涅絲注定不可能在一起。她和歐哈斯已經在「對彼此的熱戀」之下，在眾人的祝福中結婚——除了阿赫諾夫以外。這齣戲在感謝上天中結束，「一切都有最好的安排。」

在這幾齣早期戲劇中，莫里哀對愛情的想像反映出他與上流社會的接觸經驗。待在外省十三年的時間，他還是接受了上層人士才有的精雕細琢的對話與風流文雅的舉止，還有嫻熟這一切的女士們表現出的自由與機智。同時，他也沒有漏看任何愚昧蠢笨。他嘲弄過度純潔化的女人們的情感與委婉的話語，他還嚴厲抨擊衣服上垂著絲帶的時尚男子，以及他們在好幾天前就做好的「即興詩詞」。《妻子學校》引起社會激烈爭論時，他自己寫了《對妻子學校的批評》，嘲笑那些攻擊他的老古板。為了捍衛自己，他筆下一名男性角色如此斷言：「吾人在舞臺上揭露的一切荒謬圖像……都是大眾的鏡子。」雖然有著滑稽的誇大成分，莫里哀的戲劇確實是一面「大眾的鏡子」，是一面映照出路易十四統治時期法國宮廷與巴黎風俗的鏡子。

在《妻子學校》中，誹謗莫里哀的人批評最嚴重的一幕就是阿赫諾夫宣告他對阿涅絲的熱情。他發自內心的嘆息、扭曲的面部表情、答應要撫摸與親吻她，都被評斷為脫離這齣戲一開始時呈現的那個冷漠的資產階級角色。但是替莫里哀辯護的人卻主張，「一個人在某些事情上很荒謬，在其他事情上很理智，這兩者並非不能相容。」老男人或老女人對年輕人的愛，會造成難以言喻的欲望與折磨。莫里哀給了阿赫諾夫一顆英雄的心，我們會同情他，即使他的其他表現令我們感到可笑。莫里哀將會在他最偉大的劇作《憤世者》（一六六六年）中，更深刻地探討這愛的悖論。

如果一名二十一世紀的觀眾只能看一齣十七世紀的戲劇，我會推薦《憤世者》。它既是一齣反映殷勤風俗的喜劇，也是一齣真愛得不到回報的悲劇。在年輕寡婦賽莉蔓這個角色身上，我們可以看到一個女人是如何宿命地被欺詐的世界包圍；在阿爾賽斯特這個角色上，我們可以看一個男人如何極力反對虛偽，以至於他只能在獨處中找到救贖。由於兩人個性完全相反，阿爾賽斯特對賽莉蔓的愛情終究要失敗，但那卻是在經歷戀人之書裡的每一種情緒之後。阿爾賽斯特深深迷戀賽莉蔓的美貌與魅力，她時常吸引其他追求者的注意令他吃醋，她對那些理應是她朋友的人嚴厲批評，也令他驚訝；他願意相信她私下的愛情宣誓，但同時又唯恐她在他面前是雙面人，就和她與其他人在一起時一樣。遭到重挫的阿爾賽斯特將賽莉蔓的行為歸罪於社會，他活在自己可以用愛改變她的幻想中。因為他確實以一種接近瘋狂的非理性力量愛著她（正如莎士比亞提醒我們，情人、詩人和瘋子有許多共同點）。

他的朋友菲朗特指出，正直的阿爾賽斯特對「全人類」要求的條件，在賽莉蔓身上顯然不存在。她玩弄男人的行為和愛情醜聞與時代風氣密不可分，但阿爾賽斯特卻把它擱在一邊。不過他並不是看不見她的缺點：

我的愛如此炙熱，不過我看得見她的缺點，
我拚命責備我看見的一切。
然而我對她所有的不誠實感到無力，
這女人卻知道取悅我的技巧。
雖然我不停抱怨她，
我發誓我無法停止愛她。[2]

阿爾賽斯特努力想藉由他的愛改造賽莉蔓，當然，他沒有成功。雖然他對她的愛既認真又專一，她對他卻只是抱著玩樂和膚淺的情感。他們你來我往的鬥嘴揭露她天生愛賣弄風情和他愛發脾氣的個性，兩人根本無法理解彼此。例如：

阿爾賽斯特：女士，我該直話直說嗎？我承認
你的行為帶給我無止境的苦惱。
……
賽莉蔓：看來你很好心的送我回家，
就為了將惡毒的謾罵灌進我耳裡。
阿爾賽斯特：我不想爭吵。但你沒有能力關上門，
我為此深感遺憾。
……
賽莉蔓：你嫉妒全世界，先生。
阿爾賽斯特：你說得沒錯。
既然你歡迎全世界。
……

好吧，如果我絕對不能嫉妒，那麼，告訴我，
我要如何比另一個男人受到更好的對待。
賽莉蔓：你知道我愛你。那樣不行嗎？
阿爾賽斯特：什麼能證明你說的是真話？
賽莉蔓：先生，我以為我這麼說了就足以證明我的信用。
……
阿爾賽斯特：我毫不隱瞞：我已經盡力
從胸中驅逐這份熱情；
但到目前為止一切都徒勞無功；它不會消失；
我必須如此愛你，這是我的罪。……
賽莉蔓：是的，這是最新流行，我同意：
你藉由矯正我表現出你的愛，
你的每一句話都憤怒而無禮。
我從來沒有被人這樣怒氣沖沖地求愛過。

雖然賽莉蔓以老練的方式與技巧機智地回答阿爾賽斯特，她卻高估了自己，冒險向其他兩名追求者告白，暴露了自己的本性：une femme galante，一個風流、不忠的女人，證實世人對女人水性楊花的刻板印象。即使如此，阿爾賽斯特還是一直愛著她。和《妻子學校》裡的阿赫諾夫相同，他向他認為是一場不光彩的愛情投降，提議要娶賽莉蔓，條件是唯有她願意放棄她的生活，與他遠走高飛，到一個遠離這社會不良影響的偏僻地方。但賽莉蔓拒絕了他。

賽莉蔓：什麼！要我年紀輕輕就放棄這世界，在某個隱蔽的地方無聊至死？
阿爾賽斯特：啊，如果你愛我如你應該的那樣，
你對這世界一刻也不會留戀；
和全世界相比，你是否必須擁有我？
賽莉蔓：唉呀！二十歲的人懼怕孤獨。我怕我缺少踏上如此嚴峻道路的力量以及深邃的靈魂。

於是阿爾賽斯特遁入荒原，留下他極度適應不良的風流世界。雖然整齣戲我們都在笑，笑的是阿爾賽斯特的偏執狂、賽莉蔓諷刺的機智言語以及體現人類愚蠢弱點的幾個次要角色，但

是在結束時我們笑不出來。阿爾賽斯特雖然很難在社會上與人相處，他卻有一種與莫里哀同時代的人不願意讚賞的真誠個性。一直要到幾世代之後，也就是孕育盧梭的十八世紀以及浪漫詩人的十九世紀，才有人與阿爾賽斯特並肩對抗社會的妥協與背叛。一六六〇與一六七〇年代，殷勤風雅的文化太過根深柢固，像阿爾賽斯特這種專門掃興的人也無法撼動愛情遊戲。然而，比莫里哀年輕的同時代劇作家讓・哈辛將會以另一種成功的方式嚴肅看待愛情。

哈辛《費德爾》中的亂倫欲望

二〇一〇年一月，我前往觀賞在舊金山演出的哈辛戲劇《費德爾》。這齣戲是由美國藝術劇院委託製作，將全劇重新翻譯，它已經在加拿大的史特拉福莎士比亞戲劇節演出，現在要登上美國舞台，這是非常罕有的情形。[3]

我在我先生的陪同下前往，但我對他隱瞞了我的恐懼。英文本來就不容易以法文詩句表達，他們如何能將哈辛澄澈的詩翻譯成優雅的英文？今日的雙薪夫妻如何能領會十七世紀法國父權社會的心態？看見深受十七世紀天主教最禁欲的理論楊森主義影響的作者筆下人物備受折磨的熱情和鋪天蓋地的罪惡感，這些性解放的觀眾又會作何反應？觀眾能不能先回到路易十四宮廷生活必備的繁文縟節，然後再回到這齣戲的角色與情節最初來源的古希臘？

我怕觀眾無法理解，甚至覺得荒謬可笑。但我錯了。在整整一小時五十分沒有爆破或警匪追逐、甚至沒有中場休息的文雅對白中，深受震撼的觀眾一動也不動。我先生是頭幾個站起來替某位演員熱烈鼓掌的觀眾，因為這位演員達到哈辛戲劇的水準，將《費德爾》深深烙印在我們腦中和心裡。離開劇院的我，重新確信哈辛傳達了各個年紀男女都有的蠻橫又騷動的原始熱情，即使他是以十七世紀的法文表達。

哈辛的《費德爾》於一六七七年首演，該年是莫里哀死後四年，也是《克萊芙王妃》出版的前一年。和莫里哀與拉法葉夫人不同的是，他們筆下的故事從各方面看來都是法國主題，然而哈辛卻以希臘羅馬文學為主題，這一點他和使用神話人物強調自己偉大地位的路易十四一樣。哈辛的人物取自古希臘劇作家尤瑞皮底斯的悲劇《希波呂托斯》中的三個主角：特修斯、費德爾與希波呂托斯。早在西元前五世紀尤瑞皮底斯的時代，特修斯已經是個家喻戶曉的傳奇性雅典國王，他在克里特島的迷宮裡殺了牛頭人身怪獸米諾陶。由於這英勇行為，特修斯拯救了他的人民，他們不再需要每年向克里特島獻祭活人。

費德爾是特修斯的第二任妻子，她是克里特島統治者米諾斯和帕希斐的女兒。希波呂托斯是特修斯和第一任妻子亞馬遜女王希波莉塔所生的兒子。在尤瑞皮底斯的戲裡，希波呂托斯是主角，他是惡名昭彰的獨身主義年輕男子，忠於保持處女之身的貞潔女神阿提米斯。在哈辛的劇裡，他把焦點放在費德爾身上，她陷入我們熟知的法國丈夫、妻子和情人的三角關係中。

但是當期待中的情人拒絕另一個男人妻子的示好，尤其這另一個男人還是他的父親，結果會如何？通姦的本質已經使這份愛情於法不容，近親相姦更使它罪加一等時，結果又會如何？於是場面大亂。

初次出現在舞台上的費德爾，已經因為一場不知名的疾病逐漸消瘦，只能任由提早走向死亡。她的閨中密友伊諾妮逼她透露她可恥的祕密：她，費德爾，英勇的國王特修斯的妻子，瘋狂愛上她的繼子希波呂托斯。之前，費德爾還能藉故粗魯地對待希波呂托斯，把他送到雅典城外，一心一意關注自己年幼的兒子，藉此隱藏她的熱情。她對外公開扮演好母親與憎恨繼子的繼母角色。從她的行為看來，她完全無須責備自己。但是自從她丈夫特修斯在六個月前踏上漫長的未知旅程後，她不得不接受希波呂托斯的保護，住在海邊的城市特洛森，這時強烈的肉欲再次襲來。在這齣戲最著名的一句台詞裡，她形容自己是「維納斯攻擊的獵物」，是個犧牲者。

維納斯的拉丁名字是阿芙洛黛蒂，她是個毫不手下留情的女神。如果她找上你，你命中注定要去愛，無論將造成多麼悲劇性的結果。在哈辛援引的希臘羅馬神話裡，若是被維納斯的爪子抓住，後果就像在中世紀喝下愛情靈藥。在她命令之下，熱情將不可逆轉。

費德爾當然曾經拚命抵擋她亂倫的欲望，因為她並不是古代傳說中不知悔改的異教徒，也不是中世紀羅曼史裡得意的通姦者，而是屈服於良知之下充滿罪惡感的基督徒女性。費德爾是如何被罪惡感逐漸吞噬！出現在舞台上時，她已經處在極其脆弱的狀態，心神不寧，因而在伊諾妮的刺探下她輕易就懺悔了。將這件事說出來的本身就是不可逆轉的行為。在哈辛的世界裡，角色可以因為說出一番話而到達狂喜的境地，也會因此必須承受接下來的一連串悲劇事件。

之後情勢更加惡化，因為希波呂托斯偷偷愛上阿里西亞，她是覬覦雅典王位的敵對王朝裡唯一活下來的後代。特修斯之前饒她一命，條件是她必須受到監禁，且終身不嫁。在費德爾和希波呂托斯這兩個例子中，他們愛上的對象都是一顆禁果，而且為愛飽受折磨的一方在直接向愛人告白之前，都先向信任的好友吐露祕密。希波呂托斯吐露的對象是友人戴哈門，後者鼓勵他試著去面對阿里西亞，碰碰運氣。等到希波呂托斯向阿里西亞告白，費德爾也向希波呂托斯坦承自己的渴望時，觀眾心中充滿了緊張的期待。

我們能體會演員在舞台上的情緒，彷彿他們就是我們自己。首先，我們目睹希波呂托斯對阿里西亞靦腆的柔情，以及阿里西亞高傲但隱約的挑逗回應。在這一刻，我們都成了被迷人的初萌芽浪漫愛情左右的年輕愛侶。這一瞬間我們忘卻在背後逐漸聚攏的烏雲，以及王國、帝國和小國注定被毀滅的命運。我們忘卻惡人或甚至善人造成的巨大傷害。當希波呂托斯對阿里西亞發表以下愛的宣言時，我們敞開心胸，接受愛情將征服一切的可能性：

> 我的愛情言談粗魯，但別拒絕它。
> 沒有了你，我永遠不會知道它。[4]

在這歡快的插曲之後，費德爾和希波呂托斯的會面引發截然不同的情緒。相信丈夫特修斯已死的費德爾被伊諾妮說服，認為她對希波呂托斯的愛不再是不能說的祕密。我們這些觀眾知道希波呂托斯愛著阿里西亞，這令我們膽怯，因為費德爾並不知道。當費德爾藉由特修斯與他的兒子外貌相似這一點，設法宣告她的愛情時，我們替她感到尷尬萬分。一旦開啟雙脣，她就說出那些壓抑已久的話語，滔滔不絕以激烈的言詞發表長篇大論，表示愛情與罪惡乃無可避免地糾纏在一起。

我戀愛了，
但我完全沒有料想到
當我愛著你時
我為了愛你而認為自己有罪。
……
你很清楚我過去如何對待你。
我不只躲避你。
我表現得像個暴君，將你流放。
我想讓你恨我……沒錯，你更恨我，而且愈來愈恨——
但我的愛未曾減少。

費德爾在她對希波呂托斯的熱情以及她的罪惡感之間掙扎，現在這一切都表現在舞台上。她譴責自己「徹底腐敗」，請求希波呂托斯懲罰她，殺了她，或把劍借給她好讓她自殺。然而他卻逃去找友人戴哈門，前往在他父親死訊傳出後發生騷動的雅典。

第三幕一開始，費德爾的心情跌到谷底。她對難以置信、嚇壞了的希波呂托斯吐露愛意，卻發現她其實應該隱藏這份感情，但為時已晚。伊諾妮勸她此時應該肩負起雅典陷入權力真空狀態之後加諸她身上的義務，藉此讓心情平靜下來，費德爾如此回答：

我，統治雅典？在我連自己都無法掌控的時候，
卻要我掌控一個分崩離析的國家？

如此聲明很快就失去意義，因為令所有人大吃一驚的是，結果特修斯還活著，而且就要回來了。現在費德爾被新的恐懼折磨：如果希波呂托斯對特修斯洩漏她的相思病，該怎麼辦？費德爾再次表示她寧可一死也不願丟了顏面，而伊諾妮也再次提出解決之道：「先指控他——指控他犯了同一項罪行。」

當特修斯回來時，伊諾妮貫徹她的建議，控訴希波呂托斯試圖引誘費德爾。特修斯詛咒希波呂托斯，求神明降災於他。到最後一幕，費德爾與伊諾妮和希波呂托斯一起命喪黃泉，但在這之前費德爾向特修斯坦承一切。在這最後一幕，她重獲部分曾失去的尊嚴與榮譽。毒藥已在血液裡流竄，只有片刻可活的費德爾，承認她對希波呂托斯得不到回報的愛情，並證實他的清白。

仔細聽我說，特修斯。
現在每分每秒對我而言都很珍貴。
希波呂托斯是貞潔的，他忠於你。
我才是這謎題中的怪物。
我被亂倫的熱情沖昏了頭。

費德爾在特修斯腳邊斷氣之後，特修斯榮耀兒子的遺骸，也將阿里西亞當成他的女兒。

十七世紀的法國人哈辛，是如何替他身處的時間與地點重新設計愛情這個主題？如果我們把《費德爾》與它所根據的古希臘故事相比，第一個最顯著的改變就是他把主要角色從男性變為女性。十年前，哈辛第一部轟動大戲《安多瑪克》（一六六七年）的劇名就來自女性主角，由與哈辛祕密結婚的性感女演員戴賀絲·杜·巴克主演。戴賀絲死後哈辛又找來當時最著名的女演員尚梅斯萊接替，她也是《費德爾》的女主角。即使在哈辛最後兩齣寫於一六八九與一六九一年的戲劇《愛絲苔爾》與《阿達莉》——當時他已為人夫，也有了許多孩子——劇中還是以女人為主要人物。有了哈辛在一六七七年演出的《費德爾》以及拉法葉夫人在一六七八年出版的《克萊芙王妃》，法國人已經逐漸習慣女人在故事中位居要角。《費德爾》的第二項重大改變，是加入阿里西亞這個尤瑞皮底斯劇中沒有的角色。她把女性另一種特色帶入戲劇中，她正是愛情標準概念的化身。阿里西亞年輕貌美又高貴，令人著迷，難怪希波呂托斯無法抗拒！在她的影響下，這位應該免於被愛情火焰燒灼的英雄變得更人性化——我們甚至可以說他變得更女性化。

來源可追溯至吟遊詩人的詩作與中世紀羅曼史的法式女性化愛情故事，和古希臘的男子氣概典範截然不同。尤瑞皮底斯與另外兩位希臘悲劇劇作家艾斯奇勒斯與蘇弗克里茲的確也曾經替我們寫下幾位了不起的女性角色，如安蒂岡妮和美狄亞。哈辛也的確從尤瑞皮底斯的劇作中學到，甚至像美狄亞這樣如怪獸般把自己孩子吃掉的女人，也能讓觀眾同情她。然而哈辛做的還不只這樣。他讓觀眾理解費德爾的苦惱，也讓這女人不被鄙視。愛上繼子的她，直到垂死之際才揭露她的愛情，她對於自己未曾犯的罪產生罪惡感，任由自己被最忠誠的知己擺布，被自己渴求占有的年輕男子拒絕與羞辱，最終她以懺悔和自殺贖罪——這女人不是個怪物。她是人，她充滿了人性，任何年齡層都會出現的人性。

如果我們把劇中王室背景的皇冠與寶劍等等放在一旁，就不難想像今日美國家庭中也有類似情節。繼母和繼父與配偶前任對象生的孩子住在一起，有時會發現自己受到這些子女吸引。

我們知道父親和繼父有時渴望著女兒與繼女，甚至會強迫她們與自己發生關係，這往往會毀了孩子。母子亂倫的情形則少見得多。

亂倫欲望總是挑戰社會禁令。它當然讓道德規範嚴謹的天主教分支教派楊森主義的信徒如哈辛感到驚恐不已。即使哈辛以希臘神祇的名字作為偽裝，他還是在費德爾的意識中植入這嚴格的天主教信仰，造成她無處可躲的罪惡感。費德爾的罪隱藏在內心，然而即使她根本沒有實際犯下這樁罪行，上帝還是看在眼裡，導致她難以忍受的苦惱。費德爾在索求熱情與遭到良心嚴厲苛責之間掙扎，這種道德兩難的心理狀態在歷史上許多時期都能引起觀眾共鳴，包括我們現在所處的時代。

這是哈辛式愛情的兩難，也是法式愛情的兩難。一方面，西方世界沒有其他人比法國人更了解對熱情的索求。沒有人比法國人更讚頌愛情——或許只有英國人的詩和義大利人的歌劇除外。也沒有人比法國人更能傳達對浪漫愛情本質的迷戀，以及它優先於其他所有人際關係之上的特色。

然而法國人不能逃避他們的天主教傳統，眾所周知它不容許肉欲。雖然法國人很難想像沒有性的愛情，而且與美國人相比，一般而言他們對性的道德感也低得多，然而基督教與猶太教共有的信仰加諸於許多性行為的限制，卻還是深深影響著他們。探討愛情的許多法國小說、戲劇和電影裡，都明顯可見這種共同信仰與個人情欲渴望之間的緊張關係。

從這一點我們就要說到哈辛的《費德爾》中第二項屬於法國的特色。法國人喜歡談論愛情。雖然費德爾起初完全保持沉默，一旦開始說話，她就滔滔不絕。她喚起了沸騰的情欲、滾燙的軀體和備受折磨的理智，但當然了，她沒有使用任何一個粗俗的詞句。之前處處與愛情為敵的希波呂托斯，向阿里西亞示愛時突然間也變得妙語如珠。和所有法國古典文學作家相同，哈辛將在沙龍與宮廷文化中運用品味高尚語言的原則奉為圭臬。他也將這受約束的風格藉由他的超群詩作提升到悲劇的層次。

無論是否有作詩的技巧，不懂得如何說愛的語言的法國男女，會被人當成粗魯之人。在法國人心中，談話對愛情的必要性幾乎和外貌相同。當然，莫里哀也曾取笑覺得必須隨身攜帶現成詩句的紳士們，並且嘲弄在對話中用太多委婉說詞、以至於我們搞不懂他們在說什麼的淑女們。不過，文雅情話的傳統一直沒有從法國消失。想想十九世紀劇作家愛德蒙．羅斯丹的《大鼻子情聖》，西哈諾把自己舌粲蓮花的演說借給了克里斯提安，好讓克里斯提安成為這兩個男人都喜愛的霍珊眼中得體的情人。再想想侯麥電影中的角色，這些人都把大部分時間拿來訴說吞噬他們的執著戀情。

對語言的強調在法國從政治、醫藥到做愛，無所不在。已故的法國精神分析學家拉岡將人歸類為「談話的生物」。在法國，人應該要能訴說欲望。愛的告白能讓一個人定義他的感情，也鼓勵被愛的人用同樣方式回報。

費德爾開始說話，希望能藉由懺悔得到解脫，卻產生反效果：放膽說出事實反而點燃了她的熱情。先是和伊諾妮、接著和希波呂托斯對話，使得她的情欲逐漸升高，縱使她言談間還穿插著道德上的自我譴責。唯有在面對特修斯時她才學會收斂，最後不再說話。

特修斯對費德爾而言既是丈夫又像父親，他也是雅典國王與希波呂托斯的父親。無論於公於私，他都代表最終權威。舊政權的國王、法國大革命領導者、拿破崙一世與三世、復辟君主以及十九與二十世紀的法國共和國總統——他們全都是父權統治的代表。

和在傳統生活中相同，「父親」也總是隱藏在法國文學的背景中。他或許善於拈花惹草，就像剛成年的特修斯；他或許是個容易受騙的蠢傢伙或可笑的暴發戶，像是莫里哀劇中的那些父親們；但無論有什麼個性上的小瑕疵，他們的權威無所不在。費德爾無法掙脫特修斯的束縛，甚至當他不在她身邊、或許已經死去時也不能。希波呂托斯也是，如果要向阿里西亞求愛，他必須鼓起勇氣得到特修斯的認可。

或許費德爾對希波呂托斯產生無可抑遏的愛意，原因之一是她壓抑心中對特修斯的憤怒。

喜歡年輕版本的丈夫，是掙脫妻子這道枷鎖的方式之一。但我們且不要岔題去用心理分析學探討費德爾的潛意識，也不要套用女性主義對婚姻制度的明白解釋。費德爾是個愛上年輕男人的年長女人。年輕人的魅力燃起她的欲望，令她無法抗拒，而當她聽說希波呂托斯愛上阿里西亞，嫉妒心也使她更心煩意亂。到最後徹底發狂的她去找特修斯，設法導正一切。結束時，父權大獲全勝。

雖然十七世紀法國女性推動了社會觀念的進步，哈辛、莫里哀和大多數同時代人無意推翻男性權威。路易十四穩坐王位，獨裁權威到達顛峰。法國人看見男性教條不僅體現在政府與家庭中，也體現在理性的意識能力中。他們斷言，女性較有感性能力，例如愛情，而人們普遍認為愛情會遮蔽判斷力。這一點費德爾足以為證。然而，與哈辛同為作家，也是法國科學家與信仰堅定的基督教哲學家布萊茲．巴斯卡，為那些愛情成癮的人想出了以下名言：「心自有其理由，但『理性』對此一無所知。」

從我在十七世紀豐富的文本裡選出的三部作品——《克萊芙王妃》、《憤世者》與《費德爾》中，可以看出愛情總是不由自主就發生了。它強迫我們接受。我們沒有選擇愛或不愛。無論稱它是愛情靈藥、邱比特的箭或「化學物質」的結果，愛情藐視理性解釋。在《克萊芙王妃》中應該被愛的丈夫，永遠無法從他妻子身上得到一丁點她對那不該愛的男人感受到的愛。作為追求者，阿爾賽斯特的氣質不適合賽莉蔓，即使他自己知道，也無法從她設下的愛情陷阱中脫身。至於費德爾，就更不適合作為希波呂托斯的伴侶，因為她已經嫁給他父親，於是她的欲望既是通姦、也是不倫之戀，這種愛情不可能會有美滿的結局。

然而，有些情人還是享有短暫的幸福。如果他們還年輕，天生面貌姣好身材勻稱，一股強大的吸引力將他們拉向彼此，強硬將他們分開的外力都將失敗。在許多莫里哀喜劇中的年輕戀人正是如此。雖然在他後期作品中（例如《偽君子》與《唐璜》）呈現愈來愈多有問題的人類關係圖像，雖然在大多數的哈辛悲劇作品中都是憂鬱地描繪著不合禮法或得不到報償的愛情，雖然拉法葉夫人在小說中冷靜的宣告放棄性愛，真愛的理想還是根植於法國人心中。雖然殷勤之愛往往帶著些許厭世的氣息，而且會墮落為冷血的誘惑，心的索求永遠不會保持沉默。這兩股趨勢將會在下一世紀大放異彩。

第四章

誘惑與深情

普列沃、凱比庸之子、盧梭與拉克羅

是的，吾友，縱使我們現在分開，我們應該結合；縱使受命運擺布，我們應該快樂。兩顆心在一起，才能真正獲得幸福。

——盧梭，《新愛洛伊絲》，第二部分，書信十五，一七六一年

她已被我征服，那驕傲的女人膽敢以為她能抗拒我！沒錯，吾友，她屬於我，完全屬於我；在昨天之後，她已經沒有什麼可給予我了。

——拉克羅，《危險關係》，第四部分，書信一二五，一七八二年

福拉哥納爾，〈快樂的情侶〉，一七六〇至一七六五年

十八世紀法國藝術與小說幾乎可以說是做愛的同義詞。如果只從繪畫來看，我們可以推斷上層階級除了扮情侶自娛之外，沒有別的事可做。讓－安東．華鐸的《風雅盛宴》系列畫作描繪纖細柔美、充滿嚮往之情的人物，正要前往傳說中維納斯的故鄉希瑟拉島。這田園牧歌般的天堂住著如夢似幻的女士和懶散度日的男士，成為華鐸兩位名聲顯赫的後輩——弗朗索瓦．布雪和讓－歐諾黑．福拉哥納爾——毫不掩飾色欲的作品前奏。

布雪的女性人物公然表現性欲，有時會對任何想大飽眼福的人暴露她們的胸部與屁股。他也畫誘人的女人，她們華麗的服飾強調身體曲線，例如他描繪的路易十五第三任正式情婦龐巴度夫人就是如此。布雪畫中華麗的顏色與暗藏肉欲的弦外之音，在在滿足這個世紀好色的品味。

福拉哥納爾的人物較不肉感，情侶在田園風光中溫柔地親吻對方，送情書給彼此，在花園的鞦韆上盪向空中，發誓永遠相愛。法國的美術館和古堡中有許多布雪和福拉哥納爾的洛可可風格繪畫，不過美國人不需要大老遠跑去法國才看得到他們的作品。許多美國博物館裡都掛著很棒的洛可可繪畫，例如紐約的弗里克美術館就有福拉哥納爾美妙的系列畫作《愛的進程》。雖然這些畫原本由路易十五最後一任正式情婦杜巴利夫人委託繪製，打算放在花園的涼亭裡，但她一直沒把畫掛上去。最後這些畫去了弗里克美術館，掛在一間有著與繪畫同時代的精雕細琢嵌板和優雅家具的展示廳裡。

殷勤之愛是當時的王道，是「我們這世紀的品味」，阿貝·吉哈德在他寫於一七三七年的法國同義字字典中如此說道；寓言作家讓·德·拉封丹在一六六九年《賽姬》這部作品的前言中，也說過一字不差的話。難道在這兩部作品相隔的七十年間，殷勤之愛沒有任何改變嗎？

其實改變的是「殷勤」這個字的意義。它愈來愈指稱短暫的性行為，其中少有任何深度情感。阿貝·吉哈德將「殷勤」和「愛情」做出以下清楚的區別：

「愛情」比「殷勤之愛」更炙熱。它的目的是人……你愛對方就好像愛你自己一樣……比起愛情，「殷勤之愛」更能滿足肉欲；它的目的是性……「愛情」只讓我們心繫唯一一人……因此我們對其他人都沒有感覺，無論他們多麼貌美、有多少優點。「殷勤」的對象永無止境，一個接著一個，直到年老色衰，吸引不了人為止。

然而在「愛情」中，感受到歡愉的是那顆心……感官上的滿足較少帶來甜蜜的快樂；它帶來更多的是靈魂內在的滿足感……就「殷勤」來說，感官更渴望被滿足。[1]

「殷勤之愛」的意義已經轉變，它主要強調性的滿足，其原因有一部分是源自於路易十四之後的法國統治者。路易十四於一七一五年過世之後，殷勤之愛的陰暗面浮上檯面，眾人已不再費心隱瞞在他統治期間私下容忍的事。在充斥醜聞的攝政時期（一七一五至一七二三年），路易十五還是個孩子，宮廷中殷勤之愛放棄了真愛的偽裝，公開推銷各式各樣的誘惑。奧爾良公爵菲利普和所有他能弄上床的女人睡覺；在他攝政期間，宮廷已容不下誠摯的情感和道德顧慮。最重要的是肉體上全然的歡愉，不是任何形式永久的愛。

路易十五即位時，當然不怎麼阻止這種潮流。和前幾任國王一樣，他的情婦排成一長列，前面提到的龐巴度子爵夫人和杜巴利伯爵夫人都在其中。但和他偉大的曾祖父路易十四不同的是，後者在曼特儂夫人的影響下晚年成為虔誠的天主教徒，路易十五的晚年卻用王室公帑和一群極其年輕的女人同床共枕，為此惡名昭彰。他可憐的波蘭妻子瑪麗亞．雷茲琴斯卡忙著替他生小孩，她總共生了十一個孩子，而在她丈夫的房間裡，殷勤與放蕩的界線已經被抹去。

在這虛偽的風流世界裡，真愛的下場如何？只要男女遵守遊戲規則，殷勤之愛頂多能配合男女雙方的愛情。在這彬彬有禮的社會中，情人和其他人一樣，必須刻意展現繁瑣的禮節和巧妙的談話技巧。公開表現親暱態度不被眾人允許，即使夫婦也一樣。事實上，貴族認為夫婦在社交場合向彼此表達愛意有失身分。赫蒙．德．聖馬德在《風雅與哲學書信》一書中寫道：「某某子爵……叫人受不了：他總是在公共場合撫摸他太太；他總要跟她說點什麼。簡而言之，你可以說他表現出一副情人的樣子。」[2]對於此舉，聖馬德還加了句，讓某某伯爵在社交界的眼光中顯得無比荒唐。當然遠離批判的目光時，所有情侶或夫婦在私底下就能盡情表達情感和欲望。我們可以從一連串十八世紀小說家身上窺見那些祕密空間，其中最有名的就是阿貝．普列沃、凱比庸之子、讓－雅克．盧梭和蕭戴洛．德．拉克羅，他們的作品開闢了〈溫柔鄉地圖〉上的新領域。

小說是神聖化的愛情家園。愛情充斥在書頁裡，讓渴望體驗從殷勤之愛到真愛等各種形式愛情的讀者內心為之顫動。雖然愛情在過去和現在本質上都是兩人之間的私人情事，殷勤之愛在過去和現在也都是一種社會現象，所有人都適用類似的規則。愛情很容易在矯揉造作中耗盡，變得只是模仿真正的情緒，正如我們在《克萊芙王妃》和《憤世者》中所見。在攝政期和路易十五在位期間，過度的殷勤之愛顯然已經墮落為放浪形骸。

浪蕩子會不擇手段誘惑女人，因為對方年輕或身分不高而占她便宜，在他「把到她之後」拋棄她。這女人往往懷了身孕，以至於被逐出家門。這樣的故事不只發生在文學作品中；在法國老早就有這種現象，其他歐洲國家也一樣，但比起其他時代，這些故事更常出現在十八世紀的小說中。男人誘惑女人的小說在歐洲大為風行，在往後的許多年一直到我們這愚昧的時代，都還繼續被低俗小說模仿。

女人不一定是放蕩行為的犧牲者。她們也知道如何以殷勤淑女和賣弄風情的女子扮演誘惑遊戲。十八世紀的《百科全書》將這兩者區隔開來，對同時和好幾個情人交往、賣弄風情的女子給予更多抨擊。反之，殷勤淑女由於想取悅對方和被對方認為是可愛的女人，因此一次只和一個對象交往。無論百科全書和字典的定義多詳細，小說中卻描繪出較混亂的現實狀況。重要的是不要變成那被拋棄的一方——那樣一來，無論是殷勤的男人、殷勤的女人、卑鄙的引誘者或是大膽的賣弄風情女子，名聲皆毀於一旦。

鞏固爾兄弟在他們經典的研究《十八世紀女性》中，主張「在殷勤惡行之放蕩程度，女人與男人一樣，或許還更勝一籌。」[3]由鞏固爾兄弟惡名昭彰的厭女情結看來，難怪他們倆認為女人必須為這個世紀的道德毀壞負責，就算罪責不是更大，起碼也和男人相等。確實有許多貴族女性在婚後還有情人，有些人甚至逃過生下私生子所帶來的惡果。然而她們的孩子就不是這麼回事了，私生子往往被拋棄在教堂門口，在艱困的環境下長大。在小說中屢見不鮮的「愛的孩子」有其史實根據，我們在下一章講述萊斯皮納斯的茱麗的一生時就可看到。

如果我們相信小說家——我建議我們應該相信，因為小說家筆下的主角反映出十八世紀的社會現實——那麼就該明白愛情是追求心靈與追求肉體之間恆常的戰爭。一方面，心、靈魂、理智、情緒、柔情和感性一字排開，捍衛真愛的權利。另一方面，感官、享樂、品味和其中最重要的肉欲滲透上層階級的生活，而且往往戰勝真正的情感。唯有「激情之愛」這個複合字能同時表達這兩種渴望。時至今日，法國人還把「激情之愛」當作一個人一生希望至少能經歷一次的特殊愛情類別。

阿貝·普列沃的小說，一般通稱為《瑪儂·蕾絲考》（*Manon Lescaut*，全名可見本書所附的書目），在一七三一年將執迷不悟的激情之愛帶入法國，並藉由普契尼以歌劇形式於十九世紀末傳遍世界。在普列沃的小說中，激情依舊是來自一見鍾情，和中世紀騎士故事相同，和克萊芙王妃相同，也和無數浪漫愛情男女主角相同。以下就是普列沃小說中的主角，十七歲的騎士格里憂，第一眼看見使他體驗到激情之愛的女人時的心情：「我發現自己突然間如癡如醉。」[4]雖然她出身平凡，卻有著遠超出身分地位的美貌與儀態。發現她即將被家人送往修道院成為修女時，格里憂立刻從天真無邪的青少年轉變為躍躍欲試的情人。他設法在當晚與她單獨共進晚餐，體驗這火力全開的初戀滋味。

> 我很快便發覺，自己不像之前所想的那樣是個小孩。我的心向千百種之前絲毫不曾察覺的歡愉情感敞開。一股暖流遍布我的血管，我處在一種轉變的狀態中，有段時間它剝奪了我言語的能力，我只能以眼神表達。瑪儂·蕾絲考小姐——她告訴我那是她的名字——似乎很滿意自己魅力造成的影響力。

在我們還來不及反應之前，格里憂和瑪儂就已從亞眠逃到巴黎。既然兩人都未成年，需要父母同意才能結婚，他們只能省略婚禮，「不假思索地」像夫婦一樣住在一起。格里憂確信，如果瑪儂對他忠誠，他就能一輩子和她幸福廝守。現在我們來到了故事的核心：善良貞潔的貴族男子傾心於沉溺在該世紀種種浮誇事物、身分較低的女人。她對享受、娛樂與奢華的需求，一次又一次毀了兩人。瑪儂將「致命的女人」帶入法國文學中，她是卡門和一長串惡名昭彰女人的直系祖先，這些壞女人誘捕顯然善良但軟弱的男人，導致他們的毀滅。

過去貴族至少會假裝維護的美德標準已經不再。只要錢一用完，瑪儂就奔向比格里憂更富裕的情人懷抱中，事後再帶著愛與悔恨的態度回去找他，而永遠傾心於她的格里憂也總是接受她。和許多與普列沃同一代的男人相同，為了提供瑪儂她渴望得到的富裕生活方式，格里憂認為玩牌作弊無傷大雅。更糟的是，他也捲入幾樁用瑪儂的魅力向有錢貴族詐騙大筆錢財的陰謀中，導致他們兩度雙雙入獄。第二次，瑪儂和一群女人被送往紐奧良，當局認為她們只適合住在遙遠而原始的殖民地。依舊被愛沖昏頭的格里憂也跟著她去了。

瑪儂或者格里憂是否有任何可取之處？作者試著讓我們相信他們的確有。激情之愛，他告訴我們，是他倆毀滅的原因。一而再、再而三，格里憂將他做的所有壞事都歸咎於他對瑪儂那致命的愛情：「我對她的愛如此狂暴，使我變成最不快樂的男人。」這樣的愛情將自身正當化。瑪儂雖然水性楊花，卻也公開宣告她對格里憂不朽的愛情。在某個時刻她解釋道，她唯一重視的，就是對內心的忠誠。瑪儂的本質或許並不邪惡，但她顯然輕浮、欠考慮又是非不分。

小說內容幾乎無法說服我們瑪儂值得格里憂付出永恆的熱情。格里憂試圖賦予她如哈辛筆下女主角費德爾般的悲劇特性，但是她卻更像是《憤世者》裡那位不誠實的賽莉蔓，卻又缺乏她的機智和風格。我們該如何理解瑪儂為何深深吸引著格里憂？

她無疑知道如何操縱他。在她第三次不忠之後，他叫她是背信的女孩，是殘忍而易變的情人，是不誠實的能手，是欺詐的婊子。然而，一陣子之後，本想走出門的他，看到她流淚的反應卻是將她攬在懷中，溫柔地親吻她，懇求她原諒。他設法說服自己：「她有罪，但沒有惡意……她輕浮又魯莽，但也直率又真誠。」直率又真誠？只有透過格里憂那雙帶有偏見的眼睛我們才會這樣看瑪儂。之後他向父親坦承：「那是愛情，您知道的，唯有愛情，導致我犯錯。……愛情讓我太溫柔、太熱情、太忠實、太甘願，或許太沉溺在對一位迷人情婦的欲望中。這就是我犯的罪。」

無論他的罪行如何，作者希望我們相信格里憂有良善的內在。雖然瑪儂有許多缺點，他對她的一往情深，成為小說中卓越人物的標誌。一個人必須要有殉教者的力量，才能禁得起往往必須達到受辱或自毀程度的激情之愛。這受情緒左右的愛情，在十八世紀後期由讓－雅克．盧梭所寫的《新愛洛伊絲》（*Julie, ou la nouvelle Héloïse*，編按：書名取自「哀綠綺思（*Héloïs*）」，但中譯時兩者習慣的譯名不同）中，將會找到它終極的表達機會。但在談到盧梭之前，我們必須談談另一本同樣於一七三〇年代出版的優秀小說，它描寫一名年輕男子追尋愛情的冒險與隨之而來的災難。

凱比庸之子所著 *Les Égarements du cœur et de l'esprit*（字面上的意思是「心與理智之迷途」〔the wanderings of the heart and mind〕，但英文版書名卻翻譯為《反覆無常的腦與心》），一開始是模仿《瑪儂·蕾絲考》的故事方向。和格里憂一樣，凱比庸小說的主角是一名十七歲的年輕人，他完全不諳世事。但這兩個男人也只有這個共同點，因為這位騎士梅勒古雖然之後與和他年齡相仿的美麗女子歐荷坦絲·德·戴維爾墜入愛河，但在這之前他卻設法引誘一位四十多歲的女人。這名年輕男子很快就發現到追求女人必須花費他全副精力，其中充滿謊言，和一切他之前都不曾預料到的陷阱。過去他曾聽說的「如此恭敬、如此誠摯、如此柔美的」真愛在何處？與此相反，眼前他看到的是為了短暫歡愉的樂趣而非維持長久情感而發生的性關係。以下後人常引用的內文，描述男女雙方是如何輕易發生肉體關係：

> 你告訴某個女人三次她很漂亮……第一次她當然相信你；第二次她會感謝你；到了第三次她往往就會報答你。[5]

這名年輕騎士該學的事很多，但除了討喜的外貌和貴族名號之外，他一無所長。不過其他人——四十多歲的盧塞夫人、瑟儂吉夫人和凡賽克伯爵——都很積極地想要指導他。他們帶他逛遍沙龍、飯廳、婦女的起居間、四輪馬車、公園和劇院，在此同時梅勒古試圖發掘享樂、熱情、心，當然，還有愛情這些字眼的意義（弗拉馬希翁出版社於一九八五年出版這本書的法國版，書後附有「愛情字彙索引」，包括多達一百個詞條和一千多個參考文獻！）我們大可以說，《反覆無常的腦與心》描繪出一幅荒謬的法式愛情圖像。

梅勒古對於引誘規則的無知以及他笨拙的行為，每每在許多時刻引來訕笑。即使盧塞夫人給了他許多機會，他還是不明白，身為男人，他必須主動告白。斜躺在沙發上準備被引誘的盧塞夫人，面對的是一個結結巴巴的追求者，他正面臨人生中最可怖的一幕。他所能吐出的唯一幾個字，卻是她在做的女紅：「『你在綁蝴蝶結嗎，夫人？』我以顫抖的聲音問道。聽到這機智有趣的問題，盧塞夫人驚訝地瞪著我。」梅勒古又經過了一些滑稽可笑的事，才終於學會如何掌握局面。在這個學習過程中，他總是訝異於必須以各種情緒回應比自己理解速度更快速變換的社交場合，那彷佛就像是一個千變萬化的萬花筒。

這個社交界以受享樂驅使的攝政時期為模仿對象，它加速風氣的改變，朝著十八世紀二種主要情色潮流之一的風流放蕩前進。浪蕩子的代表人物凡賽克伯爵建議梅勒古忽視自己的情感，去追求聲色滿足。的確，凡賽克一度做出「心」與「品味」的重要區別。他將前者斥之為「小說家的『行話』」，將後者定義為一種強烈的友誼，其愉悅類似愛情，卻沒有愛情那「愚蠢的」細膩。雖然凡賽克的論點一直對梅勒古敏感的個性造成影響，在這本小說裡卻有一個未解的矛盾，它也存在於十八世紀。多愁善感、感受和情緒永遠不會消失。它們將在年輕人的心中燃起，並且在往後的人生持續湧現，只要此人沒有徹底厭倦。凡賽克瞧不起心的作用，然而在他操弄著誘惑詭計的社交界卻從未摒斥心的重要性。

感情用事依舊是向欲望投降的主要正當理由。盧塞夫人向梅勒古解釋，如果她年輕些，或許她會把欲望和愛情搞混，但是在她這年紀，如果相信自己是被愛的，她也只能屈服於情人的懇求而不責怪自己。「除非為了真感情，我不會奉獻自己。」梅勒古終於成功和盧塞夫人發生關係後，他說服自己他對她的感情不過是欲望而已。他對自己說：「我的感官作用在我看來彷彿是我心的作用。」在這裡「彷彿」是關鍵詞。它反映出梅勒古的感官歡愉和他追求真愛之間的矛盾衝突。

雖然這本書到此打住，我們卻因此相信，梅勒古在和盧塞夫人的這段關係之後，將繼續他的情色之旅。我們從何而知？從年紀較長的梅勒古發出的感嘆，我們得知這一點，因為之後他不時對自己年輕時的愛情冒險發表評論。和《瑪儂·蕾絲考》相同，《反覆無常的腦與心》是一部以年紀較長的謹慎敘事者的觀點訴說的傳記體小說。但無論在往後人生中他變得多麼憤世嫉俗，這位中年的梅勒古不曾忘記年輕、純真而渴望愛情的感受。

《反覆無常的腦與心》一直被歸因於（或被指責為）放蕩小說在法國開先河的一本書。它也具有當時流行於法國與英國的傷感小說（sentimental novel）的諸多特徵。這一類型最有名的英國小說就是山繆．理查森所寫的《潘蜜拉》（一七四〇至一七四一）與《克拉麗莎．哈洛》（一七四七至一七四八）。法國有許多作家模仿這兩本小說，不只是因為其中的情色內容，也因為它們使用書信體小說形式——也就是整本小說都以書信構成。住在英格蘭的普列沃在一七五一年將《克拉麗莎．哈洛》翻譯成法文，而盧梭則是在他的長篇小說《新愛洛伊絲》（一七六一）中借用了這書信體小說的風格。

即使曾受到英國的影響，在開啟法國對感性的狂熱崇拜一事上，英國的功勞必定也有一部分屬於盧梭。這感性崇拜推崇自然更勝於文化，推崇情感更勝於理性，而最重要的是它推崇自然流露的愛情，更勝於精心設計的殷勤之愛。他的小說《新愛洛伊絲》描寫一名年輕貴族女性茱莉和她被愛情沖昏頭的家庭教師聖波之間理想化的浪漫戀情，茱莉的家庭不接受聖波，因為他既沒有貴族頭銜也沒有財產。他們的故事在當時成為史無前例的暢銷書，盧梭也成為不分老與少、貴族與資產階級，甚至不分文人與工人階級等無數讀者都鍾愛的作家。從一七六一年到一八〇〇年的四十年間，《新愛洛伊絲》出版了七十二個不同版本，沒錢買書的人還可以每小時付十二蘇，去書店租一部分來看！與盧梭同時代的作家對他極為嫉妒，以至於有些人，如伏爾泰，不但寫出諷刺的仿作，還試圖讓作者成為笑柄。這一切都是徒然：盧梭的仰慕者大獲全勝。光是他這一本書就掩蓋之前每一本描寫感傷愛情小說的光芒，並且之後終將被視為十九世紀初期所謂浪漫主義的先鋒。

今天盧梭的文學聲望大多來自於他死後出版的回憶錄《懺悔錄》，較少來自《新愛洛伊絲》。我們將《懺悔錄》視為過去二百五十年來所有真情流露自傳的始祖。至於他論述教育的著作《愛彌兒》，今日批評家認為它主要缺點是對待女人的態度；根據盧梭的說法，上天創造女人只是為了滿足男人與孩童的需要，各位可以想像這種觀點是如何讓女權運動者（例如我）抓狂。

但是《新愛洛伊絲》太過曖昧不明，足以引發關於男女如何相處的不同解釋，我們檢視本書時應該自行判斷。那麼，在比較盧梭的小說與拉克羅的《危險關係》時，我們就能看見十八世紀愛情兩種迥異的面貌：一個是多愁善感的神聖之愛，另一個是背離常理的褻瀆之愛。

在我所保留就讀衛斯理女子學院期間的信件中，有一封寫於大學二年級，一九五一年十月二十九日，這封信是寫給我未來的丈夫歐文．亞隆，當時他在華盛頓特區念醫學院預科。在那個年代，從波士頓到華盛頓坐火車要八小時以上，因此從高中就在一起的歐文和我，只有在假日和暑假才能見到彼此。一九五一年秋天的週日夜晚，我正為了一門法國浪漫主義的課閱讀《新愛洛伊絲》時，靈機一動，把聖波寫給茱莉的其中一封信翻譯給歐文看，因為內容似乎適用於我們倆的狀況。

當我感到愉快時，我不知道如何獨自享有，於是我呼喚你來與我共享。啊！但願你知道當我們分開時我受到多大的折磨，當然你應該喜歡你的處境更勝於我的。想想看，想想看，茱莉，我們已經看著多年的愉悅在眼前失去。想想這些愉悅一去不返。當年紀平息了我們初次的火焰，在未來的日子永遠不會和今天一樣了。

嗯。我不會把以上翻譯和原文對照，看看今天的我是否會有不同的譯法。重要的是盧梭的文字準確傳達出我的感受。兩世紀之後，盧梭已經擄獲大量讀者的心，我成為與茱莉以及聖波心靈相通的眾多讀者之一。和他們一樣，我感受到想把愉悅分享給我靈魂伴侶的執念，但卻覺得我們最好的時光已經離我們而去，為此深感苦惱。這就是年輕人強烈的愛情。

然而，是什麼因素使得《新愛洛伊絲》獲得如此無與倫比的成功？為何尤其是女人為它著迷？盧梭告訴和他同時代的人，真愛純潔又高貴。他設法在這疲倦不堪的社交界，注入自己對貞潔情感的狂熱信仰。他描繪的愛情令人難以抗拒，尤其是女人，因為它承認心的權利有其正當性。他授權男女模仿他自己那狂喜的風格，做出激昂的愛情宣言，只要一有機會就流下喜悅的眼淚。

首先我們稍微說一下書名。各位讀者在本書前言裡已經見過哀綠綺思。只要受過一點教育的十八世紀男女，都知道書名與哀綠綺思和阿伯拉的戀情有關。即使是今天，一本書名是《伯拉與洛伊絲》（二〇一〇，編按：此翻譯較接近《新愛洛伊絲》，但均是出自「哀綠綺思」典故）而且內容描寫一名大學教授和他學生的小說，也能讓法國讀者想起這對中世紀戀人。聖波在早期寫給茱莉的一封信中承認他和阿伯拉處於類似情境，同時卻又否認自己和他稱為「邪惡誘惑者」的男人有關聯性。

我一直很同情哀綠綺思。她有一顆為愛而生的心，但阿伯拉在我看來只是個卑鄙的傢伙，他是罪有應得，他既不知愛情、也不知美德為何物。[6]

在兩人關係中的這個階段，聖波可以很自傲地說他和阿伯拉有著不同的熱情，因為他和茱莉還沒有跨越「美德」與「罪惡」之間的界線——兩人還未發生關係。但他們很快就跨越了那條界線。在幾封信之後，茱莉寫信給她的朋友、表妹兼閨中密友的克萊兒說她已經「被毀了」，現在過著「顏面盡失」的生活，這都要怪那「殘酷的傢伙」聖波，「罪惡」已經腐蝕她的靈魂。接著她也控訴自己。

> 我不知道自己在做什麼，我選擇了自己的毀滅。我忘記一切，只惦記著愛情。於是，一個不小心，我的一生就此毀了。我墜入一個女孩永遠無法回頭的恥辱深淵，如果我活著，只因為我有更多的罪要受。（卷一，第二十九封信）

這些段落對現代讀者來說很難接受。今天，大多數人並不認為未婚女性與男人上床就被毀了。確實，無論在法國或在美國，我們已經普遍接受婚前性行為。但十八世紀的法國卻非如此（更別提殖民地時期的美國），這種狀況一直要到二十世紀末才結束。「墮落女性」常見於文學作品中，直到二次世界大戰後，人們開始接受性的滿足本身是件好事。那麼我們該如何同理狹隘定義善與惡的文學角色？遵循歐陸與英國文化教誨的盧梭，是否相信一個女人只要維持貞潔就稱得上是擁有美德？不，並非如此。雖然他使用同時代人十分重視的美德字彙，在他筆下這些字卻有了全新的意義。

對男人與女人來說，美德關乎個性。「有美德」的人更富有感性，使得他或她比許多平凡人類更有同情心。美德成為感性的同義詞：為了能同理他人的不幸，你必須有能力去感受，也因此必須去承受這些不幸。唯有經歷這些痛苦的人，才能設身處地感受他人的悲痛。感性是受苦的先決條件，而受苦是善行的先決條件。在盧梭的這部和其他作品中，他表示我們必須信任心，而不是信任理智，才能創造有道德的生活。

美德也和敬畏感有關，也就是敬畏大自然的奇蹟，拒絕人類社會製造的人造物。像盧梭，就是出了名的衣著樸素、舉止樸拙；聖波拒絕高尚文化中的巧言令色和拘泥禮儀。除了茱莉的父親以外，《新愛洛伊絲》中的所有人物都是有美德者的極致範例。他們創造出一個理想的社群，這些慷慨寬宏的人隱身在鄉村，遠離巴黎和倫敦等大城市腐敗墮落的影響。

單就情節來說，《新愛洛伊絲》在小說中不算是一部出色的作品。在現代讀者看來，它或許缺乏現在暢銷小說中特有的懸疑轉折和支線發展。而且它是一部很長的小說，太長了，有時實在令人感到乏味。挽救《新愛洛伊絲》的一點，即使是在濃縮後的版本，是它狂熱的寫作風格。讀者很難不因為它詩意的語言而興奮激動。每一頁都有一段話值得大聲朗讀。試讀以下摘自聖波收到茱莉的信之後說的這段話。

我失去了理智，我持續感到頭昏腦脹，極度興奮，彷彿大火吞噬了我，我的血液沸騰，瘋狂使我顫抖。我彷彿見到你，碰觸到你，將你擁入懷中……我愛慕的人兒，迷人的女孩，你是我喜悅與愛欲的來源，見到你，我怎能不像是見到為了與幸福的人為伴所創造的天使？（卷二，第十六封信）

以下是聖波在茱莉將畫像送他之後說的話。

噢我的茱莉！……你再次令我目不轉睛（……）這畫像令我痛苦不堪，它讓我想起我們不再擁有的時光！看到它，我想像再次見到你；我想像我再次找回那些愉快的時刻，那回憶現在卻令我愁苦（……）上帝！我飢渴的雙眼是如何從這意外的畫像中汲取奔流的情感！（卷二，第二十二封信）

聖波是如此滔滔不絕地形容他對無與倫比的茱莉——他的學生、朋友、情婦和終生摯愛

——懷抱的情感！茱莉如何能抗拒來襲的情緒？她辦不到。

太多了，太多了。吾友，你勝利了。我承受不了這麼多愛；我疲於抵抗……是的，溫柔又慷慨的情人，你的茱莉將永遠屬於你；她將永遠愛你。我必須、我會、我應該愛你。我交還愛情賦予你的權利，誰也不能從你那兒奪去。（卷三，第十五封信）

聖波又打起精神了，至少暫時如此。

我們重生了，我的茱莉。我們心中所有真實的情感都回到正途。天性使我們得以存在，而愛情使我們獲得新生命。你能懷疑嗎？你敢說你能把你的心從我心中帶走？不，你不敢，我比你更明白，那顆心是上天替我創造的。我感覺到你我兩顆心合而為一，唯有死亡才會將它們分開。（卷三，第十六封信）

你是否受得了這般誇張的語言？你可能比較習慣更沉默的情人。生活在一個性行為隨意、多次婚姻承諾與頻繁離婚的年代裡，我們和法國舊政權貴族一樣，很容易對愛情疲乏。海枯石爛的愛情對今天的我們是否還存在任何意義？當新郎新娘發誓愛對方至死不渝時，他們的確這麼想，即使在那之後現實斬斷他們的誓言。誰不想相信能擁有靈魂伴侶？誰不想找一個人來愛，同時希望被愛？如果我們還保有這些希望，有一部分是源自於《新愛洛伊絲》，因為它告訴我們，活在「美德、愛情與自然的神聖結合」引起法國人注意的年代會是什麼樣子。

無論茱莉和聖波的羅曼史有多濃烈，它只是這個故事的一半內容。另一半是茱莉如何不情願地嫁給沃勒馬先生，與他共組家庭。茱莉和聖波最後沒有走上紅毯。然而她和比她年紀大一倍以上的男人結婚，結果卻沒有不幸福。正好相反！茱莉發現和一個明智的丈夫與兩個兒子在一起的日子非常充實，雖然其中沒有激情。以友誼為基礎的另一種愛情，結果證明更為持久。沃勒馬和典型的嫉妒丈夫完全相反；他對茱莉很有信心，他甚至准許她接待在海上度過四年的聖波，讓聖波寄住在他們的鄉村別墅中！加上茱莉的表妹克萊兒，這四個人在豐饒的大自然中和諧共處，追求美德。

我們對於這意料之外的情節轉折該作何感想？這本書的第二部分如何與第一部分搭配閱讀？盧梭是否駁斥自己以炙熱情感作為美德與幸福源頭的信念？為回答針對一本上千頁小說所提出的這些疑問，需要一本長度至少有一半之多的另一本書；確實也有人已經寫過類似評論書籍。我的建議是大量閱讀本書內容，如果你無法讀完全部。唯有你自己才能決定，閱讀《新愛洛伊絲》是否只是文學上的好奇心，或它那浪漫的狂喜與務實的解答對生活在二十一世紀的人依舊具有意義。

二〇一〇年九月，在飛往巴黎的飛機上，我在報紙上讀到，蕭戴洛·德·拉克羅的《危險關係》依舊列在法國人所稱的 terminale 書單中，也就是法國高中最後一年的必讀書單上。如果只能為法國與美國對於教育和性的態度舉出一個例子，這就是了！我無法想像有哪所美國高中會准許，更別提要求十二年級學生閱讀《危險關係》這種書。果真如此，那些正派組織發出的怒吼，會使之前所有抗議聲浪有如悄悄話般相形見絀。在法國沒人會對這個選擇有意見，但是當我二十多歲念研究所時，它對我衝擊之大，可說是我讀過最具顛覆性的一本書。它教我性變態的意義，儘管那是一種迷人的變態。在我責難主角凡爾蒙子爵與梅黛侯爵夫人的同時，他們也令我深深著迷。而我必須承認，他們的圖謀不軌喚醒了我，還潛入我的夢境中。當時我已經結婚生子，可以處理如此情色的挑釁。

《危險關係》或許是史上最邪惡的情色書籍。我敢說讀它的人沒有不覺得欲火難耐。梅黛侯爵夫人和凡爾蒙子爵的誘惑競賽給每個人帶來災難性的結局，也因此自一七八二年出版之後，這本書「惡名遠播」，近年來還被拍成法國與美國電影。

在《危險關係》中，賽西兒．沃朗熱和她的音樂教師唐瑟尼騎士這兩個年輕人體驗到初戀的強烈喜悅。以茱莉和聖波為原型的兩人在小心隱藏起來的信中對彼此傳達羞怯的告白與極高的理想。他們初萌芽的愛情並不恰當，因為唐瑟尼的財產不夠。雖然他和賽西兒一樣有貴族身分，她的家人卻拒絕接受他，正如茱莉的家人拒絕接受聖波。如果這是一本以理查森的《潘蜜拉》模式寫成的感傷小說，最後真愛將會戰勝一切。但這不是一本平凡的小說。相反地，拉克羅刻意破壞小說多愁善感的元素；他顛覆《新愛洛伊絲》作者視之為神聖的一切情感，證明當情人們被果斷的誘惑者引入歧途時，他們將背叛自己的理想。

這兩位誘惑者可真有一套！梅黛侯爵夫人和她的前任情夫凡爾蒙子爵魅力無窮，像惡魔般聰明，且以務實的手法作惡。作為墮落舊政權的代表人物，他們活著只為感官享樂，情人一個換一個，毫不考慮被拋棄的人。只要他們是拋棄別人的那個人，自尊心就不會因此動搖。凡爾蒙子爵還能公開吹噓他征服女人的戰績，然而梅黛侯爵夫人必須將之隱瞞。即使已是寡婦，為了被最好的社交圈接納，她還是必須假裝守貞。凡爾蒙子爵可以不用如此。被人知道他誘惑愈多女人，他的身價就愈高。在情節逐漸展開的同時，兩性之間的差異也愈來愈顯著。

故事一開始，曾經是情人而現在還是好友的梅黛侯爵夫人和凡爾蒙子爵有個共同的計畫：

在一連串戀情中放縱他們的情欲胃口，卻絕不墜入愛河。兩人都把這些戀情當作一種征戰，此外，從他們言談間使用的軍事用語得知，他們必須永遠是決定何時入侵、何時撤退與何時展開報復行動的一方。梅黛侯爵夫人的報復心推動情節向前發展。她徵召凡爾蒙子爵去引誘年輕的賽西兒，後者被家人許配給傑爾庫伯爵，他是梅黛侯爵夫人的前任情人。傑爾庫伯爵拋棄梅黛侯爵夫人，另尋新歡，因此直到讓他發現自己娶到的是個放蕩的新娘之前，她不會善罷甘休。

但是凡爾蒙子爵也有他自己的計畫。就在接到引誘賽西兒的命令時，他已經在追求杜薇夫人，她是當地某地位顯赫的貴族之妻，並且出了名的潔身自愛。凡爾蒙子爵已有情場常勝軍的傲人聲望，這一次他可不打算搞砸。既英俊又擁有貴族頭銜與財富的子爵，是放蕩誘惑者的完美代表。這三個女人的角色是三種女性化身。賽西兒是嬌豔欲滴的天真少女，等人摘採。杜薇夫人是多愁善感、性格壓抑的女子，一樣是待人攀折。而梅黛侯爵夫人則是乖張的女權主義者，套句她對凡爾蒙子爵的話，她「生來就是為了掌控你們男性，為我們女性報仇。」[7]

與《新愛洛伊絲》裡道德崇高的人物相比，《危險關係》中的主要角色要不是邪惡的掠食者，就是他們的犧牲品。掠食者凡爾蒙和梅黛殘酷成性，梅黛還略勝一籌。犧牲者賽西兒、唐瑟尼和杜薇既輕易相信別人又容易受騙。其中兩人最後死去；一人隱居修道院，另一人成為馬爾他騎士，還有一人活著，但因天花而毀容，還失去一隻眼睛。你必須讀完全書才知道每個人的下場。相信我，一旦開始讀，你就會目不轉睛讀到最後一頁。

沒錯，我無法否認——《危險關係》是一部比《新愛洛伊絲》更有說服力的作品。正如但丁在《神曲》中對地獄的形容比對天堂更仔細，拉克羅對惡的描寫也有著令人無法抗拒的惡魔感染力。此外，他借自理查森和盧梭的書信體寫作風格，成為傳達梅黛與凡爾蒙不斷進行兇狠計畫的最完美形式。信中沒有一個多餘的字，一切都如機器運作般那樣有效率。無論賽西兒和唐瑟尼之間純純的愛，杜薇夫人對凡爾蒙的萬般柔情，甚至凡爾蒙對杜薇夫人的殷勤關注之中存在何種良善，都被狂亂的風流韻事一掃而空。與拉克羅同時代的作家尼古拉・尚弗在他著名的警句中，簡單明瞭地表達風流之愛的放縱與徹底唯物主義的層面：「存在於社交界中的愛情，只不過是兩個皮囊的接觸而已。」

然而我們卻發現凡爾蒙對杜薇夫人、甚至梅黛侯爵夫人對凡爾蒙悄聲傾訴的愛意，隱藏在《危險關係》的字裡行間。諷刺的是，這作用於身體也作用於心的柔情卻是一種見不得光的愛情形式。在凡爾蒙寫給杜薇夫人的信中，梅黛夫人發現了真愛，她出於嫉妒，強迫他貫徹一名冷血誘惑者的聲譽。因此真愛雖然能在惡劣的環境中萌芽，最終還是遭到性虐待狂般殘酷的放蕩行為無情摧毀。

目前為止我一直刻意避開「性虐待狂」這個字，在這裡我有意用它來暗示至少其中一名加害者梅黛夫人藉由傷害他人獲得快感。「性虐待狂」這個字意思是虐待他人而樂在其中的性變態行為，尤其指來自於薩德侯爵的作品。他出版於一七九一年法國大革命顛峰期的小說《朱絲婷》，以及其他雖然多年在獄中和精神病院中仍持續創作的作品，將凱比庸之子和拉克羅的放蕩主義帶到全新的恐怖境界。薩德筆下的女主角遭受言語和肢體虐待、強暴以及其他可憎的暴力形式。小說中的浪蕩子毫無罪惡感與悔意，也沒有受到應得的報應。你或許要問，性虐待和愛情有什麼關係？這是個好問題，令我深思良久，有個法國朋友就問我是否打算在書中提到薩德。我朋友堅持我一定要強調薩德，因為他比其他思想家更了解愛情和罪惡間的關聯性。我承認薩德的書我讀不下去，他讓我反胃，我不打算把他介紹給讀者，這或許是出於知識份子的膽怯。總之就算了吧。

這輩子我聽過不少人的故事，足以讓我明白有些人，其中大多數是男人，藉由操縱、虐待或毆打女人達到性高潮。以下是不久前一個法國女人告訴我的故事。

多明妮哥是位年近六十活力充沛的女性，彬彬有禮美麗大方的她已經離婚，有兩個非常迷人的女兒。離婚後她在一家高檔珠寶店兼職，以品味和溫暖的態度備受重視。我從來沒看過比她更幸福的人。

然而我最近才知道，多明妮哥將近三十年來都過著不為人知的恐怖生活。她丈夫是個性變態。他只有羞辱她、讓她哭泣，然後對她施暴，才能跟她做愛。不只如此，婚後不久她就發現丈夫和每一個弄得到手的女人上床，大多數是他在公司的下屬，那些都是想用性交換職務晉升的女人。

多明妮哥為何還一直待在這種婚姻裡？她的回答是：為了孩子。她找了個情人，從他身上獲得一些滿足感，他幫她恢復在性方面的自信心。最後，她在丈夫與某個和他們女兒差不多大的女人跑掉時，訴請離婚。多明妮哥還是會夢見丈夫對她性虐待，但是白天她過著非常充實的生活。不，她現在沒有和情人在一起，對方找到一份在海外的工作。她想再找個情人，他只要是個正常的男人，有正常的性需求即可。不過她還是覺得自己很幸運，能擺脫她形容「就像是從薩德侯爵小說中走出來」的那個丈夫。

我試著以法國人如何利用兩種不相上下的風格重新包裝愛情，來概述從一七一五年路易十四死後到十八世紀結束為止的法式愛情：放浪形骸與感傷主義。第一種風格誇大殷勤之愛的敗德層面，將性的放縱從貴族擴展到中下階層，男女皆同。普列沃、凱比庸之子和拉克羅的小說，見證了法國舊政權下腐敗的放蕩之愛。第二種愛情風格強調感受性。感受、情感、溫柔、熱情——這些都是真愛的正字標記。由盧梭引領風潮的感傷主義觸角遍及所有閱讀大眾，從資產階級向上延伸到貴族，向下延伸到下層階級。律師與行政官員，商人與醫師的妻子，未婚家庭女教師和女售貨員——全都醉心於多愁善感的愛情。

這四本小說反映出前革命時期法國人的愛情實踐方式。不只如此，它們還創造人們新的感受、行為和表達方式。有多少人一讀再讀，讀的是凡賽克伯爵告訴他們該怎麼做才能盡其所能誘惑許多女人，但又能維持紳士的名譽？有多少父母建議子女閱讀《瑪儂・蕾絲考》和《危險關係》，作為警示故事？有多少男女化身為聖波與茱莉的後代，將自己的人生化為書信體小說？茱麗・德・萊斯皮納斯就是其一，她是虛構故事與人生相互影響的絕佳範例，因此我將在下一章用一整章篇幅來討論她。

第五章 情書

茱麗・德・萊斯皮納斯

我固定一天收到兩封來自楓丹白露的信……

他只有一個職志，一項樂事：

他想住在我的思想中，他想填滿我的生命。

——茱麗・德・萊斯皮納斯，第一四一封信

福拉哥納爾，〈情書〉，約一七七〇至一七九〇年

茱麗・德・萊斯皮納斯將自己想成小說中的女主角。她認為她的事蹟比理查森或普列沃小說更奇幻。[1]雖然從未打算將書寫的回憶供大眾觀賞，她留下的數百封信讀來就像是半本熱情洋溢的書信體小說。

在茱麗生活的年代，寫信在整個歐洲和歐洲以外國家都是城市裡人類溝通的主要方式，信件之於我們的祖先，就像是電話之於二十世紀，以及電子郵件、簡訊和推特文之於二十一世紀。人時常以信件與彼此聯繫，有時候是每週、隔週，或者是每天。但這些信件不只是像電報那種簡短的訊息，而是工整而冗長，包含一個人對自身經歷與觀察的描述，以及面對面時拙於表達的感受。在茱麗位於巴黎的社交圈中有許多當時最負盛名的人物，信件往往是為了大聲朗讀，或為了抄寫後傳閱或留給子孫而寫。

情書是一種很重要的書信類別。他是否有勇氣在信中表白？她的回應是否透露出恰如其分的鼓勵？他們是否能夠維持通信，躲過窺探的目光？如果有一方生病或到遠方旅行，或單純只是信件被弄丟了時，他們該如何忍受靜默？如果他沒有像之前那麼常寫信，她該作何揣測？如果有另一個追求者接近她，她是否能像對待第一個那樣，寫情書給第二個？情書理應受到珍藏，當熱情燃燒殆盡，或當年輕的火焰熄滅，老年時還能展開信件一讀再讀。如果這段戀情沒能修成正果，把信還給寫信的人才是正確做法。人死後再把成捆情書留在盒子和書桌抽屜裡，在遺囑中吩咐將所有信件銷毀。雖然茱麗所寫的大多數情書的確在她死後被燒毀，還是有些設法保存了下來；其中有一百八十封她寫給吉貝赫伯爵的信，見證她不凡的生命故事。[2]

一七七六年，茱麗於四十四歲去世，當時的她名滿天下，是百科全書編者成員——科學家達朗貝爾、數學家孔多塞與啟蒙運動代表人物狄德羅，以及其他許多耀眼人物的繆斯女神，這些人在她那活躍的沙龍中頻繁出入。十二年來，幾乎每天從晚上五點到九點，法國文學界、科學界和藝術界菁英份子純粹為了交談之樂湧入她的沙龍。從巴黎到普魯士，各地啟蒙運動領導人無不哀悼她的逝去。腓德烈克二世送弔唁給讓．勒宏．達朗貝爾，達朗貝爾還在她死後幾週內寫下兩封極為動人的情書。

誰是達朗貝爾，他又為什麼要在茱麗死後寫信給她？達朗貝爾是一位知名數學家與哲學家，也是編纂《百科全書》的狄德羅第一個合作對象——《百科全書》是十八世紀的大部頭知識典籍。在二十五到三十五歲之間，達朗貝爾完成了許多論文，因而能躋身於偉大的啟蒙知識份子豐特奈勒、孟德斯鳩、布豐、狄德羅、伏爾泰與盧梭等人之列。將近四十歲的他愛上比他年輕十五歲的茱麗。從一七六四到一七七六年的十二年來，他倆共同的生活都有公開的檔案紀錄。為了顧及禮節，他們住在同一棟建築物的不同房間裡，但所有人都認定他們是情侶。或許有一段時間他們確實在一起，但之後就不是了。總之，這些年來無論他們倆到底是什麼關係，達朗貝爾從未停止愛她，一直把她當成心中唯一的情人。

但茱麗只有最初幾年和達朗貝爾在一起，之後就無法滿足於只與一個深情男子相愛，無論這份愛是多麼特別。她同時還有其他兩名情人。她設法對達朗貝爾隱瞞自己對莫拉侯爵的炙熱戀情，達朗貝爾同樣也不清楚她和最後一名情人吉貝赫伯爵之間真正的關係。

十九世紀初，吉貝赫的妻子在所有主要關係人死後將茱麗寫給吉貝赫的信件出版，信件內容展現出一個受熱情驅使的女人是多麼為此自豪。她說自己有著「愛與被愛的好運」；如果必須重新再活一次，她將再次「去愛和承受痛苦，投入天堂與地獄」。她不想生活在這「周遭住著傻子和行為機械化的人」的「有節制的社會氛圍中」（第九十九封信）。這樣的信念當然反映出茱麗這一代人的心理狀態，他們深受聖波在《新愛洛伊絲》裡深愛的那另一個茱莉所影響。

那麼達朗貝爾呢？他如何與這個熱情洋溢的女子相處，又是如何熬過她的死？在達朗貝爾於茱麗死後寫給她的第一封信中，他對這位再也聽不見他說話的女子傾訴心聲。這是歷史上最奇特的一封情書，因為他不僅以活著的伴侶身分將巨大的失落感娓娓道來，也訴說當發現他鍾愛的女子與其他人熱戀時自己遭到背叛的感受。這是因為茱麗要求達朗貝爾燒掉她的書信文件，其中包括許多封來自莫拉侯爵的情書，以及他們倆戀情的回憶錄。

達朗貝爾一開始先對茱麗傳達他徹底絕望的心態。他覺得自己被拋棄，感到十分孤獨，傷心欲絕。

> 噢！你再也聽不到我說話，我以萬般柔情一直愛著的你，有一陣子我以為你愛我，對我而言你勝過世上一切，如果你願意，你可以取代任何人；唉！不久會成為我長眠的地方還能有某些感受，請看看我的不幸、我的眼淚、我孤獨的靈魂，看看你留給我那可怕的空虛，以及你對我殘酷的拋棄！

這一貫悲戚的語調充斥著信的前幾頁，之後達朗貝爾將話題轉到他的第二件煩惱：他發現她有其他情人。

> 殘忍而不幸的朋友！你要我負責執行你的遺願，看來是想加深我的痛苦。為何這項加諸於我的任務，讓我知道我絕不該知道、我想視而不見的事？你為何不命令我燒掉但別打開那些帶來災難的手稿——我以為我不會在閱讀之後在手稿中發現更叫人悲傷的事，而那告訴了我，至少這八年以來，我在你心中已不是第一位，雖然你常常一再向

我保證？讀完這些令我悲痛的信件之後，誰還能說在我以為你還深愛著我的八到十年間，你並非早就背叛了我的柔情？唉，當我看到你叫我燒毀的大量信件中，我給你的信你連一封都沒有留下，難道我沒有理由相信這樣的事？

達朗貝爾的反應令人動容。茱麗保留了許多封其他人寄給她的信，卻沒有留下任何一封達朗貝爾的信，他為此痛徹心扉。他的痛苦看來不假。這是個徹底被一個口是心非的女人擊垮的男人。真實人生似乎模仿了藝術，也超越了藝術。

在寫第一封信的六個星期之後，達朗貝爾寫了第二封信給茱麗，他帶著較為寬容的心情造訪她的墓。他想起了：

不再愛我的你，這是真的，當你已卸下人生重擔！不過你確實曾經愛過我……至少在某些時候你是愛我的，現在和之後，再也不會有人愛我了。唉！為何你必須化做骨灰？且讓我至少相信，這些塵埃雖然冰冷，至少不會像我周遭那些冷酷的心一般，對我留下的淚毫無感覺。

茱麗一直是達朗貝爾的最愛，他已無法再愛上別人。讀到這兩封信，我們必然感受到這年老哲學家的苦楚，對於無人能取代的情婦，他一直無法掙脫情感的羈絆，不過在她過世的陰影下他又活了七年。

現在讓我回到她人生的最初，各位將明白茱麗為何有理由相信她的人生比小說更奧妙。茱麗受洗證書的日期是一七三二年十一月十日，發證地點在里昂，證書上她雙親的名字是克勞德．萊斯皮納斯和茱麗．納瓦爾。其實這兩個人都不存在。茱麗的母親是茱麗－克勞德．達勒邦伯爵夫人，她來自顯赫的家族，貴族世系可追溯至中世紀。至於她的父親？噢，問題來了。和許多英國小說中的男女主角一樣，茱麗是父不詳的孩子，但他並沒有像小說裡的父親適時出現，指認女兒，提升她的社會地位。茱麗的父親一直躲著她。我們可以確定一件事：他不是茱麗母親的合法丈夫克勞德．達勒邦伯爵。茱麗．克勞德十六歲時嫁給這位表哥，有兩個活下來的孩子，一女一男。一七二四年男孩一出生，這對夫妻就離婚了。

達勒邦伯爵夫人和兩個孩子留在鄉間宅邸裡，後來又找了個情人。一七三一年她生下一個兒子，取名叫伊萊爾，受洗證書上雙親的名字和她二十個月後生下的女兒——我們的主角茱麗——是一樣的假名。伊萊爾以假名被送往修道院撫養，而茱麗卻留在家裡，和她母親的婚生子女一起撫養。沒有人公開承認他們的母女關係，也沒有人公開揭穿茱麗父親的身分。在謎團中長大的茱麗是個私生女，由不能承認親生女兒的母親保護她。

茱麗在她與吉貝赫的通信中寫道：「小說中女主角所受的教育乏善可陳，然而我的卻值得大書特書，因為它過於奇特。」（第四十六封信）。她的童年確實很奇特，而且茱麗一直無法完全擺脫其影響。她的密友與最後一任情人吉貝赫在她死後寫道：「好幾次她對我說起她生命中的最初幾年。我們在戲院裡聽到的一切，在小說裡提到的一切，比起她的故事，無不顯得冰冷無趣。」茱麗和吉貝赫都覺得，她那彷彿故事書般的人生，只有小說與戲劇能比得上。

接下來的故事更不可思議。一七三九年，茱麗七歲時，一位瀟灑的官員也是這家人的遠親出現在宅邸中。四十歲的加斯巴・德・維琪還是個迷人的男性，他成功贏得茱麗同母異父的姊姊二十四歲戴安的芳心。這沒什麼稀奇，只除了……看來他是茱麗-克勞德・達勒邦伯爵夫人的前任情人，也是她兩個非婚生子女伊萊爾和茱麗的親生父親！伯爵夫人眼睜睜看著加斯巴向女兒而不是自己示愛，必定備受折磨。然而所有人都維持表面的平靜體面（法國人很會這一套）。兩人舉行婚禮，戴安和夫婿住在他的城堡裡，留下母親和茱麗——現在茱麗不但是戴安不被承認的妹妹，還是她不被承認的繼女。戴安結婚時是否知道此事？在達勒邦家瀰漫的半真半假氣氛中，她或許曾經有所懷疑，而事實終將揭曉。

故事的發展愈來愈糟。九年後茱麗-克勞德・達勒邦伯爵夫人死於結核病，把十六歲的女兒茱麗留給現在已有兩個孩子的加斯巴與戴安（試想他們倆與茱麗間的關係）。死前茱麗的母親在小桌子裡留給她一筆錢，但最後到了伯爵夫人婚生兒子的口袋裡；此外還有一筆每年三百鎊的食物、房屋維修與教育津貼——與這家人的財富相較，這只是一筆小錢。十六歲的茱麗還算不上獨立生活的年紀，因此她只好以一個窮親戚、一半家庭教師和一半女傭的身分，去和加斯巴、戴安和他們的兩個孩子住在一起。

不過在母親家裡她已經接受良好教育，學習如哈辛與拉封丹等古典法國作家的作品，並學會讀英文和義大利文，之後能繼續學習，於是在不知不覺中她已經為娛樂法國最高等知識份子的那一天做好準備。

從窮親戚到巴黎名人之間的轉折，是透過一名意料之外的中間人——她是加斯巴的妹妹杜德芳侯爵夫人。一七五二年，守寡的侯爵夫人到她哥哥家拜訪，她有個不再提起的過去。她丈夫還活著時，他們大部分時間已經分居。在富有的外省貴族間，丈夫獨自在鄉間狩獵或管理莊園，而妻子享受巴黎富饒生活的情形很常見。有時情況顛倒，但杜德芳侯爵夫人的例子是妻子在巴黎社交圈建立名聲，受人歡迎。

她受邀進入攝政王奧爾良公爵的宮廷，當時性自由特別盛行。我們在凱比庸之子的小說《反覆無常的腦與心》之中已經見識到，這本小說多少反映出奧爾良公爵統治下毫無節制的縱欲特性。我們大可以說，他和每個年輕侯爵夫人以及能到手的每個女人上床——根據謠言，其中還包括他自己的女兒。但也就是在奧爾良公爵的宮廷裡，杜德芳夫人遇見伏爾泰，她的社交地位開始在哲學家之間水漲船高。歸功於她與伏爾泰以及其他知名人士的書信往返，我們才能獲得她那個時代文化生活的相關訊息。見到茱麗時，杜德芳夫人已經年過五十。從一七四五年起，這位侯爵夫人已經在今天巴黎最時髦的第六區聖許畢斯教區向聖約瑟修女會租借套房，經營一間享有盛名的沙龍。伏爾泰和達朗貝爾是她最親近的友人。早已被她拋在腦後的丈夫留下一筆為數不少的財產供她使用，當時她還是巴黎最受歡迎的女人之一。不過她已經快要失明，而且日子又過得乏味。見到芳齡二十、對未來感到迷惘、年輕迷人的茱麗，使她精神為之一振。她可以藉由這女孩重新活過來。她邀請她到巴黎，在她的保護下生活。經過兩年與「家人」間複雜的溝通過程後，茱麗發現自己已來到侯爵夫人的身邊。

從來沒人說過茱麗・德・萊斯皮納斯長得美麗，或甚至可愛。但每個人都同意她有種特殊的氣質——迷人、聰明、慧黠、敏感、有活力、自動自發，最重要的一點是，她熱情洋溢。簡而言之，與其透過女性常見的美貌特質，茱麗卻是藉由心思和話語迷倒眾人。假使她像某些人說的外表醜陋，那麼她就是法國人所稱的「漂亮的醜女」——知道如何讓自己成為有魅力的醜女人。有了杜德芳夫人當她的導師，茱麗搖身一變，成為溫暖仁慈的女性，無論在侯爵夫人的沙龍裡回覆法國哲學家的信件，或在戲劇院和歌劇院裡，她都非常自在而有自信。看來這私生女終於找到安身立命之處。

想成為她情人和丈夫候選人的男性對她苦苦追求。七十二歲的戴狄騎士請求她嫁給他。她拒絕了。侯爵夫人最忠誠的朋友達朗貝爾也愛上了茱麗，但他卻不能要求和她結婚，因為他與一個對他百般照顧的女人過著節衣縮食的日子。他也和茱麗一樣是個貴族女性的私生子，但和茱麗不同的是，他被親生母親拋棄，因此他把孝心轉移到將他視如己出的奶媽身上。達朗貝爾的生母唐森夫人是她那年代最有影響力的沙龍女主人之一，她拒絕見兒子，但是生父路易－卡繆・德杜許供達朗貝爾接受基本的教育，他藉此晉升到相當高的學術地位。

茱麗接待時常出入杜德芳夫人沙龍的男人，但沒有認真對待哪一個。然而不可避免的是，她終究墜入愛河。在她二十八歲時，有位名叫約翰・泰菲的愛爾蘭子爵開始來沙龍拜訪。沒多久他就時常造訪，關注茱麗勝過侯爵夫人。有生以來第一次，茱麗感受到只有在小說中讀過的心頭小鹿亂撞的心情。這位性感愛爾蘭人的甜言蜜語充滿了她的腦袋和心房，於是她尋求杜德芳夫人的忠告。杜德芳夫人非常憤怒。什麼！她這沒頭銜沒財產的年輕女人膽敢幻想一個愛爾蘭貴族會娶她！此事難以想像。

茱麗絕望不已。她情緒崩潰的問題嚴重到必須服用鎮靜藥劑，尤其是鴉片，這是從前治療各種被歸類為「憂鬱症」的精神失調常用藥品。她就是從這時開始養成服用鴉片的習慣，隨著年齡漸增，她對鴉片的依賴愈強。同時，杜德芳夫人寫信給泰菲試探他的意圖，如她所料的是，當對方知道茱麗是沒有財產的私生女之後，並沒有和她結婚的打算。雖然茱麗在杜德芳夫人的保護下又過了四年，她們的關係卻顯然因為這次事件遭到致命的打擊。

茱麗的房間位在杜德芳侯爵夫人房間樓上的夾層，這使她得以在每天大約下午三點下樓陪伴侯爵夫人之前，保有某種程度的隱私。她和侯爵夫人會一起回信，討論她們的社交活動。之後茱麗回到房間梳妝打扮，準備迎接七點左右抵達的賓客。杜德芳夫人十二到十四人的豪華晚餐，和席間充滿沙龍的機智對談一樣赫赫有名。有時候這兩個女人會結伴到戲劇院或歌劇院，一直到清晨才回來，這時茱麗會坐在侯爵夫人床邊讀書，伴她睡著。

與約翰・泰菲之間的災難性事件逐漸從茱麗靈魂中消退，尤其在沉默數年的達朗貝爾終於設法對茱麗傳達他的感情之後。達朗貝爾是杜德芳夫人最親近的朋友，他的科學盛名享譽各國，但他的外貌或財力卻不足以成為一名情人或丈夫。

茱麗當然景仰他。他對杜德芳夫人如此忠誠，如此獻身於工作，對升官發財如此漠不關心，如此謙遜而獨立。一個人怎能不景仰曾受俄國的凱薩琳大帝與普魯士的腓特烈二世徵召到該國從事教學與研究的學者？一七六三年，茱麗鼓勵他到法王宮廷中待了三個月。在宮中他每天寫信給她。茱麗沒有把這些信拿給杜德芳夫人看。

回來之後，達朗貝爾養成每天在造訪侯爵夫人之前先到茱麗獨立住處的習慣。在那裡他們可以度過不被打攪的一、兩個小時的親密時光。然而和小說中的情人不同的是，他們也開始和其他沙龍常客共度這段時間，有幾位達朗貝爾的密友也喜歡在參加杜德芳夫人較正式的活動之前，享受一段輕鬆的對談。耳聞在茱麗房裡進行的聚會時，侯爵夫人大發雷霆。茱麗膽敢篡奪應該由她獨享的沙龍女主人位置！

這兩個女人的關係立刻而且永久決裂。對杜德芳夫人而言，茱麗在社交圈可以自由行動的問題不大，關鍵是杜德芳夫人對達朗貝爾的掌控權。侯爵夫人強迫達朗貝爾表態，要他在自己和茱麗間做選擇，他選擇了茱麗。他的許多朋友也選擇茱麗，離開杜德芳夫人現在已經規模縮減的社交圈。茱麗設法用她母親留下的三百鎊收入和來自朋友們的小額津貼，在不遠處的一棟小房子裡租了兩層樓。她就這樣追尋自己的命運，展開新生活。

雖然這段新生活是茱麗．德．萊斯皮納斯值得誇耀的時期，最初卻很不順利。她罹患嚴重的天花。請記住，這是在疫苗接種普及之前的時代，許多人要不就是死於天花，或是活下來但卻留下滿臉醜陋的疤痕。茱麗在生死邊緣掙扎了好幾天。達朗貝爾陪在她身邊，餵她吃東西，鼓勵她，擔負起護士、丈夫和忠實友人的責任。在他的支持下，茱麗漸漸康復，不過臉上卻留下重創外貌及虛榮心的痘疤。然而達朗貝爾沒有因此退卻，他寫信給哲學家大衛・休謨說道：「她留下許多天花的疤痕，但卻絲毫不減損她的外貌。」[3]

茱麗一恢復精神，達朗貝爾就染病了。現在輪到她照顧他，他也同樣在生死邊緣徘徊。而她用盡全力讓他活過來。當他逐漸康復時，她堅持一件事：他必須搬出和奶媽同住的小房子。她可以在比較舒適的屋子裡照顧他，他先是住在一個朋友家裡，之後他在她樓上租了房間。隨世人怎麼說吧，而他們也真的說起閒話了！休謨稱茱麗是達朗貝爾的情婦，其他人，例如哲學家馬蒙泰勒，則堅持他們是清白的。流言滿天飛的同時。達朗貝爾一直堅稱她和茱麗之間只有互相尊重的友誼，沒有愛情。至於結婚，他誇張的說：「老天！如果有太太和小孩，我會變成什麼德行！」

此外，他還有兩個動機。其一，達朗貝爾設法保護茱麗的名譽。這個偽善的社會總是嚴厲譴責有情人的單身女人，卻對有情人的已婚女人視若無睹。今日的道德標準正好相反：未婚女人有權擁有情人，有多少都行，而已婚女性必須堅守一夫一妻的標準。[4]

達朗貝爾有另一個否認他與茱麗愛情的理由。他認為自己屬於某種可追溯至古希臘蘇格拉底和中世紀阿伯拉的傳統之一，也就是婚姻與哲學不相容。他不想被譏諷為一名「已婚哲學家」，即使有些知名哲學家如艾勒維修斯與霍爾巴赫男爵早已踏上危險的婚姻之路。[5]

達朗貝爾和茱麗雖然沒有結婚，他們毫無疑問深愛著對方，眼中只有彼此。兩人的情感建立在杜德芳夫人主持的親密社交圈中，但在與她關係破裂之後這份關係更緊密。在病中對彼此的照顧，在他們的親密關係上又增加一層新的意義。他們成了家人，此後達朗貝爾只忠於茱麗，他像個傳說中的中世紀騎士那樣服侍茱麗。

茱麗也愛著達朗貝爾，就算不是充滿熱情，卻也懷抱某種程度的敬意和感謝。他們都對文學與哲學有興趣，科學也使得他們日復一日更加靠近。她讀哈辛劇作給他聽；他以孟德斯鳩學說反擊。他們一起聆聽同樣的音樂，觀賞同樣的戲劇，社交圈中的同儕已經將他們視為伴侶。沙龍可與杜德芳夫人匹敵、有錢有勢的喬芙航夫人特別關照他們。有了達朗貝爾在身旁的茱麗，和法國最享盛名的幾位沙龍女主人一樣，成為社交界矚目的焦點。達朗貝爾有理由相信茱麗也愛他：茱麗死後，在一七七六年七月二十二日寫給她的信中，他還記得十年前她曾說過她害怕自己是如此的快樂。

茱麗和達朗貝爾戀情的蜜月期持續了三年。接著莫拉侯爵出場了，這位西班牙大使的兒子將以全新的方式開啟茱麗的心房。貢薩爾維・德・莫拉年輕英俊，高大結實，舉止優雅，而且和茱麗一樣熱情洋溢。引人注目的不只是他俊美的外貌，還有他開闊的心胸。終於有個西班牙人能將啟蒙思想帶回他保守的國家。達朗貝爾在一封寫給伏爾泰的介紹信中寫道：「在我見過的外國人中，鮮少有人能比他更明智，更精確，更有修養，也更開明。可以確定的是，像他這樣既年輕、身分顯赫，又是個西班牙人，我這麼說絕不誇大。」諷刺至極的是，協助莫拉在巴黎知識圈內（其中包括茱麗）大放異彩的人，正是達朗貝爾。

她三十六歲，莫拉小她十歲左右。且讓我在此稍做停頓，想想這樣的年齡差距。如果男方比女方大十歲，沒人會說話。然而女方如果比男方大三歲，則必定招致流言蜚語：哲學家格林男爵寫出「她已經過了談戀愛的年紀」這番話，或許也反應出大眾觀感。當女人比男人年紀大，或男人比女人年紀大很多時，例如二十或三十歲，眾人通常會偏袒年輕的一方。老男人可能被人當成是他妻子的父親，在他背後嘲笑他，或更糟的是讓他戴綠帽子。至於年紀較大的女人，把自己和年輕情人同年齡的女性相比，往往覺得自己不夠資格。就算不愛吃醋，她也怕當自己年華老去之後，對方會對自己失去興趣。在一段關係中，總有其中一人付出較多愛，而當兩人年齡差距顯著時，那往往是年紀較大的一方。

然而在茱麗與莫拉的例子中，男女似乎同樣熱情。即使在公開場合，所有人都看得出他們互相吸引。歷史學家馬蒙泰勒在回憶錄中寫道，茱麗燃起莫拉的熱情，他毫不掩飾對茱麗的崇拜。唯有達朗貝爾看不見每個人都一清二楚的事實。

和許多一七六〇年代的人相同，茱麗和莫拉深受盧梭的《新愛洛伊絲》影響。他們把自己當成是茱麗與聖波的化身，注定要陷入瘋狂的愛情，並為此忍受巨大的痛苦。莫拉在各方面都是一位高貴的人物，值得她付出熱情，尤其是在唯一的兒子死去後，莫拉悲痛不已。二十五歲左右的莫拉已經失去了他十五歲就與她結褵的病重妻子、一個女兒和一個兒子，現在又將要失去他母親。他也開始出現結核病症狀，這疾病將在一七七四年奪走他的生命。莫拉徹底投入這段和茱麗的感情，絕不回頭。雖然他父親試圖分開他們——一個西班牙大公根本不可能娶個沒有財富、而且已經公開和另一個男人同居的私生女——莫拉卻拒絕放棄這個和他一樣有文化素養，也一樣熱情洋溢的女人。

不過，他倆大部分時間都不在一起，要不是莫拉有工作或家庭義務在身，就是因為他健康狀況惡化。他不在巴黎時，兩人幾乎每天都寫信給對方。以下是當莫拉人在楓丹白露的宮廷中時，茱麗描述兩人分開十天的情景。

> 我固定一天收到兩封來自楓丹白露的信。他離開十天，我有二十二封信；但即使他處在極為放蕩的宮廷中，成為上流社會最美麗的女人們為之瘋狂的追求對象，他卻只有一個職志，一項樂事：他想住在我的思想中，他想填滿我的人生。的確如此，我記得在那十天裡，我一次也沒出門：我等著他來信，然後我回信給他。（第一四一封信）

這二十二封信必定在那些使達朗貝爾心碎的許多封信之中。

既然茱麗的大多數信件都付之一炬，我們如何得知關於她和莫拉親密關係的許多消息？這（使茱麗情史再加上一層不忠謊言的）答案，就在她寫給吉貝赫的信中，她在一七七三年五月遇見了他。沒錯，甚至在莫拉還活著時——他將在一年後也就是一七七四年五月去世——茱麗已經被另一個男人致命的吸引力所俘虜。我們無法評斷茱麗，只需試著理解她如何平衡這三段重要的戀情：一、與她名義上的丈夫達朗貝爾的日常生活；二、自一七六七年開始，她對莫拉的熱情；以及三、在人生的最後三年對吉貝赫強烈的依戀。

雅克・安東・伊波利特・德・吉貝赫是軍人也是作家。他於一七七二年出版的論文集《戰略概論》為巴黎知識份子和廷臣所津津樂道，最終還鼓舞了年輕的拿破崙。不只如此，他還寫下悲劇，並且以迷人的聲音大聲朗誦，其中一齣戲甚至還在法國王后瑪麗・安東妮贊助下演出。隨著莫拉的健康每況愈下，為此受盡折磨的茱麗轉向吉貝赫尋求安慰。

一開始，茱麗把吉貝赫當成一個有同理心的知己。她對他傾訴自己和莫拉的戀情——那完美的人兒毫不保留愛著她，正如她也愛著他。吉貝赫也回以自己對蒙索吉夫人的故事；後者是個世故的情婦，缺乏他在茱麗身上看到的熱情與感受力。對彼此的信賴能以出其不意的方式讓兩個人在一起，尤其是這份信賴與浪漫戀情有關。談論愛情很容易變成談情說愛。希望西班牙的天氣對其健康狀況更有幫助的莫拉，於一七七三年夏天離開巴黎。茱麗不耐煩地等著兩週一次的郵件帶來她鍾愛男人的消息。同時，她也迷上了在兩人熟悉的社交圈中愈來愈受歡迎的吉貝赫。茱麗和其他人一樣讚美他是軍事天才，同時也是繼高乃依之後另一位偉大的悲劇劇作家。吉貝赫沉浸在《百科全書》的編輯成員，以及或許不那麼美麗但卻如此充滿魅力的茱麗替他帶來的驕傲中。在貴族家中和宮廷裡，尤其是女士們之間，吉貝赫也大受歡迎。

沒錯，吉貝赫很有女人緣，遇見茱麗時他的愛情征戰史已經眾所周知，而且之後他還有更多段戀情。然而我們不該把他當成像凡爾蒙子爵那樣的冷血誘惑者；看來他很體貼茱麗的情感，盡力回報茱麗對他漸增的熱情。但正如她自己發覺到：「我瘋狂的愛著你……但直覺告訴我你不該這樣愛我。」（第三十四封信）

讓我們回到過去看看事情到底是如何發生的。茱麗和吉貝赫在一七七三年春天相遇，之後他們就時常聯絡。他會在下午她的沙龍開放之前稍微早一點抵達，這時，按照慣例沙龍的門會替她的許多朋友們開著。吉貝赫通常還有其他兩三個社交活動——午餐、晚餐、劇院和鄉間出遊等。偶爾他們會在一個共同的友人家中或在歌劇院見面，茱麗在歌劇院租了整年的包廂。說也奇怪，他們能享有最大隱私的地方就是劇院包廂，因此奇妙的是他們正是在包廂裡成為情人。試著想像那是一間很大的包廂，旁邊有一間相鄰的沙龍，讓客人在那裡休息、透透氣。一七七四年二月十日傍晚，在令人激昂的樂聲以及之後的愉悅心情中，茱麗在吉貝赫說服下接受了他的追求，成為他的情婦。一年後，在這一天的一週年，她寫信給吉貝赫：「在去年的二月十日這一天，我陶醉在那毒藥中，效力一直持續到今天……那最強烈而甜美的歡愉情感卻與最龐大的不幸相連，這是何種宿命。」（第九十三封信）她為何將這段戀情形容成既是毒藥又是樂事？因為在她心中，她把和吉貝赫在一起感受到的快樂，與莫拉在一七七四年五月的死亡悲劇相連，當時他才從西班牙回到法國，設法再見她一面。這時茱麗已經瘋狂愛上吉貝赫，她認為自己背叛了莫拉。就好像她已經把熱情徹底從莫拉身上轉移給吉貝赫，即使她一開始就覺得吉貝赫絕不會像莫拉那樣愛她。

莫拉和吉貝赫一樣小茱麗十歲，而在吉貝赫身上，年紀大的情人付出較多此一定律，更為顯著。我們讀到茱麗的情書時，感覺茱麗似乎同樣愛這兩個男人。她給吉貝赫的信中常寫「我愛你」或「我傾慕你」，而且這份愛情令她深感苦惱。「我的朋友，我愛你，正如每個人在愛情中必須做到的那樣過度，那樣瘋狂，那樣狂暴的情緒，和那樣的絕望。」（第二十封信）因為一七七四年六月二日收到莫拉死訊並試圖服用過量砒霜自殺時，茱麗燒毀吉貝赫寄給她的第一批信，而且吉貝赫寄給她的其他信只有寥寥數封，我們無法判斷吉貝赫的感情，但顯然茱麗比吉貝赫更投入這段戀情。確實如此，他不時會去見他之前的情婦，而在茱麗人生最後一年裡，他將娶另一名情婦為妻。

在發生這一切時，達朗貝爾在哪裡？正如他默默忍受茱麗對莫拉的熱情，他也對她和吉貝赫的戀情視而不見。達朗貝爾最擔心的是她的健康狀況，因為不久之後她也將死於結核病，他時時照顧她，她生病時他陪在她身邊，替她處理雜事，並繼續相信茱麗少不了他，他也少不了茱麗。他們在旁人眼中還是一對夫妻，以至於他還寫信給莫拉的家人詢問這個年輕人的健康狀況。當莫拉死時，這位知名哲學家還在莫拉父親的請求下，寫下一篇動人的葬禮演說。達朗貝爾念給茱麗聽，兩人都潸然淚下。

除了最親近的朋友，茱麗不再對其他人開放沙龍大門。就在誠心哀悼高尚的莫拉侯爵時，對吉貝赫根深柢固的愛也折磨著她。現在她活著只為了他的來信和造訪，正如之前她也只為前任愛人而活。他寫給吉貝赫的信是發自內心一聲長長的呼喊，懇求他平復將她撕裂的情感：

> 噢，我的朋友，請憐憫我！可憐可憐我！世上只有你能以甜美與撫慰的情感，深入我千瘡百孔的靈魂。（第五十四封信）

> 噢，我的朋友，我的靈魂在疼痛著。我沒有言語，只有哭泣。我讀著、讀著，我將讀

你的信一百次。噢，我的朋友，有多少歡樂和多少不幸交織在一起。（第五十六封信）

我恨自己，我譴責自己，而我愛你。（第五十七封信）

或許只有你能了解，我是多麼不耐煩地等著明天郵件的到來……當然，能對話會更甜蜜，但獨白也能忍受。（第六十五封信）

數月後她還在呼喊：「天啊！我是多麼愛你！」（第九十封信）即使她如此懇求他：「我的朋友，將我從愛你的不幸中解救出來吧！」（第一百〇二封信）茱麗想像自己一切存在都是為了「愛與被愛」（第一百〇九封信）。無論她病得多重，既咳嗽又發高燒，吉貝赫只要略做表示就能讓她恢復精神。「我的朋友，我還活著，我會活下去，我會再看到你；無論等著我的是什麼命運，死前我將再一次擁有眼前的歡愉。」（第一百一十九封信）「只要還有一口氣，我注定要愛你。」（第一百二十封信）

一邊讀著茱麗的信，我一邊自問：這和那位眾所周知迷人、有知識、有學養的茱麗難道是同一個女人？茱麗就像哈辛筆下的費德爾，愛情使她被逐漸枯萎的熱情奴役；她時常在寫給吉貝赫的信中引用《費德爾》劇中的對白。有時歇斯底里，有時服用砒霜後冷靜下來，往往語帶責備但堅定示愛的茱麗，早在死前必定已經造成吉貝赫的負擔。一個男人會想聽女人說多少次她深愛著他，卻無法做出相同回報？他又想被譴責多少次自己的疏忽、冷淡或對其他女人感興趣？

然而，即使在茱麗所稱的那些「愚蠢的書信」中，我們也會發現這位富於學養的女人對同時代人給予的讚揚。她批評吉貝赫為了某個獎項即將提交法國科學院的一篇論文，內容是稱頌法國元帥卡提納，但他輸給了拉阿普。茱麗幾乎每天都去聽她最喜愛的作曲家格魯克作曲的歌劇《奧菲斯》。她會引述偉大的古典主義劇作家哈辛、拉封丹、莫里哀和布瓦洛等人的作品，因為她常發現適用於自己當下狀況的臺詞。她和當代最知名的啟蒙運動人物打成一片——孔多塞、霍爾巴赫、伏爾泰、馬蒙泰勒、格林和拉阿普，與巴黎社交圈的上流人士共進晚餐。叫人吃驚的是，看她在信中從訴說和吉貝赫之間不幸的愛情時那種自貶的姿態，變為談論她的社交行事曆，轉換之間連另起新段落都用不著。

有些時候茱麗重拾自尊，要吉貝赫停止拜訪她。一七七五年九月，吉貝赫娶了個家財萬貫的年輕貴族，茱麗堅持和他斷絕關係。「噢，天啊！我可以這麼說，或我必須這麼說的時刻已經到來：我不該再愛你。」她把對他的熱情比做「一場大病」，要他歸還她的信。十月她知道自己大限將至，於是戲劇化地宣布，「我必須臣服於可怕的命運，我必須受苦，必須愛你，並在不久後死去。」（第一三六封信）不過她依然繼續受苦了七個月，期間又寫了四十四封信給吉貝赫。她寫給他的臨終遺言將愛的信條帶進墳墓：「再會了，我的朋友。如果我恢復生氣，我將再次用生命去愛你；但我已經沒時間了。」（第一八〇封信）

茱麗・德・萊斯皮納斯死於一七七六年五月二十三日。死前幾小時，她請求達朗貝爾原諒她。她是這麼說的：「你向我要求那痛苦的赦免，這是我對你的愛最後的證明，這份愛的甜美與殘酷的記憶將永遠在我心深處。」

第二天茱麗被葬在聖許畢斯教堂。達朗貝爾和孔多塞走在哀悼的人群前方，其中包括淚流滿面的吉貝赫。痛徹心扉的達朗貝爾根本不知道更糟的還在後頭。當他翻閱許許多多封茱麗留下來的信，包括莫拉的來信，以及她所寫關於兩人戀情的回憶時，他彷彿被撕成碎片，徹底毀滅。有什麼話能表達他的痛苦？

好在他對茱麗第二段戀情一無所知，因為那些信被鎖在一個小書桌裡，達朗貝爾照著茱麗的指示把信原封不動還給吉貝赫。從他連同書桌一併附上的一封信裡，可看出他蓄意對他們的戀情視而不見的程度。發現茱麗對莫拉的愛情時，把吉貝赫當成知心好友的達朗貝爾如此寫道：「憐憫我……我在她心中從來就不是第一位；我已失去人生的十六年，現在我六十歲了。寫下這些悲傷話語時，但願我能死去，但願他們在我的墓碑上刻著……一切都失去了，我唯有一死。」6

如果世上有所謂「偉大的女性情人」，一個「活著」與「去愛」是同義詞的女人，那就是茱麗·德·萊斯皮納斯。天生個性極端，過度自我的她對愛情本質奮力提問。在或多或少重疊的時間裡不只愛上一個男人，而是愛上三個，這代表了什麼？法國人把茱麗當成他們自己，是瘋狂的愛這主題的種種變化版在每個世紀以不同化身再現：想想哈辛的《費德爾》，或作家喬治·桑，或歌手艾迪特·琵雅芙。在法國，雖然離經叛道，這愛得太多的女人卻獲得英雄般的地位。

愛得過頭，愛得狂野，愛得瘋癲，為了愛而犧牲甚至屈辱自己，是一種相當激烈但有某種代表性的法國文化表現。畢竟以孤注一擲的主角如崔斯坦與伊索德和蘭斯洛與關妮薇發明了浪漫愛情的，就是法國人。表面上看來茱麗和小說中的前輩們一樣，不知疲憊地追求熱情，然而她沒有把所有的愛傾注在同一個對象上。她以不同的方式愛著不同的男人——對達朗貝爾是溫柔的羈絆，對莫拉是你來我往的激情，對吉貝赫是偏執的熱愛。她認為一次只能愛一個人的想法是虛偽的。

茱麗的故事，也是一個人的私人生活與其所處時代與背景的文化不斷交替的例子。理查森和盧梭的傷感小說在英法流行，這些小說不只是文學作品，它們在真實世界的生活中也有其重要性。茱麗、莫拉、吉貝赫，甚至連達朗貝爾都以他們在書中發現的人物作為行事榜樣。在一個頌揚感情的年代裡，他們不可能表現得缺乏感性。當然他們的情緒深淺不同，表現方式也不同，從吉貝赫細心的殷勤到茱麗類似宣告信仰而過於情緒化的告白等等，然而對所有人來說，愛人的能力被認為是可信賴的價值衡量標準。

一七四〇年代茱麗還是個小女孩，理查森的書信體小說正享譽國際，情書成為戀情的標準配備。知識份子與情人間的書信往返是十八世紀知名的特色，在第二類信件裡，茱麗的情書名列前茅。美國第二任總統夫人艾碧該與總統約翰·亞當斯留給後代美國歷史上最豐富的夫婦間書信往來紀錄，而茱麗的情書與大西洋彼岸的美國情書形成強烈對比。亞當斯夫婦間持久的愛情由合宜的婚姻、宗教和政治維繫，這一切都以歡愉次於責任的道德感作為堅實基礎。在這對夫妻度過許多年艱難的歲月中，我們就能看見上述原則在他們身上產生作用；當時約翰在費城、巴黎和尼德蘭擔任公職，艾碧該就在麻薩諸塞州養兒育女，管理農場。當艾碧該終於在巴黎和約翰團聚時，可以想見的是，她很不習慣法國人在性方面的躍躍欲試。男女在公開場合富表達性的肢體動作，以及公開討論在她家鄉不認為是禮貌對話的私事，在在令她訝異。當知名哲學家的遺孀艾勒維修斯夫人抱著富蘭克林的脖子親吻他雙頰時，她簡直嚇壞了。她看到芭蕾舞孃在歌劇院露出腳踝，也感到尷尬與不快。作為未經熱情的洗禮，純樸與依舊謹守道德規範的美國文化代表，亞當斯家替美國和諧家庭設定的基調，是先後在巴黎擔任法國公使時身邊沒有妻子妨礙的富蘭克林和傑佛遜都無法傳達的精神。約翰和艾碧該細心保存的信件，記錄了一份持續半世紀以上的愛情承諾。相對的，茱麗寫給吉貝赫的情書宛如歌劇情節般誇張無度，則是能讓我們聯想到法國文學與生活中的重要潮流。

情書具有將一個人的情感傳達給收信者的任務，希望這份情感能有來有往。當情人分隔兩地時，情書能讓兩人持續對話，正如茱麗給吉貝赫的信中所說，獨白總好過一無所有。寫情書給情人使她能宣洩感情，就好像放血能排出身體多餘體液一樣。茱麗的情感大過她的生命，而她找來與自己分享這情感的男人，儘管性格互異，卻很少能像她那樣熱情。不過，最令我感動的或許是達朗貝爾的故事。他對茱麗的愛，是他人生最了不起的愛情。他盲目、深切而忠誠地愛著她。比起在她死後發現她的不誠實，達朗貝爾值得更好的命運。

然而，她得到渴望中的死亡。她死時名譽完好，不但被愛，而且受到法國社會上流階級景仰。在她死後得到的諸多讚美中，吉貝赫的哀悼文必定使她深感驕傲。他寫道，出於她的友誼以及慷慨的天性，聚集在她身邊的朋友們因為「想取悅她和必須愛她」而在一起。他提及她的思想及表達方式之間的和諧運作。「她的書信有著對話的流動與溫度。」他承認：「我去了一趟歐洲之旅，她的信跟隨我，給我安慰，支持我。」他最後以私人口吻做出的附注，一定能深深打動茱麗。他說：「如果我曾經有任何良善或誠實之舉，如果我達到某種了不起的成就，那全是因為你的回憶點燃我的靈魂，使之完美。」

第六章　共和之愛

伊莉莎白・勒巴與羅蘭夫人

大自然賦予我純潔的心和良善溫柔的父母，他們以明智的方式將我撫養長大，讓我們接受能成為貞潔妻子的教育。

——伊莉莎白・勒巴，《勒巴夫人手稿》，一八四二年

前往野餐的共和國夫妻。約一七九〇年

一九八八年春天抵達巴黎時，我的友人都在期待次年法國大革命兩百週年的到來。他們還在爭辯法國大革命帶來的傷害是否比好處多，彷彿那是昨日之事。我忍不住根據我正在進行那時期法國女性傳記作家的研究，提出我對大革命的意見。沒多久就有個出版商提供了一份合約，要我把研究寫成一本書，條件是我必須儘快動筆，而且要用法文完成。這本書於一九八九年出版，剛好來得及被引用為七百五十件關注以男性主導的革命事件出版品中，把焦點放在女性的十二本書之一。四年後，我出版了一本探究同樣主題但更完整的著作。[1]

在寫作這兩本書的研究過程中，我發現比起男性，女性以一種更為個人的方式回憶法國大革命（這並不令人訝異）。熬過法國大革命的男性人物的回憶錄凸顯的是公眾事件，鮮少提到私人生活，不過女人主要被留在家庭領域裡，他們的敘述可能包含自己作為女孩、姊妹、妻子和母親的圖像。我可以從她們的故事中發現愛情如何在大革命時期彰顯自身——它是如何符合與不符合當時政治正確的論述。

本章內容是根據伊莉莎白·勒巴在她漫長人生的最後所寫下的鮮為人知的自傳，以及由羅蘭夫人在獄中所寫，目前已相當知名的回憶錄。這兩個女人相隔一個世代，受的教育也不同，除了兩人丈夫同為共和政體的政治家之外少有共通點。他們都有充分理由將自己視為大革命的犧牲者，因為革命已經奪去勒巴夫人的丈夫，也將為羅蘭夫人的丈夫和她自己的死負責。

伊莉莎白．勒巴本姓杜普雷，這名少女出身自優渥的資產階級家庭，她父親提供住處給法國大革命領導者馬克西米連．羅伯斯比爾。她未來的丈夫菲利普．勒巴是羅伯斯比爾最親近的夥伴之一。一七九二年第一次遇見勒巴時，她還不到二十歲。他們於一七九三年八月十三日結婚，不到一年內她就成了母親和寡婦，和小寶寶一起坐牢，並且在獲釋後遭到放逐。這一切狂暴的事件是如何在這麼短的時間內發生？

回憶錄一開始，伊莉莎白就直接切入戲劇性的重點：

就在馬拉以凱旋之姿被扛進國民議會的那一天，我第一次見到心愛的菲利普．勒巴。我發現自己那天是和夏洛特．羅伯斯比爾在一起。勒巴過來和她打招呼。他和我們在一起好些時候，接著他問我是誰。夏洛特告訴他我是她哥哥房東的一個女兒。[2]

敘事者知道如何充分利用歷史性的時刻。這段羅曼史的開端與激進記者，同時也是國民議會代表的讓－保羅．馬拉有關，這一天他打敗對手，被歡欣鼓舞的群眾扛在肩上回到國民議會。如此令人陶醉的情境絕對有利於愛苗滋長。

馬克西米連的妹妹夏洛特，扮演了這年輕女子和她未來伴侶的密友、知己以及中間人的角色。她在國民議會開會時陪伴伊莉莎白，將她介紹給國民議會代表勒巴，見證他們的初次對話和交換小飾品，並且在令人心動的愛情初期給予伊莉莎白建議。在某次會期中，這兩個女人帶著甜點與水果給菲利普・勒巴和夏洛特另一個較不有名的哥哥奧古斯汀・羅伯斯比爾，他也是國民議會代表。

在下一次會期，她們帶來的禮物從柳橙變成了珠寶。勒巴拿了伊莉莎白的戒指，把自己的帶柄眼鏡借給她。伊莉莎白回憶道：

我想把他的帶柄眼鏡還他……他懇求我留著。我請夏洛特再次向他要回我的戒指；她答應了，但我沒再見到勒巴。……我很後悔沒有拿回戒指，也沒有把帶柄眼鏡還他。我很怕讓母親不高興，也怕被責罵。

正如伊莉莎白所描述的，這個萌芽中的愛情是一齣錯誤的喜劇，麻煩使愛情升溫，並且在一番迂迴之下得到最後勝利。這對未來的情人似乎既貞潔又無可非議，在一名可敬女伴的注目下和對嚴厲母親從頭到尾的懼怕中，他們純潔的舉止獲得保證。兩人在神聖殿堂中的神聖愛情必須根據共和國的腳本展開，在這之中男女必須避免舊政權時代的放浪形骸，謹守美德、誠摯與情感表現。

在由勒巴建議的交換禮物之後——此事造成這名純真年輕女子心中的不安——發生了一件極嚴重的阻礙。勒巴生病，無法回到國民議會中。伊莉莎白對此事表現出的悲傷令友人們困惑：「大家都注意到我很難過，連羅伯斯比爾都問我是否私底下有傷心事……他好心對我說：『小伊莉莎白，把我當成你最要好的朋友，或仁慈的大哥；我會給你在你這年紀需要的所有忠告。』」

羅伯斯比爾扮演了重要的媒人角色。在伊莉莎白的回憶錄中，他仁慈又溫暖，和他嚴厲的名聲完全相反。但是另一位法國大革命傳奇人物丹敦，在她口中就是一名惡棍。伊莉莎白在兩人共同友人的鄉村別墅見到面，他的醜陋令她退避三舍，更使她厭惡的是他直截了當帶著性欲的追求。

他說我看起來不太舒服，我需要一個好的（男）朋友，才能恢復健康！……他靠近我想攬住我的腰然後吻我。我用力把他推開……

我立刻懇求巴尼夫人再也不要帶我回到那棟房子裡去。我告訴她那男人以卑劣的方式向我求歡，我從沒聽過如此醜惡的事。他完全不尊重女人，更不尊重年輕女人。

如此放肆的丹敦形象確實符合他的聲譽；一個人不必然是貴族，也能對凱比庸筆下的凡賽克伯爵和拉克羅筆下的凡爾蒙子爵有樣學樣。在他面前，伊莉莎白的首要職責就是保護她的貞操與名節。

生病兩週後，菲利普．勒巴返回公開場合。伊莉莎白在雅各賓集會廳和他偶遇，她為了參加傍晚有羅伯斯比爾現身發表演說的集會去占位子。從她的敘述看來，這次與勒巴的相遇顯然是兩人關係的轉捩點。

看到我的愛人，想想我有多驚奇、多喜悅。他的缺席曾經使我流下許多眼淚。我發現他變了很多。他詢問我和我家人的近況……他問了我許多問題，想要測試我。他問我是否沒有要馬上結婚，是否愛著某人，是否喜愛衣服和輕浮的享樂，還有，如果結婚生子，我是否想哺乳。

這種種問題就像某種婚前測驗，以決定伊莉莎白是否具有成為一名共和妻子的合宜特質。她顯然通過測驗，因為勒巴最後說：「從見到你的那天開始，我就對你抱有好感。」

這對情人持續對彼此透露真實的感情。勒巴每天有十次都想寫信給伊莉莎白，但卻害怕他的信連累她（任何小說讀者都知道這種信會造成的禍害）。到馬克西米連家造訪，更使他確定杜普雷家是純潔的一家人，「為自由奉獻」。奧古斯汀也同意，看得出杜普雷家「擁有美德與純粹的愛國心」。在這次身家調查之後，菲利普．勒巴便準備迎娶伊莉莎白。

勒巴比伊莉莎白年長十歲，受過良好教育，地位又高，門當戶對的他因此能向她母親開口，而伊莉莎白依舊只能默默當個旁觀者。她母親主要反對的原因是她想先看到伊莉莎白的兩個姊姊結婚，但她們依然年輕又心性不定。勒巴堅持：「我那麼喜歡她……我將成為她的朋友和導師。」第二天，當他和伊莉莎白的雙親談話時，他們甚至不准許她在場。但最後她的父母同意這樁婚事，伊莉莎白也被叫去分享這好消息。「想想我有多快樂！我不敢相信……我們奔向父親和母親的懷抱，他們也感動落淚。」這是畫家讓－巴普第斯特．格霍茲繪畫中的一個場景，他比同時代其他畫家更能捕捉多愁善感之愛的精神。正如格霍茲某一幅畫上的人物，菲利普、伊莉莎白、她的家人和朋友們（羅伯斯比爾也在內）以熱巧克力乾杯，祝福兩人訂婚，眾人流下喜悅的淚水。

然而正如小說的劇情發展，他們還必須克服一些障礙。某個人以惡人身分出現，他毀謗伊莉莎白，好讓勒巴相信她婚前曾有其他情人。結果他們發現這壞蛋這麼做是因為想讓勒巴娶他自己的女兒。伊莉莎白堅守立場，她為自己辯護，說她是清白的，她的父母養育她，讓她在結婚前維持貞潔，成為有美德的妻子。

當然到了最後，勒巴看見真相，並訂下婚禮日期，但另一個重大的阻礙出現了。勒巴被公共安全委員會派去執行特別任務。在這對情人分開期間，伊莉莎白一再懇求羅伯斯比爾把丈夫帶回家。她立刻坦承：「我痛苦得不想再當個愛國者。我傷心欲絕……我的健康大為受損。」這完全顯現出相思病字面上的意思。

終於勒巴被帶回家，時間長到能讓這對情人舉行婚禮，長到讓伊莉莎白懷孕。在勒巴於共和曆熱月九日失去性命之前，他們的婚姻生活只剩下不到一年。根據法國共和曆來推算，政變這一天是一七九四年七月二十七日，羅伯斯比爾與其往來密切的同黨被他們自己的暴行與政敵拉下台。

在伊莉莎白的敘述中，她見證革命的創傷入侵這一家人。她的丈夫一被逮捕，官員就把他們的公寓關閉，拿走所有個人文件。勒巴死於巴黎市政廳。伊莉莎白為了他們的兒子，記錄下他臨終激勵人心的愛國言詞。「請以你的母乳哺育他……以對國家的愛鼓舞他；告訴他他的父親已經為國捐軀；再會吧！……為了我們親愛的兒子活下去；以高貴情操鼓舞他，你值得這一切。再會吧，再會！」

她寫道，她再也沒有看到勒巴。她沒有提及菲利普．勒巴在馬克西米連受重傷而他的弟弟奧古斯汀・羅伯斯比爾跳出窗外的同一個房間裡自盡。但是她卻描寫自己在杜普雷家中是如何絕望。

我心煩意亂地回到家中，幾乎發狂。想想當我們親愛的孩子張開他小小的手臂迎向我時，我作何感想……從（熱月）九日到十一日，我一直倒在地板上。我沒有力氣，也沒有知覺。

就在伊莉莎白無意識倒在地板上時，經過她家門前的暴民把羅伯斯比爾和其他同黨帶往斷頭臺。過了不久，公安委員會找上伊莉莎白和她的寶寶。由於丈夫的關係，她被判有罪，和兒子一起被監禁在塔拉呂監獄。她的人生跌到谷底：「我做了五週的母親；我正在替兒子哺乳；我不到二十一歲；我的一切幾乎都被奪走。」

監獄中的磨難令伊莉莎白極度憤怒。政府代表建議伊莉莎白嫁給某位國民議會代表，才能「拋棄她丈夫那不名譽的姓氏」時，她吼道：「告訴那些怪物，除非上斷頭臺，勒巴的遺孀絕對不會放棄那神聖的名字。」伊莉莎白挑釁政府，以至於監禁期被延長，這都是因為她對死去丈夫不朽的愛情，並堅決相信他的目標完全是正當的。伊莉莎白一直堅持使用夫家的姓，坐牢九個月後，出獄的她成為一位有影響力的人。直到於一八五九年過世前，她一直讚揚共和原則，也珍惜她與勒巴的回憶。

法國大革命先是孕育接著又摧毀她唯一偉大的愛情；從年輕到年老，她緊抓著那段回憶，當作她的救生圈。在之後整整有六十五年的歲月中，她總以懷舊的心情回顧一七九二年秋天到一七九四年夏天，這是一段宛如置身天堂，但之後又狠狠被逐出的時光。

伊莉莎白．勒巴簡短的回憶錄幾乎不為人知，而羅蘭夫人卻是法國大革命記事最著名的見證人。[3]她同樣因為丈夫捲入革命而成為政治犯。在被送上斷頭臺之前五個月的拘禁期間，她寫下一部革命事件史和她自己的私人回憶錄。在本書中後者更讓我們感興趣，因為她的回憶觸及一段長年婚姻的夫婦之情以及婚外情。

結婚前，瑪麗－讓娜．瑪儂．菲利朋比較像是個女學究，她不滿自己身為女人的命運。一七七六年她在給一位朋友的信中寫道：「我真的很氣自己是個女人；我應該被生為一個不同的靈魂，或不同的性別……如此我就能選擇『文人共和國』作為我的國家。*」但之後出於對盧

*文人共和國（Republic of Letters）是一個隱喻的國家，指歐洲乃至於美洲從文藝復興到啟蒙運動這段期間知識份子藉由文字交流所建立的社交圈。受社會風氣限制，文人共和國成員多為男性。

梭的熱愛，她一反之前的信念，轉而崇拜家庭生活。她追尋《新愛洛伊絲》後半段茱莉的道路，嫁給一個年長她二十歲的男人，徹底投入妻子與母親的角色。這是一段夫妻互相尊重、由共同價值觀與目標滋養而成的婚姻，其中毫無我們在十八世紀小說或在茱麗・德・萊斯皮納斯人生中見到的熱情。瑪儂的丈夫讓－馬利・羅蘭・德拉普拉提耶是位傑出的律師，於一七九一年到一七九三年擔任法國第一共和的內政部長。擔任部長的他非常仰賴寫作能力極佳的妻子，她私下協助起草許多他的信件與公告。在世人的眼裡，他們是模範夫妻。

然而瑪儂有個祕密。她愛上另一個男人，弗朗索瓦・布颯，他是位極左派國民議會代表。當其中一人離開巴黎時，他們會寫信給彼此。瑪儂在回憶錄中承認，她與他的關係變得「親密，不能改變」而且「盲目」。在其他地方，她沒有提到布颯的名字，但寫道：「我對丈夫的珍重就像細心的女兒景仰有道德的父親，她甚至會為了他而犧牲她的情人；但是我找到了可能是那情人的男人……」然後呢？瑪儂只告訴我們，她向丈夫坦承這份感情。我們可能會納悶：她這麼做是受到誰的啟發？是《克萊芙王妃》中的懺悔？或者是《新愛洛伊絲》中沃勒馬先生接受茱莉之前對聖波的熱情？這些都是虛構的體貼模範丈夫，然而她的丈夫不是。他「不贊同在他的領域中有最微小的改變；他以想像詆毀我，他的妒意惹惱我，快樂已遠離我們倆。」

儘管羅蘭夫人從未指名道姓，說出布颯就是她婚姻關係改變的原因，她倒是將他形容為比起當政客更適合當情人的男人。他「敏感、內心炙熱、憂鬱又慵懶……有著熱情沉思者的天性……他彷彿生來就能品味並製造快樂的家庭生活；在與他心心相印的人兒共創甜美的私德中，他可以忘卻全世界。」那與布颯心心相印的人兒，只有可能是她。羅蘭夫人似乎沒有為布颯妻子的存在感到困擾，根本不把她當成布颯的伴侶。

羅蘭夫人沒有結果的祕密愛情故事，導致夫妻之間的嫌隙，在羅蘭逃離巴黎、瑪儂被捕入獄時，兩人依然沒有和好。撰寫一部使丈夫榮耀永垂不朽的回憶錄，是抹去婚姻汙點的方式之一。作為盧梭的信徒，羅蘭夫人不否認追尋心之所向的必要；她相信她和布颯就像茱莉和聖波那樣，將在死後結合。在臨終告別時，她向布颯呼喊：「我不敢叫出名字的你……謹守美德界線的你……將會悲傷地看見我早你一步前往，我們會在那裡自由地與對方相愛，免於罪惡。」

伊莉莎白．勒巴和羅蘭夫人都生在規定未婚女性必須守貞以及夫妻謹守一夫一妻制的資產階級環境中。父母對子女婚配有最終決定權，丈夫的權利在妻子之上。和舊政權時代的貴族文化相反，他們不容忍出軌，尤其是女人。但同時，哲學家、政治思想家、劇作家和小說家顛覆的聲浪，開始動搖這種體系。無論是政府或家庭，眾人皆前所未有地公開質疑權威。

藉由公開揭發社會上的邪惡與提倡發自內心的道德感，帶頭批判當前社會的，當然是盧梭。較他年長的同時代知識份子、有時也是他的對手的伏爾泰攻擊盧梭過於信任情感，正如伏爾泰也在他著名的諷刺小說《憨第德》（一七五九）中，攻擊德國哲學家萊布尼茲樂觀相信神聖的天命。攻擊宗教和傳統階級制度是當時的指導原則，即使相關文章必須在阿姆斯特丹或倫敦出版，以躲過法國的審查制度。

在法國本土，攻擊舊體制的成功作品之一，是包馬歇的轟動劇作《費加洛的婚禮》（一七八四）。包馬歇勇於質疑貴族掌控財富與擁有官職的權力，而其他人卻必須費盡心思才能生存。家僕費加洛在主人阿瑪維瓦伯爵背後說他壞話：「你何德何能，能擁有這麼多？你簡直連把自己生出來的麻煩都省了。」費加洛的怒氣是由於伯爵想和伯爵夫人的侍女蘇珊娜上床，而費加洛想娶蘇珊娜為妻。在費加洛和蘇珊娜的協助下，伯爵夫人將了好色丈夫一軍：她把自己假扮成蘇珊娜引誘丈夫，接著在逗趣的一幕中，伯爵夫人在眾人面前揭穿他，逼他放棄強奪女僕的計畫。

在真實世界中的某些女性更積極，她們期待與男人平起平坐，甚至想左右男人。想想作為法國正式情婦的貝瑞夫人和龐巴度夫人的社交與政治權力，還有杜德芳夫人、喬芙航夫人和茱麗．德．萊斯皮納斯，這些女性在她們名聲顯赫的沙龍裡讓哲學家、科學家、作家和藝術家一一登場，在幕後操縱社交圈，讓她們喜愛的人飛黃騰達。想想在法國大革命中自行發表贊同女權宣言，最後被送上斷頭臺的奧蘭普．德古哲。好幾位知名女性如數學家暨政治家安東－尼可拉．孔多塞的妻子蘇菲．德．孔多塞，以及著名化學家安東－羅航．拉瓦節的妻子瑪麗－安．拉瓦節，在她們的丈夫因為法國大革命而送命之前，都曾享有快樂和諧的婚姻生活。

羅蘭夫人很接近這種和諧幸福的理想婚姻。在大多數時候，她看來是個好妻子、好母親，在各方面和她丈夫合作無間。遵循盧梭提倡的行為規範，她奉行簡單、經濟和親自哺乳的美德。不像一般人那樣把寶寶送給奶媽帶，回到親自哺乳，被認為是復興社會所必需的基本改變。[4]菲利普．勒巴從頭到尾都堅持這個主張，在追求伊莉莎白時問她是否打算替寶寶哺乳，死前他又再次提醒她必須用母奶哺育他們的孩子。

共和之愛理應將更大範圍的社會考慮在內，成為普遍良善規範的一部分。愛情應該要能與美德緊密結合，這表示男女在婚前不能有性行為，婚後必須維繫一夫一妻的關係。這也表示他們應該替國家生兒育女，母親要親自哺乳。伴隨戀情而來的誘惑、情夫和情婦等等過度風流之愛的一切都已不再。共和國的情人與夫妻等同於善良的公民，他們被教導為了家庭與國家福祉必須犧牲個人欲望。但正如我們在羅蘭夫人的例子中所見，心之所向並非總是政治正確的。

第七章　渴望母愛

康斯坦、斯湯達爾與巴爾札克

伯爵夫人把我包覆在純白的襁褓裡，徹底以母愛哺育保護我

——巴爾札克，《幽谷百合》，一八三五年

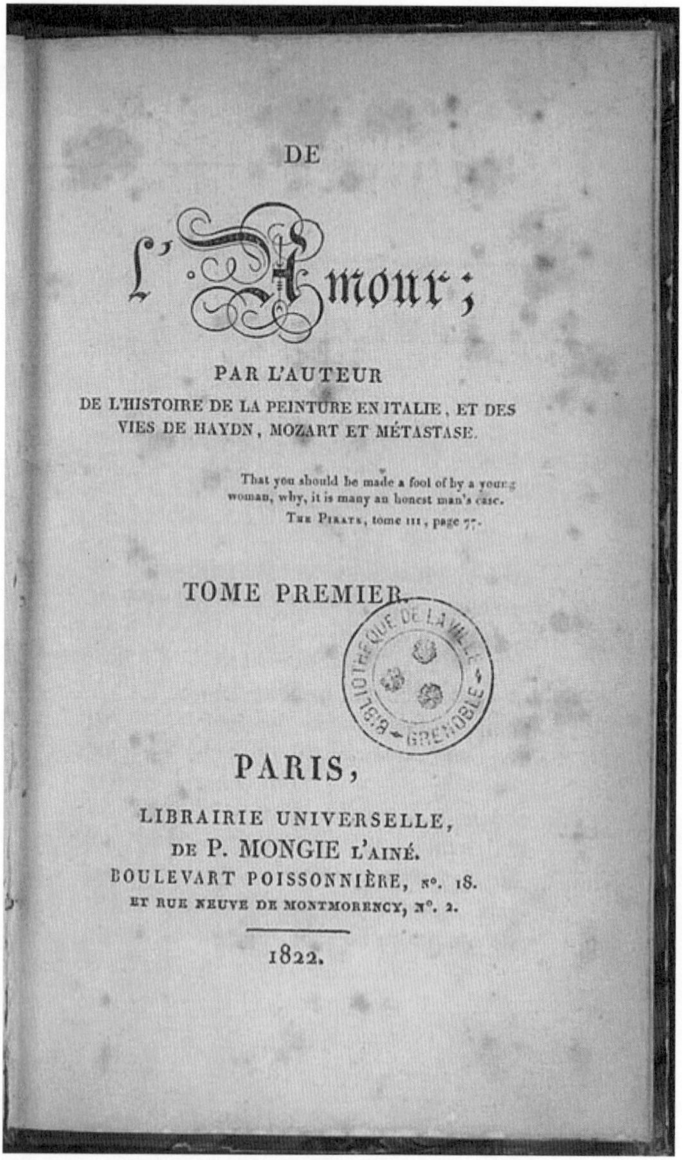
DE
L'Amour;
PAR L'AUTEUR
DE L'HISTOIRE DE LA PEINTURE EN ITALIE, ET DES
VIES DE HAYDN, MOZART ET MÉTASTASE.
That you should be made a fool of by a young
woman, why, it is many an honest man's case.
THE PIRATE, tome III, page 77.
TOME PREMIER.
BIBLIOTHÈQUE DE LA VILLE
GRENOBLE
PARIS,
LIBRAIRIE UNIVERSELLE,
DE P. MONGIE L'AINÉ.
BOULEVART POISSONNIÈRE, N°. 18.
ET RUE NEUVE DE MONTMORENCY, N°. 2.
1822.

斯湯達爾《愛情論》書名頁，一八二二年

由年紀較大的女性傳授年輕男人性事，在法文中叫做「情感教育」。這項傳統源自於中世紀，當時在宮廷愛情的風氣之下，賦予年輕騎士愛慕貴族淑女的權利，而到了文藝復興時期，連國王亨利二世身分這樣高的人，都選擇比他年長二十歲之多的普瓦捷的戴安為正式情婦。此外，正如我們在《反覆無常的腦與心》裡看到的，青少年主人翁的性啟蒙對象是他母親的朋友，當時他十七歲，而她大約四十歲。

但是直到盧梭死後，他的《懺悔錄》於一七八二年至一七九〇年間出版，這種戀情中的母性成分才公諸於世。幼年失去母親的盧梭，在日內瓦由反覆無常的鐘錶匠父親撫養。在他十歲時，父親無聲無息地溜走了，他發現自己無父無母。他接受最基本的教育，先後當了兩次學徒，十六歲時獨自出發前往瑞士。在法國各處遊蕩時，他找到一位庇護他的好心人，路易絲．德．華倫女士。比盧梭年長十二歲的她離開丈夫，定居在法國的薩伏依地區。她斷斷續續照顧了盧梭十二年。當她建議該是他接受性啟蒙的時候了，他很不願意。然而媽咪（Maman）一旦做出決定，他無法拒絕。事後他心懷感謝，這再次證明她的愛：「我徹徹底底成為她的作品，徹徹底底成為她的孩子；她比生母更像母親。」

類似戀情成為無數十八與十九世紀小說的主題。對有野心的年輕男人來說，和年紀較大的女人同床共枕是一種成年禮，透過這儀式不僅能開啟他們的性生活，他們也藉此獲得社交與就業機會。以下來自真實生活與文學作品的數個例子，探究了另一種特殊的社會——情色愛情樣貌。

和盧梭相同，班傑明．康斯坦也自幼失去母親，之後渴望有人替代母親的角色。他在許多女人身上都找到了，包括比他年紀大二十七歲的傑出作家伊莎貝拉．夏荷耶，還有更傑出的潔蔓．德．斯戴爾，她只大他一歲，但一七九四年康斯坦遇見她時，她已經當了妻子和母親，在文化圈中也相當有影響力。他們十五年間激烈的感情故事，啟發無數傳記作家和小說家，但是沒有一本書比康斯坦自己所寫的簡潔小說《阿道爾夫》更精采。

斯戴爾夫人（一七六六至一八一七）無疑是她那時代最耀眼的女性。婚前名叫潔蔓．內克爾的斯戴爾夫人是路易十六的瑞典裔財政大臣雅克．內克爾和他那位具有影響力的妻子蘇珊娜的獨生女。他們培育她，使她有能力在法國宮廷以及法國最優秀的思想家圈子中大放異彩。父母以六十五萬鎊嫁妝談成一樁顯赫的婚事，把她嫁給瑞典大使斯戴爾－霍爾斯坦男爵，不過她一直沒有愛上他。無所謂：婚姻只是通往自由之路，並且帶她找到許多情人，第一位就是塔列朗神父，之後他成為當時最憤世嫉俗也是最有政治成就的敗德神職人員。與康斯坦相遇時，斯戴爾夫人已經談過好幾場轟轟烈烈的戀愛，在與納邦子爵熱戀之後她生了個兒子，她把他登記為丈夫的孩子。她以某個溫和團體的沙龍女主人身分，積極涉入法國大革命的政治活動，該團體主張君主立憲，他們試圖拯救即將被送上斷頭臺的國王與王后，但沒有成功。

康斯坦和斯戴爾夫人擁有同樣的自由主義觀點，他不只成為她的情人，也在法國大革命之後成為她的政治受庇護者。在她的資助之下，他被指派為護民院的二十位成員之一，他當了三年，直到拿破崙將護民院解散為止。拿破崙沒有放過令斯戴爾夫人痛苦的機會，他生性無法容忍聰明又能言善道的女人堅持自由的理想。一八〇三年，拿破崙下令將斯戴爾夫人流放到瑞士，就在當地的科佩堡，她和康斯坦那狂風暴雨般的戲劇性戀情終於落幕。康斯坦幾乎處處依賴她。沒有事業，也沒有自己家庭的康斯坦，生活在她的羽翼保護之下。此外，康斯坦是斯戴爾夫人在一七九七年生下的最後一個孩子阿貝婷的父親，她再次把這孩子登記給丈夫。但是在科佩堡的日子對他們倆而言都是折磨。在一本叫做《愛蜜麗與潔蔓》類似日記的書中，康斯坦於一八〇三年一月六日寫道：「我已許久對潔蔓毫無愛意……知識份子的相濡以沫讓我們在一起。但這種關係能否持續？我的心，我的想像力，最重要的是我的感官，都渴望愛情。」

從他的日記篇章中我們知道，康斯坦常靠嫖妓解決需求。我們也知道他和潔蔓無止無休地吵架，有時候吵到凌晨三、四點。他日記中的每一頁都會冒出「折磨」、「爆怒」和「苦惱」等字眼。他再也不能容忍她好支配的性格，但對於是否該與她分手，又舉棋不定。她知道他不再愛她，然而她不想放他走。有時他想娶她但被她拒絕，理由是這樁婚事與她身分不符，也將不利於她孩子的前途。

這就是康斯坦在他小說中生動描述的「母性」噩夢。康斯坦虛構的另一個自我——阿道爾夫，迷上比他大十歲的波蘭女人艾莉諾。她離開與她生了兩個孩子的貴族監護人，和這個二十多歲沒有地位的男人在一起。一開始的感官之樂，很快就演變為阿道爾夫飄忽不定的承諾與艾莉諾執迷不悟的激情之間漫長的戰爭。康斯坦與斯戴爾夫人這段風風雨雨的愛情，迴盪在整部小說之中。

> 場面愈來愈激烈。我們爆發對彼此的控訴……有些事在好長一段時間裡我們沒說出來，可是一旦說出，這些事就一再被提起……要是我愛她就像她愛我那樣，她就會比較冷靜……我們被毫無理性的爆怒控制，放棄了謹慎和體諒。彷彿復仇女神三姊妹鼓勵我們與彼此作對。[1]

雖然兩人互相指責對方，阿道爾夫對艾莉諾的情感逐漸褪色，他還是跟著她回到波蘭，而她在波蘭出乎意料之外重新取得繼承權。艾莉諾的父親勸他和她分手：「你打算怎麼辦？她比你大十歲，你現在二十六歲，你還得再照顧她十年；到時她已經老了，而你將屆中年，什麼也沒開始，也沒有成就任何能滿足你的事。」然而這番警告徒勞無功。

在情婦的波蘭別墅裡，離群索居的敘事者愈來愈沮喪痛苦。無論戀情最初他對艾莉諾有多少愛意，此刻都只化為憐憫與責任感。然而她對他的熱情從未減少。兩人對彼此情感的差異，引發了無數爭吵。

在真實生活中，康斯坦最後和斯戴爾夫人分手，成為傑出的政治家和作家，然而小說中的阿道爾夫卻唯有在艾莉諾死後才得到自由。這是小說中最老套的橋段：結束女人的性命。不過事後回想起來他明白了，自由並沒有帶給他快樂。「這段感情對我而言是多麼沉重的負擔，我曾經如此渴望自由！……我的確自由了；我不再被愛了；在所有人眼裡我都是個陌生人。」

阿道爾夫在這世上將永遠是個四處漂流的陌生人，因為他的心中空洞無比。他無法逃離對擁有母親形象女性的依戀，即使在她死後也渴求心理學的解釋。有些男人為了想得到滿意的母親呵護，永遠不會長大，或很遲才長大。一個代理母親的角色，如盧梭的華倫夫人，或康斯坦的斯戴爾夫人，都能幫助他們修復早年失去母親的創傷，但卻要經過一番痛苦的掙扎。有代理母親的男性，在他情欲關係的人子性格中充滿典型的矛盾心理：年輕男人終將憎恨年紀較大女性的權威與保護，但同時又對其感到渴望。男人是否真能把另一個女人當成母親來愛？正是這個問題，使一本將母愛理想化的偉大小說就此誕生：斯湯達爾的《紅與黑》。

一九七六年，我以斯湯達爾式愛情為題發表了一篇文章。[2]它以嚴謹的佛洛伊德學說解釋斯湯達爾下意識的伊底帕斯情結掙扎是如何滲透他的小說《紅與黑》和《帕馬修道院》。當時我深受心理分析理論影響，這大部分是由於我和我先生——精神科醫生歐文·亞隆生活在一起的緣故。以下探討主要根據那篇文章，再以當今女性主義見解加以修訂。

在斯湯達爾的自傳《昂希·布拉德的一生》中，這位五十二歲的作者回憶他兒時對母親強烈的愛，和同一時間對他父親強烈的恨。

我想吻遍母親，吻在她沒穿衣服的身上。她非常愛我，常常親吻我；我也回吻她，我太過熱情，以至於我父親總會來強迫她離開。我非常厭惡父親打斷我們的親吻。我總想親吻她的胸部。請各位好心記得，我幼年時就失去了她，那時我才不到七歲。[3]

早在佛洛伊德進行臨床觀察之前，憑著對愛情心理學直覺的理解，斯湯達爾就已明白對母親這份原始的愛，成為自己往後愛情經驗的原型：「我在一七八九年六歲愛我母親時表現出的特徵，和一八二八年我愛上阿貝絲・德・呂邦普雷時一模一樣。我追求快樂的方式基本上沒有改變。」然而他並沒有完全意識到他情感中必要的三角關係本質，也就是其中總會有一位父親般的人物。

無論是《紅與黑》或《帕馬修道院》裡，處處可見這種三角關係的組合，包括主角（作者的另一個自我）、他愛的女人以及另一個男人——他不是那女人的丈夫就是她的父親。成年的斯湯達爾往往發現自己成為這個「第三者」。把這樣一個角色換成小說中的丈夫或父親，是多麼甜蜜的報復！

在《紅與黑》中，朱利安・索海爾的原生家庭結構類似斯湯達爾七歲之後的家庭狀況：母親去世，主角被父親鄙視，父子不理解彼此。僅僅十九歲的朱利安靠著年輕漂亮的男孩臉蛋，在韋里埃市市長家裡找到父親和母親的替身。市長海納爾先生是個很不討喜的人物，但他的優點就是有位迷人的妻子。佛洛伊德大概會說海納爾先生變成「受傷的第三者」，這個對手滿足男主角將女主角帶離男性家長的心理需求，就和原生家庭的場景相同。

且讓我倒退回去，向各位介紹這本小說的概要。朱利安・索海爾是一個冷酷粗野木匠的兒子，他先是接受一位曾經在拿破崙底下做事的退休外科醫生的庇護。隨著拿破崙垮台，波旁王朝復辟，朱利安必須隱藏他對拿破崙的同情，尤其是在他接受一名村裡的教士西朗的保護之後。在西朗的指導下，朱利安學習拉丁文的聽說讀寫，成為當地著名的奇才，能憑記憶以拉丁文背誦《新約聖經》。

如此令人大開眼界的博聞強記（雖然只局限於拉丁文能力）讓他得以在海納爾先生家中謀得教職。不久朱利安便引誘三十多歲的海納爾夫人。斯湯達爾毫無疑問受到《新愛洛伊絲》的影響，他自己在整本小說中以許多方式都承認這一點；但除此之外，《紅與黑》在文學領域中也開闢出一條全新的道路。朱利安是一個有原創性的人物典型，他清楚察覺自己的缺點，也憤世嫉俗地意識到他必須在這偽善的社會裡出人頭地。他也展現出真誠的熱情與大方：一開始蓄意的誘惑，後來轉變為兩情相悅的愛情。

在與海爾納夫人共度春宵的第一晚之後，朱利安的一番話的確使許多讀者深感困擾：「天啊！過著快樂而被愛的生活，這樣就夠了嗎？」[4]他最關心的是能否不負眾望。「我是否扮演好我的角色？」顯然他扮演得夠好了，因為從那晚開始，海納爾夫人傾全力愛他，彷彿母獅子捍衛幼獅那樣。她證明自己能以有勇又有謀、俏皮又熱情、青春又成熟的方式回應她那年輕情人的需求。

她唯一擔心的是兩人的年齡差距。「唉，我對他來說年紀太大；我比他大十歲。」朱利安從未主動想起他們的年齡差距。他無法釋懷的是像他這樣一個貧窮、憂鬱、地位低的傢伙，是否真能被一位高貴美麗的女人所愛。海納爾夫人深夜在臥房裡接待朱利安，在如夢似幻的這幾個月裡，他對她的愛和他的自信水漲船高。但和所有的天堂一樣，這個天堂也終將失去。

某個吃醋的女人寄了封匿名信給海納爾先生，朱利安於是被迫離開市長家，進入法國東部貝桑松的神學院，接受任職神父的訓練。他再度從嚴肅的院長畢哈神父身上找到父親的形象。無論與神學院學生在一起的日子多麼悲慘，朱利安還是設法藉由學習與誠實的表象讓自己脫穎而出。於是，在畢哈神父好心幫忙下，他出乎意料撈到一個幸運的職位，在巴黎替人脈廣又有影響力的莫勒侯爵當私人祕書。朱利安再次證明他與那些生來就有貴族頭銜和財富的人不相上下，他確實辦到了。畢竟，這是本小說。讀者還能在哪裡實現所有願望呢？

在巴黎，朱利安談起另一場戀愛，這次對象是他上司那驕傲又美麗的十九歲女兒瑪蒂兒．莫勒。雖然她的社會地位較高，一開始瞧不起他，之後看來她根本比不上朱利安的狡猾與膽大包天。最後她發現自己懷孕了，於是想嫁給他。唯有天才如斯湯達爾，才能設計出終究讓瑪蒂兒滿意的迂迴故事情節。怕破壞初次讀這本書的讀者的閱讀樂趣，我就不多說了。

我只需告訴各位，朱利安最後回到海納爾夫人身邊，他明白她是他唯一的真愛。為何他拒絕了與自己年紀相仿的瑪蒂兒．莫勒，重新投入比他大十歲的已婚婦女的懷抱？我們很難避免這份愛情中亂倫的成分，它是如此滿足男主角（和作者本人）的欲望。是她，這位既是母親又是情人的女性，最能完全符合他內心最深處的需求，因為她對他所付出的是出於天性、自發、徹底、帶有性欲以及出於母愛的愛情。朱利安終究回到海納爾夫人身邊，證明這位男主角沒有能力將他的愛從這位具有母親形象的人物身上，轉移到更適合他的戀愛對象身上。原始的母子關係依舊沒有被切斷，事實證明這樣的愛比男主角之後的任何一份戀情都來得強大。

但是朱利安沒能輕鬆逃過懲罰。與母親結合是亂倫禁忌，這表示其中會有一名丈夫——父親做為「受傷的第三者」，男主角還必須承受隨之而來的罪惡感，雖然是在潛意識之中。父親或許已被殺死，正如《伊底帕斯王》中的父親，但他卻無法被擺脫。他就存在於逮捕並審判殺人未遂的朱利安的司法系統概念中。步調逐漸加快，讀者也隨著扣人心弦的劇情來到賺人熱淚的故事結尾。

盧梭和康斯坦從未見過自己的母親。斯湯達爾在七歲時失去母親。巴爾札克的母親把他送去鄉下的奶媽那裡，四年間幾乎沒去看他。當他回到圖爾的家中時，他的父親和母親都不怎麼關心他。如果我們相信他之後的回憶，他是在一個阻礙他往後心理發展的冰冷可怕氛圍中長大。在他的小說《幽谷百合》中那缺乏愛的童年描述，徹底瀰漫著傷感的氣氛。要不是狄更斯的小說其實受到巴爾札克影響，而不是相反狀況，我會稱它是狄更斯式的小說。兩人都很擅長描寫自我本位的成人和可憐兮兮的孩子。

《幽谷百合》中的年輕男主角菲力克斯．德．凡德內斯痛苦地吶喊：「是否因為我外貌醜陋或德行不佳，導致母親態度冷淡？……我被送到鄉下的奶媽家，被家人遺忘了三年，當我回到父母家中時，家人不把我放在眼裡，人們都以憐憫的眼光看我。」[5]

對自己缺乏信心也不相信任何人的菲力克斯，在天主教住宿學校度過八年光陰，過著卑賤的生活。他父親一個月只給他三法郎零用錢，而其他男孩卻擁有玩具、甜點和看得出父母慷慨大方的其他事物，使他非常痛苦。即使他贏得學校兩種最重要的獎項，無論是母親或是父親都沒有來參加頒獎典禮。十五歲就讀巴黎查理曼中學時，他被送往當地某個保守的家庭中生活。他在那裡也因父母的冷淡與吝嗇，和之前過得一樣悲慘。和大多數青少年一樣，他開始感受到性的騷動，但卻找不到出口。度過二十歲生日的他，「深受壓抑的欲望所折磨……我還是蒼白而身材瘦小……身體是個孩子，思想卻很老成。」

讀到菲力克斯偶然遇到一個女人的場景時，我們必須記住他的成長背景是如此。回到圖爾，他母親依舊把他當成是個「反常的兒子」，但由於政治情勢使拿破崙失勢，導致波旁王朝復辟，菲力克斯被叫去代表他保王派的家庭出席一場由路易十八舉辦的舞會。突然間他有了體面的衣服可穿。突然間他發現自己置身於穿著耀眼服飾與配戴閃亮鑽石的優雅女人之中。「彷佛一根被捲入漩渦的稻草」，他覺得不太舒服，於是避開人群到長凳上休息，他「像個等著母親的孩子，倒在椅子上快要睡著」。就在這時候，有個女人在長凳上坐下來，背對著菲力克斯。她的香水氣味薰得他陶陶然，看見眼前這位女子的頸部與香肩，他做出一件無法想像的事。他突然間傾身向前去親吻她的背脊，「像個嬰孩把嘴巴湊在母親胸前那樣」。很保守的說，女人十分驚訝。她「以一位王后的儀態」站起來，留下這昏昏沉沉的年輕人去思索他的行為有多荒唐。

從此之後，菲力克斯開始尋找有著美麗肩膀的女人。既然這是巴爾札克的小說，他立刻就找到了，而且完全出於偶然。莫特索弗夫人和比她年長的丈夫與兩個幼子住在如詩如畫的圖罕鄉間。她的背部和臉龐同樣美麗絕倫，符合菲力克斯夢想中的天使，她在整本書裡也將一直維持著天使形象，雖然他需要的是一個有血有肉的女人。菲力克斯私下喊她安希耶的莫特索弗夫人熱中於母職以及宗教，就像其他人熱中於性、運動或商業活動。她稱菲力克斯是她的孩子，把自己稱作他的母親。他們一起談論愛，但卻是在虛無飄緲的層面上，彷彿是天使與彼此進行精神交流。大致上菲力克斯接受她給予他天使般的約定，只要親吻她的手就已滿足，即使他的身體渴望更完整的歡愉。他告訴自己：「除了愛安希耶，我沒有其他渴望。」

讀者要花些力氣才能理解菲力克斯為何退回到嬰兒狀態，在二十歲出頭時體驗到兒時被剝奪的愛。但同時他已經不是嬰兒，成人的需求拒絕被消音：「我以雙重的愛愛著她，這份愛，一枝接著一枝射出無數枝欲望之箭。」

最後，經過六年的柏拉圖式愛情，菲力克斯屈服於活力充沛的英國女人杜德立夫人誘人的詭計，她有丈夫和兩個兒子。但現在菲力克斯已經出人頭地，擔任國王路易十八的私人祕書。他已經成為一位熱情女性公開承認的情人，同時還與貞潔的愛人維繫著母子情誼，對於這樣的命運他應該感到滿意，但是他當然不滿。正如他向安希耶的解釋：「你的地位遠遠在她之上，她是個世俗的女人，是墮落民族的女兒，而你是天國的女兒，是受寵的天使。」他告訴她，杜德立夫人知道「我的心全部屬於你，她只擁有我的肉體……我給你我的靈魂，我的思想，給你我純潔的愛情，我的青春和我的老年；我給她的是短暫的欲望和歡愉。」

巴爾札克輕易將女性分為聖母和妓女這兩種原型，各自滿足他不同的天性。一位是法國人，而另一位是英國人，使他能用溢美之詞稱讚法國女人，貶低英國女人。在拿法國女人與英國女人相比的文字中，很少能看到如此不尋常的沙文主義描述。巴爾札克向來不以溫和著稱。

和許多之前與之後謀害女主角的法國作家一樣，巴爾札克最後殺了安希耶，但在這之前，巴爾札克在她最後痛苦死去時，安排了使讀者大吃一驚的情節。我把結局留給各位。來到本書最後幾頁，在一封某個叫娜達莉的女人寫給菲力克斯的信裡，我們看見巴爾札克得以批評他自己創造的人物。無論他多麼由衷認同年輕的菲力克斯，無論他將天使般的母親描寫得多麼理想化，巴爾札克依舊態度不變，批評男主角拒絕長大。菲力克斯向娜達莉尋求情感慰藉，娜達莉寫信給他，說他「只能在死掉的女人身上嘗到快樂」。她不打算踏入安希耶和杜德立夫人留下的危險空間。菲力克斯暫時孤伶伶地被留在沒有愛的荒地，依舊渴望有個能將他對母親的渴望和他對情婦——妻子肉體需求集於一身的女人。我說「暫時」是因為菲力克斯將會在另外九部小說裡重新出現，它們都收錄在巴爾札克命名為《人間喜劇》的宏偉作品集中。

是否可能有任何一位現代女性，有辦法認同這些為滿足男人亂倫渴望的心理需求創造出的母親形象？身為女性和母親，無論是對愚蠢地付出熱情的艾莉諾或對神聖的安希耶，我都無法同理。唯有海納爾夫人會讓人想起真實世界的女性，她猶豫不安，醉心於短暫的歡樂，在意自己年齡較長，害怕失去愛人，同時又擔心孩子和丈夫，這一切都像是有血有肉的女人。斯湯達爾比其他男性作者更能賦予小說中的女人可信的女性心理狀態。或許是因為他腦海中還殘留著慈愛母親的印象，而不只是對素未謀面母親擁有不切實際的幻想，並為此備受折磨。

任何一對年齡差距是二位數字的情人，最好讀讀《紅與黑》。幾年前我建議一個二十幾歲的年輕人讀這本書；母親一去世，這年輕人就從布魯塞爾到巴黎讀書。就讀索邦大學的他住在法國的阿姨和她先生位於拉丁區的家裡。在他阿姨請求之下，我和他見面，討論去美國攻讀文學的可能性。在萬神殿附近的小酒館裡，我們邊喝著葡萄酒邊聊天，他對我從提防轉變為信任。他讓我知道他和她阿姨關係親密。因為她已經年過五十，我想知道他作何感想。「她覺得有問題，但我不覺得。」那他對姨丈有什麼感覺？「這就是個問題了。」他的姨丈供他吃住令他有罪惡感，他不知道自己還能和他們住在一起多久。對話結束時，他答應我他會去讀《紅與黑》。

他阿姨安排他住在自己成年兒子的房間。她帶他參加各式各樣的社交場合，稱他是「我的養子」，傾全力幫助他的事業。最後他成為記者，回到布魯塞爾。他離開後不到一年，他的阿姨就罹患癌症，匆匆過世。當我去拜訪她哀戚的丈夫時，他告訴我他並不是沒發現妻子的戀情。「大衛在我們需要時到來。」他們自己的兒子才剛搬走，她強烈感受到他不在身邊。「至少她離開人世前能有那麼一點樂趣。」坐在我前往弔唁的熟悉公寓裡，每一件家具和小擺飾都訴說著那死去女子的存在，讓我有種奇妙的感覺。更奇妙的是聽著她的丈夫以平靜的、幾乎是懷舊的語氣，說著妻子和只有她一半年紀男人之間的戀情。我無法想像這種場景會出現在我的家鄉美國，或世界上除了法國以外的任何地方。

年輕男人愛上年長女人的主題，或反過來，是典型的法國現象。它不會出現在德國、英國、義大利、西班牙、斯堪地那維亞或美國文學中，雖然來自這些國家的男孩也同樣會受到伊底帕斯心理發展階段的影響——如果佛洛伊德說得沒錯的話。因此法國文化在一個人的心理發展中加入了什麼，才創造出這種社交——情欲模式？以下是我對這個問題的幾點思索。

1. 法國將一切事物情欲化，包括母子關係。大多數法國母親可以毫無困難愛撫孩子，無論是男孩女孩，即使孩子長大後，他們還是會說出「我親愛的」這種話。我看過十二歲和十四歲的法國男孩和母親相擁而眠，這對同年齡美國男孩來說很不可思議。我們有些人還記得《好奇心》這部電影，在裡面母親和她青春期兒子睡在一起，兩個人都沒發生什麼可怕的事。再說一次，只有在法國才會拍出這部電影！

2. 法國人非常重視情欲，以至於所有年齡的女人都會努力維持性魅力。這表示他們會保持身材，去做頭髮，穿著時髦，就算到了七、八十歲也一樣。法國女人可不會用舒適的肥肉或邋遢的一頭亂髮埋葬自己！沒錯，階級和地區會有影響：唯有純種馬長得像犁田的馬，巴黎上層資產階級才會看起來像奧弗涅的農民。

3. 中世紀法國宮廷交際圈鼓勵年輕男人愛上成熟女性，在舊政權時期也讓年紀較長的貴族女性享有同樣的特殊待遇。例如在茱麗・德・萊斯皮納斯離開後，有很長一段時間杜德芳夫人還是主持她那享有盛名的沙龍；六十八歲時，雙目失明的她深深愛上五十五歲的英國收藏家霍雷斯・華波，於是後者必須擔任年紀較輕的追求者角色。約在同時期，富有的資產階級女性如喬芙航夫人，也開始設立沙龍，作為年輕男子「入世」的途徑。無論是作家、哲學家、科學家或只想躋身上流社會的這些男人都要靠年長女人提供一個讓他們露臉的地方，替他們遊說以爭取認可，進入學術界，被同儕接受。

4. 法國男孩和女孩在兒時和青春期閱讀的中世紀羅曼史和傷感小說，是他們成年後的行為典範。每一代以這些典範為行為基準的男女又加入新的篇章，在原有脈絡中啟發新的故事。

今天，像是出現在巴爾札克同名小說（《三十歲的女人》）的三十歲女人，已經變成五十歲或年紀更大的女人。在美國和法國，無論是單身、已婚、守寡或離婚的女人，比以往更常尋找較年輕的伴侶。[6]現代人愈來愈長壽，愈來愈注重飲食，醫療更進步，加上流行整型手術，女人有經濟能力，因此她有可能年紀很大時還保有性魅力。也就是說，如果她想這麼做的話，而確實許多法國女人想要的就是這些。

當然，年紀較大的男人找個年輕情婦或妻子還是比較常見，特別是他有錢又有名望。多少報紙上的知名演員、政治家和企業家的照片裡，身旁的第一任、第二任或第三任妻子看起來就像他們的女兒？然而在法國小說和戲劇卻相對較少敘述年長男人對年輕女子的熱情。

另一方面，到了一八六九年福樓拜出版《情感教育》時，年輕男人與年長女人相愛的主題幾乎已經稀鬆平常。那時連一些女性作家都開始觸及這個主題，其中最有名的就是喬治・桑，她的生活與著作，都有著深刻的女性觀點。不過正如我們將在下一章看見的，年長女人－年輕男人的主題，只不過是喬治・桑舉世無雙的浪漫生涯中的一個面向。

第八章　浪漫主義的愛情

喬治．桑和阿弗雷德．德．繆塞

死亡天使，生死攸關的愛，噢我的命運，
在一個面容白皙五官細緻的孩子臉上。
我依然如此深愛著你，你這殺手！

——喬治．桑，《私密日記》，一八三四年

浪漫情侶

年紀很輕的時候，我愛上英國浪漫主義作家。走路上學或漫步在華盛頓特區的岩溪公園裡，華茲華斯、雪萊和濟慈的詩句縈繞在我腦海中。當我自問什麼是「大自然的神聖安排」並悲嘆「人又是如何互相看待？」時*，華茲華斯在英格蘭湖區健行的畫面伴隨著我。浪漫主義者詩人、預言家和哲學家全都來自英格蘭。

念大學後遇上法國浪漫主義作家，我過了一陣子才理解這兩群人怎麼會被冠上同樣名稱。沒錯，他們都是描寫夢幻田園牧歌的詩人。沒錯，他們都是和社會唱反調、被誤解的人。但是一群放蕩不羈的巴黎人和退隱英國鄉間或到義大利和希臘朝聖、如神祇般的英國人之間，到底有何共同點？

當然了，法國詩人拉馬丁也以浪漫感性思索大自然。他的詩句喚起苦惱的靈魂所渴望的宏偉山巒與柔美小溪，正如〈山谷〉這首詩所描寫的：

……鍾愛的大自然在此；
她邀你投入那永遠為你敞開的懷抱。[1]

然而拉馬丁出版於一八二〇年空前轟動的《沉思集》，卻主要源自於對法國人而言比對大自然之愛更感親切的元素：他的詩的靈感來自一個淒美的愛情故事。希望在大自然的懷抱中獲得慰藉的孤獨旅居者背後，是個失去情婦的男人。拉馬丁的至愛茱麗．查爾斯於一八一七年十二月早逝。在他的詩中，茱麗化為愛勒薇，被賦予永恆的生命。沒有一個法國人不知道這句詩：「少了一人，這世界就變得荒蕪。」拉馬丁不幸的損失，他那憂愁的語調和神祕的渴望

＊這兩句詩來自華茲華斯的〈早春〉（Early Spring）。

——這一切都迴盪在盧梭精神上的後代心中。

現在已非常有名的詩——〈湖〉，出自拉馬丁的個人經驗，它描述的愛情藝術適用於每個人。回到曾與愛人度過狂喜時刻的湖邊，拉馬丁回想起愛勒薇動人的話語：「噢，時光啊，匆匆匆逃走吧！」對此詩人投身於愛情永不止息的洪流，反抗絕望。

讓我們愛吧！讓我們愛吧，在這流逝的光陰裡，
快點享受吧！
人沒有港口，時光也沒有停靠的岸邊。

我們狂熱的存在又留下了什麼？唯有記憶。作為充滿回憶的地點，這座湖有能力喚起唯一重要的一句話：「他們曾經愛過！」這將成為生於一八〇〇年左右一整個世代作家的信條——阿弗雷德．德．維尼、歐諾黑．德．巴爾札克、亞歷山大．仲馬、維克多．雨果、夏爾．奧古斯丁．聖波夫、波斯佩．梅里美、喬治．桑、傑哈．德．內瓦爾、阿弗雷德．德．繆塞和泰奧菲爾．高提耶。

到了一八三〇年，這些法國浪漫主義者幾乎都聚集在巴黎。來自國外的作家如德國詩人亨

利希·海涅和波蘭詩人亞當·密茨凱維奇也加入他們，此外還有知名音樂家如蕭邦、李斯特、梅耶貝爾和形形色色的畫家。正如路易十四統治時代與啟蒙時期，巴黎再次成為歐洲的文學與藝術首都。

一八三〇年有兩個主要的文化事件：為紀念迫使查理十世退位並迎接人民之王路易－菲利普自由統治的七月革命，德拉克洛瓦完成他那幅《自由領導人民》的畫作；此外還有維克多·雨果的革命劇作《艾那尼》。一八三〇年二月二十五日於法蘭西戲劇院首演的《艾那尼》，正式揭開法國浪漫主義運動序幕。不過今天人們會記得這齣戲，大多是因為它所導致的示威行動，使激情的年輕人對抗頑固的保守份子。惡棍艾那尼與另外兩名身世顯赫的男人爭奪對多娜·索爾的愛情，這故事將法國人眼中的西班牙式熱情帶到舞台上——也就是將它包裝在極端誇大的聳動戲劇之中。西班牙浪漫主義的礦脈，已經由繆塞在《西班牙與義大利故事集》（一八二九）中挖掘出來，之後梅里美又於作品《卡門》（一八四八）中重寫，成為比才世界知名歌劇的情節。在這些作品中，西班牙成為命定愛情的代表國家。

法國人把自己波濤洶湧的情緒投射在西班牙君王、強盜和吉普賽人身上。結合了受苦、嫉妒、不忠、榮譽和死亡的愛情照亮他們的人生，也讓他們創作傑出的文學作品。如果前幾個世代作家已經根據宮廷之愛、殷勤之愛或感傷之愛的規範照章辦理，那麼浪漫主義者則是把上述愛情更擴大：愛情或死亡、愛情與死亡、死亡中的愛情；愛情、愛情，愛情是生命最高價值。人值得為愛而生，值得為愛而死。在小說和戲劇中，男女死於破碎的心，同時作家恢復精神，繼續創造新的浪漫小說。

沒有人比喬治・桑更能體現法國浪漫主義精神。從一開始，甚至從出生前，喬治・桑的故事就是法國人所稱的 romanesque，意思是「和小說一樣」。喬治・桑生於一八〇四年七月一日，這不過是她的父親莫里斯・杜邦（拿破崙軍中一名意氣風發的軍官），以及她那有著陰暗過去的母親蘇菲－維克多・德拉波爾德合法結婚一個月後的事。出生後第二天，她受洗為阿曼蒂娜－歐荷爾－露西・杜邦。喬治・桑的父母結婚前四年，一直瞞著莫里斯・杜邦的母親杜邦・德・弗朗古伊夫人，因為她絕不會接受兒子娶一個賣鳥小販不名譽的女兒為妻。但是在莫里斯・杜邦意外死亡之後，弗朗古伊夫人不得不照顧媳婦和四歲大的孫女歐荷爾。在祖母位於諾昂（現在成為喬治・桑迷們朝聖的地方）鄉村宅邸中長大的歐荷爾有兩種不同的忠誠感受，她對母親懷抱著極大的愛，同時也深深敬愛著外祖母。雖然她的藝術基因來自父母，或許在祖母監護下受的教育，對於她擁有在文學場域與男性一較長短的能力也功不可沒。

孩提時代的歐荷爾和農村的男孩與女孩嬉笑玩鬧。她說他們的方言，加入農村活動，如擠牛奶和羊奶、製作乳酪、跳鄉村舞蹈、吃野生的蘋果與梨子等等。到了十三歲，她想去哪兒就去哪兒，想讀什麼就讀什麼。在十二歲和十三歲的這一年間，歐荷爾長高了七公分，身高已經是一五七公分。就在這時，她開始出現進入青少年期的徵兆，她的易怒、脾氣暴躁和對家庭教師不敬，令她祖母失望。於是祖母決定把她送去巴黎的修道院，好讓她改頭換面，從一個沒禮貌的鄉下丫頭變成嫁得出去的年輕淑女。

喬治・桑的自傳《我的人生故事》描繪出一個活潑好動、充滿好奇心的十三歲女孩無法適應修道院生活方式的圖像。[2]但是她逐漸安定下來，交到親密的好朋友。喬治・桑清楚記得十五歲時曾經多麼溫柔地喜歡過許多女孩子。她也描寫修女們就像母親一樣，其中包括「修道院的珍珠」，阿莉希雅夫人，她對她極為崇拜；還有打雜的俗人姊妹海倫。這些緊密的情誼，尤其在沒有男孩的修道院裡更顯親近，可以被視為將來成年後的喬治・桑與友人間強烈情感的原型。

關於歐荷爾的學校生活，一定要提的是她的皈依體驗。在修道院的第二年，她在禮拜堂裡感受到主：「我感到信仰牢牢抓住我。」這次經驗開啟了她在修道院第三年和第四年「平靜的虔誠狀態」。在往後的人生中，雖然是個不遵循傳統的小說家、外遇、穿男裝抽菸的女人和政治激進份子，她始終篤信上帝。

十六歲時，歐荷爾回到祖母的莊園，繼續過著和之前一樣自由自在的生活——讀書、彈大鍵琴、騎馬、和當地人交朋友、和以前的家庭教師上課打發時間，直到一八二一年十二月她的祖母中風死去為止。於是歐荷爾帶著複雜的心情去和巴黎的母親同住。她和母親的關係一直特別敏感：小時候的她崇拜母親；青少年的她承認母親個性上的缺點。喜怒無常，沒有受過教育，行為捉摸不定，不守規則，年輕的杜邦夫人在各方面都和歐荷爾尊貴的祖母相反。

蘇菲．德拉波爾德嫁給莫里斯．杜邦時，她三十一歲，他二十六歲。婚前的蘇菲屬於「半上流社會女子」，也就是由情夫贊助、名聲不佳的女人。她和前一個情人生下歐荷爾的同母異父姊姊卡洛琳。此外歐荷爾也要面對她父親的非婚生兒子，也就是她的同父異母哥哥伊波利特．夏第宏。雖然她祖母有著傲慢的階級觀念，她自己卻也是元帥薩克森伯爵莫里斯和他的情婦歐荷爾．德．柯尼西斯馬克的私生女。只差一個月就成為私生女的歐荷爾．杜邦，身邊全都是非婚生子女。諷刺的是，也或許是門當戶對，她未來的丈夫也是男爵的私生子，不過這位男爵和他相認，讓他繼承男爵爵位。

在祖母過世九個月後，歐荷爾．杜邦嫁給卡西米爾．杜德芳，他是一位身材瘦長外貌優雅的軍人，散發如夥伴般的友好氣息。當時他二十七歲，她十八歲。對歐荷爾而言，結婚第一年在彼此情投意合中度過，她晉升為男爵夫人，幸運生下一個名叫莫里斯的兒子。雖然她對卡西米爾的愛情似乎十分短暫，她對兒子深厚的母愛將持續終生。

喬治．桑的母愛不僅顯現在兒子和後來生的女兒身上，之後也發揮在她的幾個年輕情人身上。在這幾段戀情中，她習慣性稱情夫為孩子，稱自己為媽媽，在事業上和私人生活中引導他們。她的標準很高，對某些男人而言太高了，於是她會拋棄他們，或者他們會主動和她分手。但大多數人同意，至少在事後回想起來，她在他們同時需要情人和母親時，扮演這兩種角色。

關於喬治．桑的一連串戀情已經有許多文字紀錄，其中有大量來自於她自己的信件、日記、自傳、遊記，以及半自傳小說。已有數不清的喬治．桑傳記試圖捕捉一個為愛獻身的女人的炙熱情感。她同時也是孜孜不倦的作家、拚命賺錢的人、關心子女的母親、為朋友兩肋插刀的友人以及莊園管理人。我將嘗試從她的人生故事中擷取基本上與浪漫主義者有關的成分。

一八三二年，歐荷爾在發表小說《安蒂亞娜》時取了喬治．桑這個筆名。喬治．桑生來體力充沛，精神飽滿，直到七十多歲依舊如此。無論是在夜晚騎馬會見情人米歇勒．德．布爾哲，與繆塞或蕭邦離開法國旅行至維也納或馬約卡島，發行政治雜誌或舉薦友人，喬治．桑無不充滿冒險精神，全心投入。一直以來，她為了養活自己、孩子、其中幾個情人和許多接受她資助的人，從傍晚一直工作到清晨五點。和雨果與巴爾札克一樣，喬治．桑是個不知疲倦的寫作機器。

喬治．桑有無窮的浪漫想像力，我的意思是她將愛情想像成無比崇高的經驗，絕無妥協的可能，無論是她的私人生活或筆下虛構女主角的人生。她相信愛情是昇華而非墮落的力量，縱使為戀情所苦，也始終堅持理想化的愛情。她把自己和盧梭歸為同一類，因此支持情感勝過理性的信念，以此作為生命的精神指南。

她的丈夫卡西米爾並不擁有與她相同的理想主義。他不是個壞人，只是個凡夫俗子，有的是務實的喜好如打獵、飲酒，以及和女僕上床。婚姻初期，喬治・桑已經很清楚他與她合不來。但誰能呢？

喬治・桑與地方法官奧海利昂・德・塞茲柏拉圖式的愛情從一八二五到一八二七年持續了三年。這段純真的關係主要發生在兩人魚雁往返，以及兩人在塞茲家鄉波爾多寥寥可數的會面中所傳達的高尚情感之中。可以肯定的是，她和住在祖母莊園附近的夏特鎮鄰居史戴方・阿嘉桑・德・康薩涅之間更屬於肉體上的關係，因為喬治・桑在一八二八年生下女兒索蘭吉。無論父親是誰，兒時的索蘭吉深受母親寵愛，不過她一直沒有取代哥哥莫里斯在母親心中的地位。

在這些年裡，這個未來的作家正嘗試找出自己的寫作風格，她的文字首先出現在給塞茲以及他們共同的女性友人的信件中；然後是四部半自傳體的作品，直到她死後才出版。到了一八三〇年，這部寫作機器已經馬不停蹄的運轉，並準備搬到巴黎。她試圖說服卡西米爾・杜德芳，讓他相信妻子可以到文學首都碰碰運氣並非易事，但隨著一八三〇年革命煽動了自由風氣，連外省也無法倖免，正要展翅的喬治．桑不容被拒絕。卡西米爾准許喬治．桑每兩年可以離開三個月，並且提供三千法郎供她開銷。於是她在一八三一年一月前往巴黎，展開即將大獲成功的文學事業，在浪漫主義小說家中她受歡迎的程度僅次於雨果。

喬治．桑的第一部小說《霍絲與布蘭琪》是她與一位名叫朱勒．桑多的年輕人合作的成果，後者的名字單獨出現在書衣上，因為當時她這樣出身高貴的女性不適合用自己的名字出書。朱勒．桑多不只成為她的合作對象，也是她的情人——至於是第三個或第四個，就看我們是否把塞茲也算在內，不過誰會去算呢？十九歲的桑多輕叩喬治．桑充滿母性的溫柔心房，往後她將一而再、再而三向年輕情人表達這樣的母性。喬治．桑嘗試說服自己桑多值得她的愛，她寫信給一名友人：「難道他不值得我付出熱情去愛嗎？難道他不是以整個靈魂來愛我，難道我不該為他犧牲一切，包括財富、名譽和孩子？」[3]這就是像喬治．桑這樣的浪漫主義者賦予愛情的重要性，她準備為愛情放棄一切，但是事後證明這是一場相當短命的戀情。結果桑多只是個小角色，根本配不上喬治．桑的精力和才華。於是她獨自寫下第二部小說《安蒂亞娜》，以 G. Sand 這個名字出版，這筆名成為出現在她之後作品中的「喬治．桑」。到了一八三二年，喬治．桑已經是巴黎文學地平線上愈來愈耀眼的一顆明星。

她的小說《安蒂亞娜》是一個女人如何拚命將自己從被壓迫的婚姻中解放出來，當然，還有如何尋找真愛的故事。女主角安蒂亞娜嫁給依舊忠於拿破崙時代的中年男子，戴勒瑪上校。另外還有兩個男人想獲得她的青睞：一個是典型的貴族誘惑者赫蒙．德．拉米埃，雖然安蒂亞娜百般抗拒，他還是讓她迷上了自己。另一個是安蒂亞娜的表哥哈夫，他是個安靜的心靈伴侶，唯有在小說最後才顯露他真正的天性。這時期喬治．桑的寫作特色主要是以女人和男人的戀情將女人概念化。的確，喬治．桑向來相信，女人之所以和男人有所區別，就是女性無窮盡付出愛情的能力。

和喬治．桑同時代備受推崇的文人英國詩人拜倫，明白十九世紀女性對浪漫愛情的想像力，他寫道：「男人的愛情與生活是兩回事；然而對女人而言它卻是一個整體。」今天，女人的生活有其他出口，但在十九世紀的法國上層階級女性有可能全心全意專注在愛情上，就算不是浪漫戀情，也是婚姻生活或為人母的生活。如果我們相信小說中所寫的，有些法國男人也全心投入愛情，作為構築人生的「整體」。

顯然《安蒂亞娜》中的赫蒙．德．拉米埃，除了追求安蒂亞娜和她的女僕娜恩之外，沒有別的事可做。這裡我們看見喬治．桑在心理學的天分，因為安蒂亞娜和娜恩其實是歐洲文化中基本二元論的雙重代表人物——也就是代表被偶像化的神聖女人，和與這神聖存在對應的肉身。試讀以下段落：

娜恩是戴勒瑪夫人沒有血緣關係的姊妹，這兩個一起被撫養長大的年輕女子非常要好。娜恩高大健壯，活潑大方，有著克里奧爾人*的熱情奔放，她驚人的美貌遠勝於蒼白纖細的戴勒瑪夫人那柔弱的嫵媚；但是她們倆溫柔的心和對彼此的情誼消弭所有女性間可能的競爭行為。[4]

「沒有血緣關係的姊妹」（foster sister）這個詞無法完全傳達法文的 *soeur de lait*（字面意思是「牛奶姊妹」）這個詞，它指的是娜恩與安蒂亞娜喝同一個女人的奶，這女人或許就是娜恩的母親。縱使社會地位不同，以同一對乳房餵養的女孩卻是象徵性的姊妹。她們各自擁有與其身分地位相稱的外貌特徵：娜恩高大強壯，身體健康而且充滿熱情，而安蒂亞娜卻蒼白嬌弱，想當然耳不像她那克里奧爾姊妹那樣奔放。她們是各自階級的典型；兩人在一起時組成一個完整個體。安蒂亞娜對娜恩的姊妹情誼，遠超過女主人與女僕間的傳統關係。它暗示這兩人分別是「受尊敬的」女人，和之後精神科醫師卡爾・榮格所稱這女人的「陰影面」。

---

*克里奧爾人（créole）一字，大致而言是指十六至十八世紀歐洲海權擴張時代，在美洲新大陸與非洲殖民地出生的歐洲人後裔，這些人在當地的地位低於出生於歐洲大陸的人。

娜恩一直與赫蒙維持不公開的戀情。她是無拘無束、自由自在的女人，喜歡做愛。她享受肉體的歡愉。赫蒙「以感官」愛她，但他卻是「全心全意」愛著安蒂亞娜。白天他對安蒂亞娜宣告自己貞潔不滅的愛情：「你是我夢中的女人，是我崇拜的純潔對象。」但到了夜晚他尋求娜恩，以換取摒除所有理性的「感官愛撫」。

當安蒂亞娜不在時，赫蒙與娜恩單獨在安蒂亞娜的房間裡，他對兩個女人懺悔：

漸漸地，對安蒂亞娜模糊的記憶開始浮現在赫蒙醉醺醺的意識裡。兩面鏡子相互映照出無限個娜恩影像，彷彿充斥數不清的幽靈，就在凝視那雙重影像的深處時，在那最終模糊難辨的娜恩影像中，他覺得好像看見戴勒瑪夫人纖細苗條的形體。

赫蒙腦中把兩個女人搞混，並不是意外。她們是兩個互補的角色，是完整人格的另一半。儘管安蒂亞娜和娜恩情同姊妹，她們在小說裡其實暗中進行心理戰。兩人對彼此與赫蒙的關係毫不知情，增加了劇情張力，也暗示隱藏在小說背後的作者心靈中同時有兩股敵對力量彼此拉扯的事實。無論是在《安蒂亞娜》或是在喬治．桑的第四本小說《蕾麗雅》中，兩個人物的雙重性格都表現出作者雙重的自我。在現實生活中，喬治．桑也努力想調和她的崇高理念與情欲嗜好。

一八三三年六月，在二十九歲生日前夕，喬治．桑在一場文學晚宴中遇見了還不滿二十三歲的繆塞。兩人都得到夢寐以求的一席之地，與其他浪漫主義者並肩而坐。繆塞一頭金髮、身軀柔軟，衣著入時，他的詩和小說早已享有盛名。他也是社交圈貴婦、交際花與妓女們的寵兒，還喜歡喝酒與服用鴉片，生活放蕩。相較之下，喬治．桑是個認真工作、冷靜自持如聖人般的黑髮女子。七月二十六日，繆塞寫信給喬治．桑：「我愛上你了。」七月二十七日她回答：「我像愛一個孩子那樣愛你。」七月二十八日晚上，聖人和孩子就同床了。

接下來的那個月，這對戀人前往楓丹白露，他們在那兒可以離群索居，避開好奇的眼光。喬治．桑的小說《蕾麗雅》在巴黎造成不小的轟動，得到正反兩面的報刊評論。[5]這個 G. Sand 是何許人也，膽敢說出女主角難以啟齒的性冷感？年長作家赫內．德．夏多布里昂已經預測喬治．桑將成為法國的拜倫；在浪漫主義這名詞尚未出現時，夏多布里昂自己的小說就已經傳達浪漫主義精神，因此這樣的形容詞對喬治．桑可說是高度推崇。

和安蒂亞娜一樣，蕾麗雅也是位美麗優秀的女性，但是她卻失去喬治．桑早期女主角的純真個性。她將某個交往中的男人奉為偶像，卻發現他人性的缺點，於是蕾麗雅感到痛苦的幻滅。由於失去愛人的能力，絕望的她成為禁欲者。

蕾麗雅有位失散多年的妹妹叫普榭麗（即英文的 pulchritude，意思是美貌）。在她們失散期間，普榭麗成為交際花。蕾麗雅與普榭麗的不期而遇，可以被解讀為兩個不同自我之間象徵性的對話。

除去像極了天使般純真持久的戀情以外，蕾麗雅不願意接受任何兩性間的愛情觀，但普榭麗只想要肉體上的滿足。然而無論是浪漫主義或是享樂主義，都不是完全令人滿意的典範。雖然公開鄙視普榭麗的情況，蕾麗雅卻也渴望妹妹性歡愉的體驗。

兩姊妹的任何一方對作者而言都不是完整的個體，從詩人史戴尼歐遭到誘騙，進而與他誤認為蕾麗雅的普麗榭做愛的奇特事件中，就能明顯看出這一點。對普麗榭與蕾麗雅的描述將忠實的史戴尼歐引入一個地下洞穴，這是描寫「雙重人格」（法文 *dédoublement*，意思是一分為二）的傑作，為的是混淆史戴尼歐以及讀者他所擁抱的女人的真實身分。正如《安蒂亞娜》裡的赫蒙搞混娜恩和她的女主人，當史戴尼歐把普麗榭抱在懷中，將她誤認為別人時，他也發誓自己前所未有地愛著蕾麗雅。

發現被騙之後，史戴尼歐雖然拒絕接受普麗榭，這次經驗的言外之意卻十分清楚：如果沒有身體上的結合，對蕾麗雅的崇拜絕對不會完美。蕾麗雅與普麗榭，理性與身體，靈性與肉欲，兩者必須合併才能創造一個完整的人。分開的兩人是不完整的，不僅他們自己不滿意，未來的伴侶也不會滿意。

我們可以這麼說，《蕾麗雅》是浪漫主義的縮影。故事場景設在一所奇異的修女院，裡面有洞穴、大理石噴泉、稀有的鳥類和炫麗的花朵，蕾麗雅的性與心靈冒險讀來宛如幻想的神話故事。充滿異國風情的背景與人物亢奮的情緒完全一致，這正是喬治．桑和繆塞所希望的熱情。在真實世界裡。還有哪個地方比威尼斯更像一首田園詩？

喬治．桑說服卡西米爾，義大利的環境對她的風溼病有益。她也向繆塞的母親保證自己將如母親般盡心盡力照顧她的兒子。那麼喬治．桑自己的孩子呢？她把和她一起住在巴黎的索蘭吉送回諾昂，而莫里斯還是住在寄宿學校。喬治．桑的新「孩子」重要性高於其他所有人。

傳記、小說、戲劇和電影裡已經多次講述這對情侶逃到威尼斯的故事；繆塞和喬治．桑就像阿伯拉與哀綠綺思，成為法國愛情史上的超級巨星。把其他人已經詳盡敘述的事再總結一次實在很令人氣餒，因此且讓我僅忠於事實，盡可能引述他倆自己的話語。

在自傳中，喬治．桑回憶起她的夢中城市威尼斯是如何大大超越她的期待。一八三四年一月一日，她和繆塞住進達尼耶里旅館（至今它還是深受情侶喜愛）。然而在他們漫長的旅程中，待在義大利的日子裡她都在生病，沒多久她就發起高燒。勉強能下床之後，繆塞卻染上使他「離死神只有一步之遙」的傷寒。憂心的喬治．桑照顧了他十七天，「每天休息時間不超過一小時」。

喬治·桑生病時，繆塞可不是這樣照顧她。從喬治·桑自傳以外的資料看來，包括繆塞自己的說法，我們知道他趁她生病時藉機探索威尼斯，特別是當地的花街柳巷。喬治·桑與繆塞這段傳奇戀情已經出現裂痕。喬治·桑在二月四日寫給她的編輯布洛茲的信中說，生病的繆塞「易怒並且精神錯亂」。她已經見過他精神不穩定時的樣子，尤其當他們在楓丹白露時，他夜裡會有鬼魅般的幻覺，因此現在她很害怕。即使是最盡心盡力的護士，也無法應付繆塞身體與精神上的惡化。

這時候，二十七歲的威尼斯醫生皮耶羅·帕傑洛登場了，他前來協助喬治·桑照顧繆塞，還取代繆塞成為她的情夫。繆塞開始懷疑他們的關係，並且在神智不清的狀況下反擊。他叫她婊子，陷入瘋狂的嫉妒，他摧毀所有喬治·桑對他殘留的少許感情，至少暫時是如此。然而當繆塞逐漸恢復時，他和喬治·桑從達尼耶里旅館搬到較便宜的公寓裡，好讓她方便寫作。畢竟他們還要還債，而她的作品成為他們的主要收入來源。在威尼斯度過三個月之後，繆塞恢復健康，獨自回到巴黎。

喬治·桑繼續和帕傑洛在一起，直到夏天來臨。在冬天發生的情感風暴之後，生活變得較平和，她得以完成有助於改善財務狀況的《旅人書簡》第一部分。後悔的繆塞於四月四日寫道：「我還愛著你……我知道你和你愛的男人在一起，但我已經冷靜下來了。」喬治．桑心軟，卻不想放棄帕傑洛。她於六月二日寫信給繆塞：「噢，我為何不能同時和你們在一起，讓你快樂但不屬於你或另一人？」三人行的幻想一直在喬治．桑腦海裡。

或許當喬治．桑在八月帶著帕傑洛回到巴黎時，這就是她的打算。她很高興能把莫里斯從學校帶回諾昂，索蘭吉和卡西米爾也迫不急待等著她回去。身邊圍繞著親友的喬治．桑竟然還邀請帕傑洛來拜訪，但他很理智地婉拒她。之後，察覺到她興致漸減，他便和她道別回到巴黎，接著回義大利。

喬治．桑在十月回到巴黎，繆塞按耐住脾氣問候她，並渴望與她恢復之前的關係。他們分開期間繆塞寫了熱情洋溢的信件給她，現在他向她發誓他唯一職志就是去愛她，「就像羅密歐與茱麗葉，阿伯拉與哀綠綺思。」他們兩人的名字將會連在一起，名留青史：「人們絕對不會提到我們其中一人時不提另外一人。」繆塞希望人們記得他和喬治．桑是一對，這證明他的器量，也證明他再次對她忠誠。

十四天內，他的嫉妒心又發作了，這次是因為他們倆一個共同的朋友不小心向繆塞揭發喬治．桑向他說謊的事。她設法讓他相信，在繆塞離開威尼斯之前她和帕傑洛沒有發生關係。但事實並非如此。其實在繆塞在病榻上時，喬治．桑一直都和帕傑洛上床。繆塞無法控制怒火，嚴厲地指責喬治・桑。

在《私密日記》裡寫於一八三四年十一月的部分，喬治・桑揭露她那極度苦惱的靈魂，雖然我們很難知道是為了誰。是為了她自己，作為一種治療形式？是為了繆塞，好讓他回心轉意？為了上帝？為了後代？現存於今的這四十頁日記，前所未有地拉近我們與這明智但飽受愛情折磨的女人執迷的思緒，使我們憶起茱麗・德・萊斯皮納斯那些狂熱的情書，但少了盤旋不去的死亡悲劇。

喬治・桑對繆塞呼喊：「你即將在我生命中最美麗的那一刻、在我的愛情中最真實、最熱情、最殘酷的時期離開我。是否沒有什麼能馴服一個女人的自尊心，拜倒在你的腳邊懇求你的原諒？」6

她向上帝懺悔：「啊！那晚我夢到他在我身旁，心蕩神馳地親吻著我。那是多麼突然的清醒啊，親愛的上帝……他已經不站在那黑暗的房間裡，他已經不睡在那張床上。」

她對自己說：「我三十歲，依舊貌美；至少在十四天內還是，如果我不再哭泣的話。」

她懇求上帝：「請把我在威尼斯充沛的精力，以及在最可怕的絕望中宛如一股怒氣向我襲來的生命原始之愛還給我……我想恢復青春，我想要活著。」她以不折不扣的浪漫主義者口吻，將愛情與生活劃上等號。唯有去愛，她才能重獲生命力。

她懇求上帝的悲憫。「請發發慈悲，准許我遺忘，讓這顆被悲傷吞噬的心安息……啊！把愛人還給我，那麼虔誠的我將在教堂鋪設的石子地面上磨平膝蓋。」

接著她請求繆塞原諒，並維持兩人間的友誼：「我的愛，我該請求你和我握手……我知道一個人不愛就是不愛了。但為了懷抱心中的愛，我必須擁有你的友情，並且不讓它殺死我。」

她再次向上帝祈求：「不，我主，請不要讓我發狂，毀了我自己……為愛所苦應該是高貴而非低賤之事。」即使在最絕望的谷底，她也牢牢抓住理想主義的碎片。

年輕情夫的身影依舊縈繞在她心頭。「噢，我的藍眼睛，你再也不會望著我了！美麗的頭顱，我再也見不到你了！……我的小小的、豐腴溫暖的身體，你再也不會傾身向我了……再會吧，我金色的頭髮，再會吧，我白色的肩膀，再會吧，我所愛的一切，曾經屬於我的一切。」

喬治．桑無法得到安慰。十一月二十四日她到繆塞家裡，卻沒找到他。第二天繆塞寫信給他們共同的友人聖波，說他不可能與他的前任情人維持任何關係。

喬治．桑接受這打擊。「顯而易見的，你再也不愛我了。」

她承認：「在威尼斯我的行為比你糟糕……現在的我在你眼中罪大惡極。但我在過去也是有罪的。現況依舊美好。我愛你，為了被你所愛，我願意承受各種痛苦，而你卻將離開我。」

她最後一次祈求繆塞：「愛這可憐的女人。……你在怕什麼？那可憐的人兒，她不會需索無度。愛得少的人，受的苦也少。要不就現在去愛，否則就永遠別去愛。」

喬治・桑願意當那個愛得多也因此受更多苦的一方，但繆塞不為所動。時機已過，兩人無法和好。喬治・桑和作家聖波、音樂家比才和畫家德拉克洛瓦等人訴說她的悲傷，希望他們一起採取行動，把繆塞帶來。但這一切都是徒然。十二月她回到諾昂，在家人面前戴上快樂的面具，但這個苦惱萬分的愛情故事還沒結束。

一八三五年一月，在巴黎的繆塞和喬治・桑再度成為情人，他們再度開始折磨對方。這一次是喬治・桑受不了了。兩個月後她寫信給他：「我愛你就像愛我兒子，我付出一個母親的愛，我仍舊為此流血……我原諒你的一切，但我們必須分手。」

繆塞在半自傳小說《一個世紀兒的懺悔》裡，寫下他眼中的這段戀情。[7]他回到巴黎之後，在一八三五年四月一封寄到威尼斯的信中，這想法已經在他腦海。「我有個很好的主意要寫下我們的故事：看來它將能治療我，對我的心靈有益。我想搭起一座走向你的聖壇……但我應該等待你的准許。」

喬治・桑同意：「親愛的天使，你想做什麼就做什麼，小說、十四行詩、詩，你愛怎麼說我都行；我盲目地把自己給了你。」兩人沒有一刻曾忘記他們是作家。

就在倉促完成其他幾項文學任務之後，繆塞在一八三五年夏天開始寫這部小說，並在一八三六年二月出版。這表示他擁有接二連三創作詩、戲劇和小說，並且能在法國迅速出版的能力。雖然生活放蕩，繆塞也和巴爾札克、雨果、喬治・桑與其他浪漫主義作家相同，有豐沛的創造力和生產力。隨著男性識字率在法國提高到百分之八十以上，女性則略少於男性，文學市場愈來愈大，要求感動人心作品的讀者聲浪愈來愈高。

繆塞這本《一個世紀兒的懺悔》問世時，它確實成為某種向喬治・桑記憶搭起的聖壇，不過它卻不是只通向她。小說第一部分是繆塞在遇見喬治・桑之前的人生。他在小說中的替身歐克塔夫正處於無意義的放蕩不羈狀態中。他是「這世紀的孩子」，他光榮的拿破崙時代回憶再也無人能理解。對這特定政治時刻的挫折感，使他和《紅與黑》的朱利安・索海爾產生連結，但這兩名主角的共通點也僅止於此，因為朱利安沒有歐克塔夫的上層階級地位，而歐克塔夫也沒有朱利安鋼鐵般的意志。歐克塔夫成為一名輕浮情婦的犧牲者，因為她背叛了他，和他最好的朋友在一起。此後歐克塔夫將會受制於憤世嫉俗和嫉妒這兩種交替出現的情緒。

為了設法消除他的沮喪，歐克塔夫的朋友達斯格奈狠狠地批判愛情。他在這本小說一開始的反浪漫主義軌跡，可以追溯至十八世紀放蕩的愛情形式（《反覆無常的腦與心》裡的凡賽克伯爵，以及《危險關係》裡的凡爾蒙子爵），並且與悲觀主義哲學家叔本華的世界觀一致。達斯格奈責備歐克塔夫相信「小說家和詩人描繪的」愛情。在真實生活中尋找完美愛情是件蠢事。我們必須接受愛情的原貌，無論它是以不忠的交際花或是忠誠的資產階級面貌出現。如果有人愛你，「其餘的又有什麼關係？」有段時間歐克塔夫遵守這策略，但最後他卻變得比之前更沮喪。

就在這時候，寡婦布麗姬．皮爾森——喬治．桑在小說中的替身——走進他的人生。意料中的是，歐克塔夫在一個遠離墮落巴黎的國家發現了她。在這些浪漫主義者之中，誰不是繼承了盧梭的衣缽？歐克塔夫二十歲，布麗姬三十歲，聽起來是否很熟悉？這又是一個年輕男人與年長女人相愛的例子，由於歐克塔夫從小失去母親，並且才剛失去父親，更使得這一切意義重大。雖然抗拒了很久，布麗姬最終還是在歐克塔夫的懇求之下屈服，他們度過了一段極其快樂的時光。

快樂夜晚的永恆天使，誰能傳達你的沉默？噢，吻！兩人的雙唇宛如乾渴的葡萄酒杯，互相注入神祕氣息。我的理智已醉，噢，肉欲！……愛情，噢，世界的法則！一切自然的珍貴火焰，就像不安的純潔處女，在上帝的殿堂不停留神著！

在這首心蕩神馳的讚美詩裡，特別是歐克塔夫如下讚美記憶中熱情的益處，繆塞送給喬治・桑一份愛的禮物：「他可以無怨無悔地死去：他已經擁有所愛的女人。」

不幸的是，歐克塔夫的缺點和繆塞相同：他很愛吃醋，就算毫無理由亦然。這本小說大部分都在描寫他除了出於想像之外沒有任何根據的醋勁大發，而憶起情人之前的背叛，這幻想更是永遠揮之不去。繆塞很清楚疑神疑鬼的天性如何摧毀愛情。

作家繆塞想搭起一座通往喬治・桑的祭壇，於是他賦予小說中的喬治・桑翻版比真人更完美的品行。然而這就是女主角布麗姬的缺點：太完美、太理想化。她在歐克塔夫瘋狂的情緒與狂熱的想像中，一再犧牲自己。描繪小說中另一個自我的繆塞沒有饒過自己——我們在歐克塔夫身上看見一個精神不穩定的男人被嫉妒撕裂，他的人生成為他和他所愛的女人不斷發生的噩夢。

最後布麗姬也被迫投降：「你不再是我愛的男人。」他不斷懷疑她、憤怒又心情陰晴不定，使得她筋疲力盡。雖然她盡全力給予他需要的母愛關注，卻再也不能忍受爭吵和痛苦。「是的，當你讓我受苦時，在你身上我再也看不到我的情人。你只不過是個生病的孩子。」這或許就是喬治・桑對繆塞說的最後幾句話。

喬治・桑的情史並沒有結束於繆塞。她的律師米榭勒・德・布爾哲繼繆塞之後成為她的枕邊人，幸虧有他，她才能在十三年婚姻生活之後與丈夫合法分開。分居是不快樂的已婚男女離開彼此的唯一方式，因為當時禁止離婚。說實話，卡西米爾並不比大部分丈夫更糟，他甚至證明自己通融妻子獨立的生活方式。總之法庭同意喬治・桑要求的分居，也同意她單獨擁有諾昂的莊園，但依照規定她要支付丈夫每年三千八百法郎。至於孩子，她會負起照顧他們的責任，她也給予他們的父親探視權。要不是喬治・桑如此有名，或是律師米榭勒・德・布爾哲和她站在同一陣線，審判結果不可能對她那麼有利。一八三六年一月，法庭的判決包括法官對一名「准許妻子獨自生活」丈夫表示輕蔑，暗指拋棄婚姻主權的男人活該如此。[8]

一八三八年，喬治・桑開始了與蕭邦那段世界知名的戀情，直到一八四七年為止。一八五〇年，她與兒子的朋友，雕刻家亞歷桑德・芒梭在一起，步入一場更久的戀情，直到一八六五年死去之前，他一直是喬治・桑的祕書和同居伴侶。自從成為諾昂莊園的唯一擁有人，她身邊就圍繞著一群耀眼的朋友，包括蕭邦、德拉克洛瓦、李斯特和他那性情多變的情婦瑪麗・達古爾特、歌手寶琳娜・維亞赫多和她鍾愛的福樓拜。一八七六年，七十二歲的喬治・桑過世。我想不出有比她更多產的法國女作家，或者私人生活更充實的女人。雖然她婚姻不成功，卻是個為子孫奉獻的母親和祖母，尤其在她較少旅遊的下半生。

在法國與其他國家都有無數喬治·桑迷。許多維多利亞時代的人都很景仰她，包括威廉·薩克萊、約翰·史都華·米勒、夏綠蒂·勃朗特、喬治·艾略特、馬修·亞諾，以及兩度前往巴黎拜訪她，並且在一首十四行詩裡稱讚她「集冰雪聰明的女人與氣度恢弘的男人於一身」的白朗寧等人。在俄國，每一個會讀書的人都讀她的書。她和雨果一樣，是影響俄國一整個世代作家的法國作家，包括將她視為偶像的杜斯妥也夫斯基、成為她密友之一的屠格涅夫以及在日記中引述她的話，預言將來「被奴役的妻子將得以解放」的赫爾岑。在美國，她找到幾位志同道合的夥伴，包括超驗主義作家瑪格麗特·富勒，但從歐洲返回美國之後，瑪格麗特與她的小寶寶一同溺死，戲劇化結束了生命；詩人惠特曼在報紙上刊出一篇有關喬治·桑的文章；還有小說家海麗葉·比徹·斯托，喬治·桑曾經寫過一篇散文對她表示欽佩。

我不會探討喬治·桑熱潮在二十世紀上半葉逐漸褪去的原因；它們太多也太複雜，不適合在這裡提出。但法國的喬治·桑迷一直沒有完全消失。以喬治·魯邦為例，他一生中最美好的歲月都獻給了喬治·桑。大約四十歲時，原本是銀行家的他退休並投身於喬治·桑研究。他妻子過去總說他們夫妻和喬治·桑過著「三人行」的生活。當然了，他們的公寓裡全都是各式各樣的喬治·桑紀念品，證明她的存在。最令我感興趣的是，當我在一九八〇年代早期到他們家拜訪時，那裡有一個很大的檔案櫃，裡面放著介紹喬治·桑人生中每一天的卡片。如果記得沒錯，白色是她住在巴黎時發生的事，綠色是她在諾昂，粉紅色是和情夫旅行在外，而黃色是狀況不明時期。我或許搞錯對應的顏色，但我確定除了喬治．桑本人以外，魯邦比任何人都了解喬治．桑。他編纂喬治．桑的兩冊自傳和二十六冊書信集，這些卡片目錄對這龐大的編輯計畫很有必要性。他也持續協助在一九七六年喬治．桑逝世百年紀念之後出現的新喬治．桑研究者。

且讓我以喬治．魯邦和一群熱情的喬治．桑學者在巴黎波蔻布咖啡館的一件往事，作為本章結尾。我們透過紐約霍夫斯特拉學院主辦的一連串研討會以及美國現代語言學會的一系列會議認識彼此。坐在我身邊的是一位經由他所景仰的蕭邦才知道喬治．桑的日本學者。他對這像是一心保護孩子，照顧她的「小小」蕭邦的女人著了迷，而且主張兩人的關係是純純的愛。坐在我另一邊的魯邦略有微詞。蕭邦和喬治．桑無論怎麼看都是一對情侶，至少在一開始。我們的這位日本同行激動了起來，彷彿這事關他的榮譽。魯邦以非常老派的禮貌恭維這男人捍衛喬治．桑的貞潔。這日本男人看起來一頭霧水。接著，他以非常莊嚴隆重的態度緩緩以法文吐出這些話：「噢，不。不是喬治．桑。是蕭邦。我是替蕭邦抱不平。」於是現在換成魯邦代表喬治．桑忿忿不平，好像他的榮譽被踐踏似的。我發現自己處於必須介入的奇特情況。「兩位先生，決鬥早在一百年前就被禁止了。請好好用餐，讓死者安息吧。」

試想喬治．桑或巴爾札克會怎麼處理這種場面！

第九章　幻滅的浪漫愛情

包法利夫人

她的騎馬裝纏上了他的天鵝絨外套。她把頭往後仰，白色頸項因嘆息而顫動；她全身癱軟無力，淚水爬滿臉龐；她別開臉，在長久的顫抖中，她獻身於他。

——古斯塔夫・福樓拜，《包法利夫人》，一八五七年

福樓拜切開包法利夫人的心臟

一八五〇年代，正在寫《包法利夫人》的古斯塔夫．福樓拜和母親同住在諾曼第的夸賽特，他時常與巴黎的情婦——詩人路易絲．科雷特通信，並且曾在信中表達作家獻身藝術信仰所受的折磨。有時候他幾乎一天寫不到一行字，而且艾瑪．包法利這女人真的讓他反胃。怎麼會有人想寫一部關於一個過度浪漫的女人嫁給無能鄉下醫生、婚後兩次外遇並負債累累最後自殺的小說？福樓拜有他的理由。正如他在一八五四年四月十二日寫給科雷特的信中所提到：「現代道德良知正對我們所謂的愛情展開強烈反動……我們這世紀透過放大鏡把這朵名為情感的小花放在手術臺上解剖，然而在過去這朵花兒聞起來是多麼芬芳！」[1]

自從浪漫主義者頌揚人們耗盡全副心力的愛情至今，時代已經改變。寫實主義者如福樓拜決心利用日常生活的平庸，戳破浪漫主義理想。他致力於「客觀地」描寫人類的所有缺點和基本欲望，相當大的程度將法國愛情去浪漫化。此舉甚至使他被控猥褻罪。政府在一次審判中控訴《包法利夫人》，理由是「它是一種公共與宗教道德上的惡行」。福樓拜險些必須坐牢與繳交大筆罰金，幸好法庭於一八五七年二月六日宣告他無罪。（就在我寫這一章的時候，美國國家公共廣播電台提醒聽眾，當天剛好是福樓拜無罪開釋的一百五十四週年紀念。多巧！）這起控告發揮如預料中的結果，使福樓拜名氣更大，書也賣得更好。隨著《包法利夫人》惡名遠播，法國最時髦的愛情觀也從幻想轉變為幻滅。

福樓拜與同為寫實主義者的作家紀·德·莫泊桑、龔固爾兄弟和埃米勒·左拉，都紛紛證明愛情不過是人在心裡玩的一種把戲而已。正如早一代的斯湯達爾在《愛情論》（一八八二）中說道，我們美化了鍾愛的對方，將所有我們想要那人擁有的優點加在他身上。斯湯達爾用「結晶化」形容這個過程，這個字是用來形容樹枝在鹽礦中兩、三個月之後形成鑽石般的結晶體。[2]在《包法利夫人》中，福樓拜展現「結晶化」是如何在連續與兩名已婚男性熱戀的年輕女性心理上產生作用。

然而認為福樓拜只是一個寫實主義者是不對的——他在晚年也否認這個用詞。不過《包法利夫人》的確揭穿並摧毀艾瑪·包法利的浪漫幻想，我們永遠忘不了福樓拜斷言他和包法利夫人在某種程度上是同一個人。「包法利夫人就是我，」他如此宣稱。若非如此，他又怎麼能創造出讓這麼多讀者心有戚戚焉、讓這麼多女人感同身受的可悲角色呢？

且讓我先坦承，當初我也是個非常同理艾瑪·包法利的少女。我顯然不能相信有著如此豐富想像力、這樣一位美麗又年輕的女孩必須勉強接受一個毫無特色的平庸鄉下醫生。她曾經夢想過著比農夫女兒更優雅的人生，乏善可陳的婚姻生活卻令她失望透頂，因此逼著她轉而尋找浪漫愛情，這是完全可以理解的行為。我不能說自己仰慕她如同仰慕那些英國小說中正直誠實的角色，像是夏綠蒂·勃朗特的簡愛和珍·奧斯汀的伊莉莎白·班耐特，但我確實同情她，哀嘆她的命運。

幾年後我在哈佛念碩士時，修了當時有名的惹內・傑辛斯基教授開的一門福樓拜的課，重讀一次《包法利夫人》。這次我正在懷第一個孩子，在傑辛斯基教授午餐後的那堂課很難保持清醒（之後我才知道，我吃的藥有副作用，讓我昏昏欲睡）。無論如何我還是硬撐下去，寫了篇關於艾瑪・包法利的報告，表達在我看來她是如何墮落至此。我已經不再認同艾瑪的浪漫空想，艾瑪這女人看來是被誤導，而且很膚淺。在這門課結束後的兩個月，長女出生，這使我討厭艾瑪更甚以往。我正和一個甜美的女嬰在一起，但艾瑪卻對她自己的女兒毫無感情。她真是個糟糕的妻子、糟糕的母親！我十五歲時怎麼會如此喜歡這本書？

又過了一段時間，我在約翰・霍普金斯大學念博士，當時的指導教授是現在大名鼎鼎的法蘭西學術院院士惹內・紀哈德，在他真知灼見的帶領之下，我又讀了第三次《包法利夫人》。我逐漸以紀哈德所稱的「模仿欲望」觀點看待艾瑪・包法利——也就是她渴望得到的是透過第三者學會的欲望。在她的記憶中，她讀過的浪漫小說「講的全都是愛情、情人、心上人……如獅子般勇敢，如綿羊般溫柔，美德無人能比，永遠衣著體面，有時淚如泉湧的男士。」「熱情」、「幸福」等「書裡那些美好的字眼」，給了她錯誤的愛情觀。紀哈德的模仿欲望理論在我看來很有道理，因為我知道書、電影和電影雜誌是如何影響我的朋友和我，形成我們的浪漫欲望（當然了，在約翰・霍普金斯的觀點，我們不應該看電影，除非那是瑞典導演柏格曼的電影）。

第三次但不是最後一次讀《包法利夫人》，使我敞開心胸，看見小說中的多重意義。我開始看出浪漫主義與寫實主義、幻想與幻滅、喜劇與悲劇、社會學與心理學、抒情主義與唯物主義、感染力與諷刺，這一切形成一張互相交織的網絡，促使我們做出不同的解釋。十五歲的我深受艾瑪浪漫幻想的吸引。成為年輕妻子和母親之後，我排斥這些幻想，對愛情與婚姻採取更實際的態度。成為更成熟的讀者之後，我更能夠把《包法利夫人》當成完整的藝術作品，欣賞它真正偉大之處。福樓拜堅持以詩般的精確撰寫小說，每一個字都必須有其意義，每一個句子都必須有血有肉。整部作品必須豐富而結構緊密，乃至於讀者不會懷疑它的可信度，深受小說人物和情節吸引，並且在讀完最後一頁之後，久久不能自已。為達到這目的，《包法利夫人》不只代表數世紀以來法國的憤世嫉俗誘惑主題再次重生，它也是新的反浪漫愛情觀的試金石。

《包法利夫人》不是以女主角本身，而是以訴說艾瑪的丈夫查爾斯・包法利的故事，作為全書的開頭與結尾。這故事架構的方式將女主角局限在和一個男人的婚姻框架裡，而這是個其貌不揚、天生缺乏想像力的男人。還是個中學生時，查爾斯・包法利戴著一頂怪異的帽子，

「就是那種可悲的東西，它深深傳達著無言的醜陋感，像是一張愚蠢的臉。」[3]唉！查爾斯是隻醜小鴨，而且終其一生都是隻醜小鴨。才剛當上 officier de snaté（衛生官員或二等醫生）的查爾斯，在父母安排下與比他年紀大一倍但經濟寬裕的寡婦結婚，注定過著庸俗的生活，直到他遇見了艾瑪。查爾斯去替艾瑪腿骨骨折的父親看病，第一次在她家農場裡見到她，「見到她的指甲」，和「她沉默時習慣性咬住的豐滿嘴唇」，查爾斯大為震撼。這些透露出艾瑪個性的細膩與暗指感官享樂的描寫，在查爾斯第一任妻子死後吸引他回到農場，使他動念要求艾瑪嫁給他。

查爾斯和艾瑪為期兩天的鄉村婚禮，從賓客乘坐四輪馬車、一匹馬拉的輕便馬車、兩輪車、敞篷二輪馬車、拖車、四輪與兩輪貨車抵達的寫實畫面開始，接著形容農村裡的人穿著最好的服裝前來——女人頭戴無邊軟帽，披著三角形斗篷，戴著金色錶鍊；男人身穿長禮服、燕尾服和長外套。接著是詩情畫意地描寫列隊前進的賓客「彷彿連成一條蜿蜒在鄉間的彩色圍巾」，隊伍的焦點是小提琴手，他手拿綁上緞帶的小提琴，帶領新人、親友和孩子們走向市政廳。婚禮之後，農莊的車棚裡已擺好食物，賓客大吃大喝直到夜晚。其中最顯眼的就是做成神殿的結婚蛋糕，上面有坐在巧克力鞦韆上的小小邱比特。艾瑪更喜歡以火把照亮的夜半婚禮，但這種浪漫點子被駁回，因為村人們比較適合傳統的慶祝方式。在這對新人夜晚回房休息之後，也逃不掉某些常有的婚禮惡作劇：一名漁販從鑰匙孔裡朝他們臥房噴水。第二天，查爾斯一副洋洋得意的樣子，新娘卻面無表情。

這一幅結婚場景就像與福樓拜同時代的畫家庫爾貝的畫一樣，它的目的就是要把眾生描寫得彷彿是讀者親眼見到、親耳聽到那樣。當然，福樓拜和庫爾貝以及任何其他一位重要的畫家一樣，都是以內心的想像塑造外在現實生活。忘了那些情人們心蕩神馳時所在的洞穴和群山吧。作者提供給讀者的反倒是往往遊走在諷刺邊緣，對愛情與婚姻不敬的畫面。

唯有艾瑪在新家安定下來之後，我們才開始從她的內心認識這個女人。我們知道她之前讀的是修女院學校，她很喜歡教堂禮拜儀式中刺激感官享受的部分：「祭壇的香氣、冰涼的洗禮盤和搖曳的燭光。」她對遭到砍頭的蘇格蘭女王瑪麗．斯圖亞特，以及其他名女人如聖女貞德、哀綠綺思和查理七世的情婦阿涅絲．索海爾產生崇拜心理。這些榜樣可真不得了！她讀法國作家拉馬丁的詩和英國作家華特．史考特的小說，這些作品實在無法替她將來成為一名平凡鄉村醫師妻子的角色做好準備。也難怪比起她丈夫那粗鄙的舉止與「和人行道一樣沒有起伏」、令人疲乏的對話相較，她期待過著不僅僅如此的生活。過不了多久，艾瑪開始自問：「噢，親愛的上帝啊！我幹麼結婚？」

隨後她更加執著於她的浪漫想像。對於婚姻和家庭生活環境幻滅的艾瑪，藉由召喚可能發生的愛情故事尋求慰藉。她試著想像帶領她找到另一個丈夫、過著另一種生活的種種事件。艾瑪對現狀的不滿和對未知美滿戀情的憂愁渴望，後來變成所謂的「包法利主義」一詞。

就在小說中的這個時間點上，一件特別的事情發生了：艾瑪與查爾斯受邀參加當地一位侯爵的舞會！這個在沃比薩爾舉辦的舞會，讓艾瑪見識到她夢想中的貴族奢華生活。這就是她想要的。他倆過夜的這座城堡裡的一切，彷彿是為了製造如童話般的羅曼史所打造，在這裡，高人一等的男男女女皮膚宛如陶瓷般光滑晶亮，他們穿著精緻的衣裳到處走動，籠罩在快樂滿盈的光環中。每一樣優雅的細節都令艾瑪感到快樂——鮮花與家具，美酒與美食，特別是在清晨三點開始的柯地永舞。雖然艾瑪不會跳這種華爾滋，她卻發現自己在一位很會跳舞的子爵臂彎裡，他以令人陶醉的步伐帶著她在舞池裡旋轉。

在農場婚禮之後舉行的貴族舞會以及農業博覽會，讓我們得知十九世紀法國外省的社會概況。大多數故事情節的發生地永維鎮，類似福樓拜自己所熟知位於他在盧昂附近的老家。雖然艾瑪和出席她婚禮以及參加農業博覽會的農人與小資產階級出身相同，她那浪漫的腦袋裡卻全都是當地貴族的影像。在她腦海中浮現的愛情，必須伴隨比她自己身分高的階級所擁有的豪華生活而來。這些物欲是她通姦戀情中的必要部分，也終將導致她的毀滅。

或許正如我們所預期的，通姦是貫穿小說的主幹。它在法國文學裡與讀者如影隨形，無論是在十二世紀或是十九世紀。《包法利夫人》將成為法國通姦的同義詞，與一個世代之後的俄國小說《安娜．卡列尼娜》相同。不過在福樓拜的筆下，艾瑪是個多麼可憐又悲哀的通姦者啊。看看福樓拜如何在她與公證人助理雷昂．德普依的初次對話中嘲弄她：

「我想沒有什麼比得上夕陽，」她說，「尤其是海邊的夕陽。」

「噢，我喜歡海邊！」雷昂先生說。

「難道你不覺得，」包法利夫人回答，「此時心靈更能自由的漫步在無邊無際的廣袤大海上，思索那一片遼闊能提升靈魂，一瞥無盡而理想的世界？」

「山景也有同樣的境界。」雷昂說。

我們在這裡看見浪漫主義者所珍視的理想，被貶為平庸的陳腔濫調。福樓拜誰也不放過，無論是即將成為情侶的男女、村莊裡的教士，或是當地的藥劑師。

公證人助手和醫師妻子這兩個人都太害羞也太缺乏經驗，無法將他們對彼此的渴望超越柏拉圖式吸引的階段，至少在小說的第一部分是如此。然而對於有錢又英俊，在永維鎮郊區擁有一個莊園的情場老手侯多夫．布朗傑來說就不是這麼回事了。侯多夫立刻看出艾瑪覺得丈夫很無趣，他渴望一段羅曼史。他對自己說：「她巴望著愛情，就像廚房桌子上的鯉魚渴望著水。只要說上三句奉承話，這小女人就會愛上我，我有把握！她太美妙！太迷人了！……沒錯，但之後該怎麼甩掉她呢？」這幾句話總結了侯多夫在這故事裡扮演的角色：他不過說了些花言巧語和上乘的詭計，就成功引誘了她。在還沒結束前，這段戀情談得甜蜜動人，但他終究還是以和一開始哄騙她時一派輕鬆的玩世不恭態度甩了她。

艾瑪這角色的戲份愈來愈重。她夢想中的男人終於出現，這男人終於要把她從單調絕望的生活中拯救出來。還有什麼比他特別替她創造出的個性更浪漫？他將自己量身打造為熱情的辯護者以及傳統義務的敵人。「我們的任務是去感受那偉大的，珍視那美麗的。」他和她顯然是彼此命中注定的情人。「我們為何相遇？是何種機緣至此？那必定就像是兩條河流翻山越嶺，與彼此匯聚，特殊的愛好促使我倆與彼此拉近距離。」如果這是一本浪漫主義小說，這命中注定的吸引力一定十分可信。然而，讀者已經從侯多夫的意圖中略見端倪，我們不可能相信他是真心誠意的。他拙劣模仿浪漫小說男主角，唯一上當的人就是艾瑪．包法利。

在屈服於侯多夫的追求之後，她一次又一次對自己說：「我有個情人了！我有個情人了！」她把自己看做是她讀過的書裡的女主角。那些「熱情洋溢的外遇女人」一旦唆使艾瑪產生浪漫綺想，現在便以像姊妹般的語氣熱烈歡迎她。

艾瑪和侯多夫的這段戀情，以其零星的勝利與微不足道的悲劇，對抗日復一日平凡的外省鄉間生活。村裡的教士、俗氣的藥房老闆和貪婪的商人，全都進入艾瑪的故事裡，成為她浪漫情感的必要陪襯物。商人洛勒是這些次要角色之一，就是他煽動她對奢侈物品的胃口，導致她債臺高築，終於為此死去。

艾瑪和侯多夫盡情享受這段為期兩年的婚外戀情。它包括一切肉體的歡愉，以及一切慣例上該有的愛情表現，還有通姦所需工於心計的欺瞞。戴綠帽的查爾斯宛如戴著眼罩的馬兒，辛苦的團團轉。他眼中只看見自己是多麼好運，有位美嬌娘和惹人疼愛的女兒。

當艾瑪被這兩面人的生活搞得筋疲力竭，說服侯多夫和她私奔時，這段「如詩如畫」的日子也到了盡頭。雖然假裝默許她的計畫，最後他卻食言，寫了一封開頭如下的信給她：「要勇敢，艾瑪！要勇敢！我不想毀了你的人生。」當艾瑪收到這封藏在一籃杏子底下的告別信，同時看見侯多夫的馬車拋下她前往盧昂時，她陷入歇斯底里的狀態，整整四十三天。永遠忠誠的查爾斯拋下工作，一直陪在她床邊，幾個月後她才逐漸恢復，艾瑪是否學到教訓？當然沒有。

查爾斯帶著艾瑪到盧昂看歌劇，希望能以娛樂讓她轉換心情。坐在包廂裡，她完全沉浸在由知名男高音拉加迪演唱的《拉美莫爾的露琪亞》劇中。這使她回憶起華特．史考特所寫的小說，也就是歌劇的原著，她輕易跟上劇情，不久便沉浸在虛幻的浪漫愛情想像中。要是她也能找到像拉加迪這樣的男人該多好！

她願意與他從一個首都到另一個首都，遊遍歐洲各國，分擔他的煩惱，與他共享榮耀……她想飛奔到他的臂彎裡，在他的力量下得到保護，對他呼喊：「舉起我，帶我走吧！我所有的熱情和夢想都屬於你，也只屬於你。」

二十一世紀的女孩還會這麼想嗎？她們曾經有任何一次這麼想過嗎？我們很想把艾瑪荒謬的渴望，歸咎於福樓拜對女人的渴望所抱持的大男人觀點，但這樣想公平嗎？我們難道不曾在茱麗．德．萊斯皮納斯身上看到某些女人的自我價值，確實完全來自於是否擁有男人的愛情？有些女人或許依舊如此。

除此之外，福樓拜還能從他那生來擁有女人如狂風暴雨般炙熱情感的情婦路易絲．科雷特的性格中得到靈感。比福樓拜年長十一歲的科雷特，顯然在關係中是付出較多感情的一方。《包法利夫人》中的某些故事細節可以直接從科雷特身上找到，例如兩人戀情之初她送給福樓拜那個寫著「心心相印」的雪茄盒，就是小說中艾瑪給侯多夫的那個雪茄盒。

和同時代的喬治．桑一樣，科雷特也有許多情夫，包括幾位當代一時之選的男人——哲學家維克多．庫桑，詩人阿弗雷德．德．維尼，甚至還有被喬治．桑拋棄的繆塞。她和喬治．桑一樣，都是多產作家，孜孜不倦地工作養活自己和女兒，只有一位有名無實的丈夫和吝嗇的前任情人（也就是維克多．庫桑）幫她支付開銷。福樓拜在遠離科雷特的夸賽特孤伶伶地獨自寫作，他以自己的方式愛著科雷特。他很少見她，見面時貪婪地做愛，時常寫信給她，大量批評她的作品，描述他自己的創作過程。在兩人八年的交往過程中，他曾經和科雷特分手兩次，第二次他們的戀情徹底結束。他寫給她的信件非常精采，包括福樓拜身為作家與情人身分的珍貴訊息，以及他眼中鮮活的科雷特身影。

路易絲．科雷特不是艾瑪．包法利的創作原型。這份殊榮的擁有者是一個名叫戴樂芬妮．德拉瑪爾的女人，她住在諾曼第的海伊鎮，是個鄉村醫師的妻子，有個女兒。外遇也使她債臺高築，在三十歲前就已自殺。福樓拜從當地報紙上讀到她的故事。他從德拉瑪爾和科雷特以及其他幾個女人身上，取得創造他那不幸女主角所需的素材。

在看歌劇時，艾瑪．包法利與雷昂．德普依重逢。雷昂在盧昂當公證人，幾年前他對艾瑪懷抱著說不出口的愛意，如今他累積夠多的情場經驗，現在已經具備要她當自己情婦的條件。

他倆滿足欲望的那一幕，是所有文學作品中最精雕細琢、值得讚賞的場景之一。首先他們在過分殷勤的教堂職員的導覽下，花了兩小時參觀盧昂大教堂。接著，當雷昂再也受不了時，他招來一輛馬車，把艾瑪隔離在馬車裡，開始了盧昂歷史上最冗長的一段馬車兜風。讀者是從馬車拉下的簾幕外看著這整個引誘艾瑪的場景。

> 它沿著大橋路走，穿過藝術廣場、拿破崙堤岸和新橋，在高乃依雕像前短暫停留。
>
> 「繼續走！」車內的聲音喊道。
>
> 馬車再次上路，到了拉法葉十字路口，馬車開始加速往下坡衝，馬兒大步奔跑，來到火車站前。
>
> 「不要停！繼續走！」同樣的聲音說道。

過了三頁也就是五小時之後，艾瑪在馬車門口出現，臉上罩著面紗。艾瑪第二段婚外情對象是一個不如侯多夫那樣有錢與世故的男人，對艾瑪而言或許是降了一級，不過他對她的愛卻是誠心誠意。他們設法每週四在盧昂見面，艾瑪假裝去上音樂課。

艾瑪的膽子愈來愈大。在和雷昂幽會的旅館房間裡，「她又哭又笑，唱著歌、跳著舞，叫人送來雪酪，又非要抽雪茄不可；他眼中的她是那麼不可理喻，卻又亮麗可人。」現在輪到女方而不是男方主導戀情。「他不知道是什麼驅使著她愈陷愈深，變本加厲追求享樂。她變得易怒、貪婪和縱欲。」漸漸地，艾瑪和雷昂對彼此失去吸引力。在她眼中，他「柔弱，平凡，比女人還沒用」。她的不知節制嚇壞了他，他試圖反抗她。艾瑪發現「她不快樂，而且從未快樂過」。

除了戀情破碎之外，每週到盧昂過夜使艾瑪欠洛勒更多錢。厄運之網無可避免從她頭頂撒下。無論她曾經有多愚蠢，無論我們多想和艾瑪保持距離，也不可能不捲入她最終的悲劇結果。福樓拜自己在描寫艾瑪吃砒霜自殺時也痛苦不堪。

始於騎士之愛的法式愛情，到《包法利夫人》為止已有大幅進展。福樓拜寫的不是騎士與淑女間的理想化愛情，而是劣質的資產階級駭人悲劇。與其看見克萊芙王妃痛苦放棄愛情的高貴情操，我們卻必須見證一名貪圖肉欲的鄉下女人墮落的過程。與其感受喬治・桑和繆塞虛無飄緲的浪漫主義，我們感覺到的卻是福樓拜手中那把刀子銳利的刀刃。誰還能再相信浪漫愛情？

一八七〇年普魯士戰勝法國，更無助於法國人恢復對情侶的認同感。沒錯，直到十九世紀最後十年為止，對愛情的悲觀還是控制法國人的思想。福樓拜的門徒莫泊桑邀我們一窺掩蓋在正常生活底下的怪異行為。在讀者遍布世界的莫泊桑短篇小說裡，愛情從來就只是追尋對感官渴望的滿足感。不同社會階層的男男女女——紳士淑女、農夫、店主、政府職員——全都以掩飾底層原始欲望的優雅風範與彼此鬥爭。戀情只是一場災難，婚姻也無法令人寬慰，因為丈夫要不是天真得被戴上綠帽，就是殘酷的暴君。

更糟的是，一八六〇年代至一八八〇年代間，左拉的小說所描寫的社會底層人物——礦工、工廠工人、妓女、罪犯——全都有著像動物一樣的交配習性。左拉所謂的「自然主義」是一種處理社會議題的偽科學，一部分是達爾文主義，一部分是馬克斯主義，一切看來都是遺傳的退化。愛情被歸類為某種繁殖崇拜——畢竟法國（和德國一樣）也極度關切生育率下滑的問題。他們能做的就是盡可能生兒育女。然而浪漫愛情就像冬天埋在地底下的球莖，唯有等待適當的氛圍才能再次綻放。

第十章　歡樂的九〇年代

《大鼻子情聖》

我愛你，我已瘋狂，我無法再這樣下去，
你的名字在我心中如鈴鐺般響起。

——愛德蒙・羅斯丹，《大鼻子情聖》，一八九七年《銀零》

Taverne Olympia
Restaurant
OUVERT TOUTE LA NUIT
ORCHESTRE
DE DAMES
MONTAGNES RUSSES

奧林匹亞酒館海報

法國人口中的「美好年代」（*la belle époque*），在英文裡叫做「歡樂的九〇年代」（Gay Nineties）。無論英文或法文，都讓我們腦海中出現艾菲爾鐵塔、自行車熱潮、土魯斯－羅特列克的海報、雷諾瓦的畫和羅丹的雕塑；音樂廳、夜總會、歌劇和輕歌劇、林蔭大道戲劇*、新藝術風格、新女性†、交際花、女演員、名流時尚、高消費以及許多令人感到樂觀的聯想。

我們也可以將歡樂的九〇年代想成是浪漫愛情復甦的時代。在福樓拜令人沮喪的寫實主義和左拉令人窒息的自然主義之後，在一八七〇年法國人敗給普魯士人因而士氣低落之後，第三共和正準備向全世界證明法國依舊是流行、藝術、美食、戲劇與愛情的國度。

不可否認的是，愛情已經不再能以之前十九世紀的方式被包裝。它必須為了新時代改頭換面，這時候已經從前人身上學到教訓的人將不會再沉迷於過度的浪漫主義，也不會繼續搜索福樓拜挖掘出的人類靈魂腐敗角落。在如雨後春筍出現的咖啡館裡，男女間的愛情宛如香檳泡沫，既歡欣又稍縱即逝。男人或許會在名妓身上花光所有錢，卻不會為愛而死——除非他在決

---

*林蔭大道戲劇（Théâtre de Boulevard）起源於十八世紀下半葉，提供一般大眾與資產階級娛樂的劇院集中在聖殿大道（Boulevard du Temple），包括煙火、雜耍與通俗劇等演出內容有別於上層階級劇院的節目。

†新女性（nouvelle femme）是出現於十九世紀末的女性主義理念，對二十世紀的女性主義運動有深遠影響。

鬥中被殺。即使當局明文禁止，為榮譽而決鬥的事件還是層出不窮，而且這榮譽往往和女人有關。雖然如此，整體氣氛還是輕鬆愉快。往往只要一有人見血，就算那只是一個微不足道的傷口，兩個男人還是會手挽著手離開決鬥現場。

在歡樂的九〇年代，以戲劇化樣貌呈現的愛情是一切事物的特色。愛情在儀式化的背景上演，例如畫室、旅館房間和時尚餐廳的私人包廂裡。在知識豐富的餐廳領班和樂於助人的侍者幫忙之下，想在私底下討好女士們的有錢男性頻繁出入以上用餐地點。造訪位於大奧古斯坦河畔的拉貝胡斯餐廳，就能知道這一類私人空間是什麼模樣。一七六六年開幕至今，拉貝胡斯一年到頭仍是上流人士最喜愛的餐廳。

男人和他們的情婦或妻子坐在馬車上招搖過市，穿越林蔭下的香榭大道或布洛涅森林。女人精心製作的服裝，飾以羽毛的帽子與圍巾，正是為了展示她們以鯨魚骨束腹撐起的沙漏型窈窕身材。男人身穿禮服，戴著單片眼鏡和絲質高禮帽，驕傲地向大眾炫耀他們身邊的完美女人。正如皮耶．達赫布雷在他一八八九年出版的《愛情生理學》中的直白陳述：「男人是否受人尊敬，取決於他擁有的情婦。」[1]

情侶們不再與大自然親密交談，除非是在時髦的海邊度假勝地如圖維爾、迪耶普和多維爾，在這裡海灘景致還包括穿著泳裝的男女。即將成為二十世紀最偉大小說家的普魯斯特，以懷舊口吻描述童年與母親前往卡布爾（小說中的名字是巴爾貝克〔Balbec〕）的大飯店旅遊經歷，並熱烈地寫道「青春年華的女孩」*每年都出現在海灘上。就連我和我先生一九八〇年代住在大飯店時，它還是有往日時光裡正經八百的氣氛，海灘上也還是有魅力四射的女人們。我先生從來沒看過「上空」海灘，他對於承襲自普魯斯特筆下妙齡女子的後代激賞萬分。

楓丹白露也是富有階級選擇的度假地點。由於離巴黎很近，方便二天一夜之旅，它成為想避開大眾的情侶們（如一八三〇年代的喬治・桑與繆塞）理想的約會地點。時至今日，政府高官也會選擇楓丹白露作為幽會地點。

然而，還是沒有哪個地方能與巴黎這個愛情城市匹敵。它再次成為所有冒險事業的廣大舞台，替都市生活增色不少——尤其是商業、藝術、政治和羅曼史。塞納河兩岸的市中心有數不清的餐廳、咖啡廳、旅館、商店、劇院、教堂、公共建築和公園，各個社會階級的男女們都能在此相遇，墜入愛河。投寄當天就能送達的一封情書，就能替情人安排好一場在宏偉新穎的巴黎歌劇院裡的約會。和櫃臺後方那位漂亮的店員聊幾句，或許就能和她在夜晚相約蒙馬特的夜

*青春年華的女孩（the young girls in flower）這裡指的是普魯斯特《追憶似水年華》的第二卷——《在少女們身旁》，英文書名為 *In the Shadow of Young Girls in Flower*。

總會。一對已經存夠錢的勞工階級情侶，或許就能手牽手尋找舉辦婚宴的餐廳。即將結婚的天主教未婚夫婦和教區神父見面，神父將替他們上幾堂必修課，教導他們如何過著與宗教箴言一致的婚姻生活。（我還清楚記得我曾經和一個天主教男友派特．麥克葛拉迪參觀圖爾最古老的教堂，我們都是斯威特布萊爾大三法國留學計畫的學生，這時一位友善的神父把我們當成尋求婚姻諮詢的小倆口！）雖然許多男女很享受婚姻以外的自由空氣，大多數人還是會結婚。溫柔又媚俗的資產階級夫婦，在家庭幸福的希望中期待終生相守。因為正如研究法國二十世紀文學與藝術的當代美國作家羅傑．沙特克在他那本精采的著作《飲宴歲月》中簡單明瞭的評語：「愛情無法持久，但婚姻必須持續。」[2]

巴黎給人的愛之都印象，在劇院中最鮮明。兩性關係在舞臺上演，映照出當代生活，特別是名流與富人。許多戲劇圍繞著我的法國朋友——前法國參議院圖書館館長菲利普．馬爾夏所稱「法國人最痴迷的主題」：他們會不會上床？其他戲劇則是輕描淡寫地訴說男女為了故意欺騙配偶所設下的種種陰謀。劇作家喬治．費多歡樂的笑鬧劇裡，說的幾乎都是三角戀情；妻子懷疑丈夫對她不忠，而忠實的丈夫最後回到冰雪聰明的妻子身邊，劇情充斥著誤認的身分、不可能的巧合、失去的財富和快樂的結局。避免這些笑鬧劇成為乏味肥皂劇的因素是機智的言語和生動的表演，這些特質至今依舊替林蔭大道戲劇注入活力。

某些戲劇，特別是從斯堪地那維亞半島引進的作品，比法國笑鬧劇嚴肅。挪威的易卜生和瑞典的史特林堡是自然主義劇作家，他們的劇作在自由劇院上演，由安德烈．安東執導。巴黎人在這些戲劇中感受到一股來自北方的刺骨寒風。意料中的是，觀眾如果能在其他劇作中的淺薄戀情得到娛樂，就較不可能支持安東的創新劇作，如主題沉重的女性解放或遺傳性梅毒等。

一八九七年十二月，一齣名為《大鼻子情聖》的新戲在聖馬丁門劇院首演，這齣戲使作者愛德蒙．羅斯丹一夜成名。比起巴黎戲迷習以為常的偽寫實主義戲劇，羅斯丹英雄式的喜劇是個異數。誰能預期這位已被歷史遺忘、尊容叫人不敢恭維的十七世紀真實人物，贏得通常只保留給英俊男主角的讚美？誰能預見一則新浪漫主義愛情會比許多極盡諷刺能事的愛情劇更受歡迎？這現象是如何又為何發生？

在一八九〇年與一八九七年間，羅斯丹已經寫了一本詩集、一齣笑鬧喜劇、一齣年輕人的愛情戲《浪漫主義者》、一齣中世紀愛情戲《遠方的公主》，和一齣以新約聖經為主題的《撒馬利亞婦人》。主演後面兩齣戲的女明星，正是法國有史以來最著名的女演員莎拉．伯恩哈特。然而年僅二十九歲的羅斯丹，完全料想不到這齣《大鼻子情聖》會大獲成功，轟動的程度只有雨果於一八三〇年的《艾那尼》能比得上。《大鼻子情聖》一劇使得羅斯丹瞬間贏得盛讚，它最後紅遍世界，成為最常上演的法國戲劇。

這個角色集法國人喜歡聲稱為他們所擁有的許多特性於一身。他辯才無礙、聰明機智——批評他的人認為他過分機智——他那華麗的辭藻不只讓母語不是法語的人吃不消，連母語是法語的人也很傷腦筋。劇中有許多晦澀難解的字，例如吹管（sarbacane，指一根長木棍或金屬管）、里沃薩爾特（rivesalte，一種麝香白葡萄酒）、八行兩韻詩（triolet，某種特定押韻格式的八行詩）；此外還提到鮮為人知的歷史人物如達蘇希（d'Assoucy，一名十七世紀的嘲諷詩人）、流行的顏色如吻我、親愛的（baise-moi-ma-mignonne）以及病懨懨的西班牙人（Espagnol malade）。俯拾即是的巧妙雙關語聽來驚奇又挑戰智力（直到現在我還是會查閱手邊這本好用的《大鼻子情聖》；它是我高中畢業時法文老師送我的禮物，每一頁下方都有注釋，書後還附有法英字彙對照表[3]）。西哈諾英勇慷慨、忠誠獨立，而且正如他在劇裡說的最後一個字，他有panache——這個字的字面意思是頭盔上的羽毛，不過也指一個人擁有氣魄、才情與決斷力，以及其他我們用在英文與法文裡的更多意思。長得不像話的鼻子確實使他的容貌變得醜陋滑稽，但沒有了那個鼻子，就不會有精采的故事。西哈諾提醒我們，就算是極其醜陋的人，他的心也會被愛情吸引，同時也要我們超越外貌，從靈魂中看見一個人真正的價值。

真實世界的西哈諾是位作家，也是一名軍人，他和劇中主角相同，曾經打過三十年戰爭的阿哈斯之戰。一六四〇年，他從軍中退役，躋身巴黎文學界，很快就以獨立的精神與浮華的氣質出了名。他出版的作品包括詩集、戲劇、記敘文和隨筆。《大鼻子情聖》中主角西哈諾的許多特性和事件都是真有其事，例如他的劍術，和他幻想能到月亮上，都以真實的西哈諾和他的作品為根據。和歷史上的西哈諾無關的，是羅斯丹為增加戲劇的趣味性而設計的愛情故事。在這十九、二十世紀之交，誰能想像一齣沒有以羅曼史為故事主軸卻能成功的喜劇或悲劇？

西哈諾對霍珊的愛情的新奇之處，在於他願意為克里斯提安犧牲自己；克里斯提安是西哈諾連上英俊的新隊員，這個連的士兵都出身於加斯科涅的貴族家庭。克里斯提安成為西哈諾靈魂寄居的肉體，而西哈諾則成為克里斯提安身體裡活躍的靈魂。受到兩人愛慕的霍珊也喜愛這兩人，卻不知道西哈諾是她所愛的克里斯提安那不可告人的另一半。

只在意對方外貌的克里斯提安和霍珊墜入愛河。一開始克里斯提安沒有以甜言蜜語接近她，因為正如在他第一次與西哈諾的談話中提到，他不知道怎麼情話綿綿。既然霍珊是知名才女，希望從追求者口中聽到機智巧妙的話語，他一開口絕對會讓她大失所望。西哈諾提議當克里斯提安的「翻譯員」。他會設計一些話，讓克里斯提安牢牢記住，再背誦給霍珊聽。結合他自己的舌粲蓮花和克里斯提安迷人的外貌，他就能在幕後策劃出一位「小說中的英雄」。

藉由西哈諾的情書和情話，克里斯提安成功贏得霍珊的芳心，但他一厭倦借來的話語，不再說出準備好的台詞，就落得顏面盡失。

請看第三幕第五場，霍珊和克里斯提安在花園裡。

霍珊：坐下來吧。你說，我仔細聽著。

克里斯提安：我愛你。

霍珊：好啊，說說你怎麼愛我。

克里斯提安：我愛你。

霍珊：愛情是我們談話的主題，你要加以潤飾。

克里斯提安：我……你……

霍珊：說啊！

克里斯提安：我好愛你！

霍珊：毫無疑問，接下來呢？

克里斯提安：如果你也愛我，那我會好快樂！告訴我霍珊，說你也愛我！

霍珊：我跟你要奶油，你給我的是高湯。多說說你是怎麼愛我的。

克里斯提安：但是……有好多可說呢。

霍珊：噢！去探索你的情感的迷宮吧！

克里斯提安：你的頸子！我想親吻你的頸子！

霍珊：克里斯提安！

克里斯提安：我愛你。

霍珊：又來了！

克里斯提安：不！我不愛你！

霍珊：好多了。

克里斯提安：我仰慕你！

霍珊：噢！

克里斯提安：這下子顯得我一副呆樣。

霍珊：你這樣我要不高興了。就好像你變成醜八怪，我也會不高興。

克里斯提安：但是……

霍珊：去吧，去把你滔滔不決的本領找回來。

克里斯提安：我……

霍珊：你愛我，我知道。再會吧。

在這次失敗後，克里斯提安向西哈諾求助，他們共同創造出赫赫有名的露臺求愛那一幕。西哈諾站在陰影中，低聲向克里斯提安提詞，後者再把這些話複誦給靠在樓上露臺的霍珊。當這些話傳得七零八落時，西哈諾接手，霍珊聽到的是西哈諾的聲音，但看不見他的人。

霍珊：你吞吞吐吐，為什麼？

西哈諾：因為夜深了。

在陰影中，我的話語必須在黑暗中摸索著才到得了你耳中。

霍珊：我對你說話就沒有這問題。

西哈諾：當然，你的話可以順利找到路。因為我用心傾聽。

而且我的心很寬廣，但你的耳朵很嬌小。

在一來一往的押韻對句中，兩人的對話愈來愈精采。最後霍珊坦承：「是的，我在發抖，我在啜泣，我愛你，我屬於你。」在西哈諾與霍珊進行這段令人心蕩神馳的情話時，克里斯提安站在一旁，這時候他走上前來，請西哈諾替他索求一個吻。「既然她如此春心蕩漾，我一定要好好利用機會。」於是克里斯提安從牆上的格子棚架爬到露臺上擁抱霍珊，而底下的西哈諾在心裡安慰自己：「她吻的是我方才說出的話。」用英文——尤其是用散文——轉述這甜美的一幕，簡直是褻瀆了原劇，可惜我想不出就我所知能真實傳達這機智文字遊戲的押韻譯文。

從全劇高潮的這一幕之後，劇情開始快速推展。霍珊和克里斯提安當晚順利結為連理，但克里斯提安立刻和其他軍人一起奔赴戰場，包括西哈諾在內。在前線的西哈諾每天冒著生命危險越過敵軍陣線，以克里斯提安的名義寄信給霍珊。這些情書太過動人，於是霍珊決定乘坐一輛長得像南瓜的特殊馬車，裡面裝滿給士兵的糧食，設法來到前線。西哈諾不得不告訴克里斯提安，他在克里斯提安不知情的狀況下送了更多封信出去——其實是一天兩封。當霍珊對克里斯提安吐實，說她因為那些情書的力量比之前更愛他，而且再也不是為了他英俊的面貌而是為了他的靈魂而愛他時，他崩潰了。他質問西哈諾：「她不愛我……她愛的是你……你也愛她！」

西哈諾：我？

克里斯提安：我很清楚。

西哈諾：是真的。

克里斯提安：你愛她愛得發瘋。

西哈諾：比那更多。

克里斯提安催促西哈諾向霍珊告白，好讓她從他們倆之間做選擇。但在西哈諾把情形向霍珊解釋清楚之前，第一顆敵軍的子彈結束了克里斯提安的生命。西哈諾用僅剩的一點時間以謊言安慰將死的克里斯提安：「她愛的依舊是你。」此後，西哈諾將永遠守口如瓶。

好吧，其實不算是永遠。十五年後，西哈諾到修道院造訪霍珊。自從克里斯提安死後，守寡的她就住在那裡，西哈諾每週都會去看她。在這第五幕中，西哈諾自己也即將離開人世，他說溜了嘴。於是霍珊終於發現他之前的託辭。

霍珊：那些甜蜜瘋狂的情話，從頭到尾都是你說的！

西哈諾：不！

霍珊：那天夜晚，是你的聲音！

西哈諾：我發誓不是我！

霍珊：那靈魂是你的。

西哈諾：我從沒愛過你。

霍珊：你愛我。

西哈諾：愛你的是他，克里斯提安。

霍珊：你愛我！

西哈諾：不！

霍珊：你否認的聲音愈來愈小。

西哈諾：不，不，我親愛的，我從沒愛過你！

西哈諾遭敵人攻擊，頭部受傷。臨死前，他把這份如此特別的愛情經驗歸功於霍珊：「多虧了你，我的生命中還有一位翩然而過的女子。」而她終於看清事實，發覺道：「我只愛一個人，卻失去他兩次。」

從以上簡短的摘要，我們或許認為《大鼻子情聖》是一齣太過感傷的通俗劇，幾乎算不上是偉大的文學作品。然而即使既感傷又通俗，它還是持續迷倒全世界觀眾。只要看過舞台劇，或由大明星傑哈．德巴狄厄主演的法國電影版，就知道它是一部多麼神奇的戲劇作品。我們又哭又笑，而且雖然舞臺上死了兩個人，觀眾出了戲院還是精神振奮。我們在內心深處都是浪漫主義者。西哈諾遵循高尚男主角的最佳傳統堅守對霍珊的愛，卻沒有摧毀霍珊對克里斯提安的感情。到了劇末，真相大白的一幕滿足了所有人。我們不在乎西哈諾一直沒有成為霍珊的情人；重要的是他從未停止崇拜她，而她也終於可以愛他。

我想像著不可一世的西哈諾，彷彿我從遠方望著他率領一群愛情小說家衝鋒陷陣，對抗所有密謀摧毀浪漫愛情的敵人。在一八九〇年的法國，這些傢伙包括憤世嫉俗者和暴露真相者，他們只對短暫戀情和肉體歡愉感興趣，還有些人打算為了如金錢、社會地位或政治榮耀等其他目標放棄愛情。而今日的敵人呢？在法國和美國，唯一真愛的理想正遭到攻擊。我們生活在一個拋棄式的社會裡，所有人都想要改變與替換所有事。你手機裡沒有最新的應用程式？丟了它，換個手機。你受夠了枕邊人，想找個更年輕、更性感或更刺激的女人？甩了她，換個女人。你丈夫胖了九公斤又丟了工作？甩了他，換個男人。我的天！西哈諾多麼有感染力！他讓我說出我通常怕顯得自己俗氣而說不出口的話。

某位法國將軍曾經向我坦白，每當他讀著當年從越南寫給太太的信時，就止不住淚水。他再次經歷和三十年前越戰時淹沒他那一模一樣的情緒。他想毀了那些信，如此就沒有人會知道他曾經多麼深愛他太太。我建議他把信留給歷史檔案館，它們能啟發未來好幾代的人。

如果在初次登上舞台一世紀後的今天，西哈諾還能感動人心，或許浪漫愛情還有希望。或許我們將繼續相信永恆的愛值得我們努力奮鬥，即使我們得不到它。

第十一章　男人間的愛情

魏爾連、韓波、王爾德與紀德

他說：「我不喜歡女人。我們必須重新創造愛情。」

——亞瑟・韓波，《地獄的一季》，一八七三年

魏爾連與韓波

隨著時間流逝，「歡樂的九〇年代」這個名詞有了新的意義。我們現在用的「歡樂／男同性戀」（Gay）這個詞的使用可以追溯到一八九〇年代末期，與英國劇作家奧斯卡．王爾德的審判有關。這場審判迫使同性戀成為眾所矚目的焦點，不僅在英格蘭，在法國也一樣。

第一場審判由王爾德自己提出，他在一八九五年控告昆斯貝瑞侯爵，他是王爾德的年輕情人阿弗雷德．道格拉斯勛爵的父親。王爾德宣稱昆斯貝瑞侯爵毀謗他，說他擺出一副「雞姦者」的樣子，但接著王爾德在法庭上又暗指自己有同性戀行為。法庭一宣告昆斯貝瑞侯爵無罪，侯爵就開始緊咬王爾德，控告他「做出違反男人天性之事」。朋友們建議他逃到法國，但他拒絕。正當他在倫敦法院所在的老貝利街等待判決時，許許多多同性戀與雙性戀英國人都逃往歐陸，其中多數人去了法國。[1]

在指控王爾德的四項罪名裡，陪審團只同意其中一項，因此第二次審判沒有明確結果。雖然他可以在保釋期間逃往法國，他卻留在英國。在六天的審議之後，他的所有罪名都成立，法庭判處他兩年苦役。出獄後的王爾德一文不名。曾經在英國大紅大紫的王爾德現在已經人人喊打，他越過英吉利海峽，定居法國，先到諾曼第，之後又到了巴黎。他人生最後三年在美術路一間小旅館度過，公開尋歡作樂，愈來愈窮困潦倒。他的前任情人道格拉斯也就是他朋友暱稱的波西依舊和他來往，不過他身後還有一長串「出租男孩」（即年輕男妓）。王爾德於一九〇〇年過世，享年四十六歲。他的遺骸於一九〇九年被移往拉雪茲神父公墓，至今依舊吸引大批遊客造訪。

王爾德的故事，顯示出英國與法國在面對同性戀時的法律處置截然不同。根據一八八五年的《拉布謝爾修正案》，男同性戀在英國是非法行為，而法國從一七九一年就已成為歐洲第一個廢止反雞姦法的國家。在一八〇四年的《拿破崙法典》和一八一〇年的刑法頒布之後，同性戀合法化已經成為明文規定的法律。這並不代表法國社會普遍接受同性戀，或者同性戀沒有被處刑，有時他們被控其他罪名，但在十九世紀晚期到第二次世界大戰之間，同性戀者在法國比在英國安全。

法國歷史上有記載的同性戀可以追溯至十二世紀。還記得柯農・德・貝杜恩故事中的騎士，他對年華老去的淑女不屑一顧，於是她指控他「比起女人，他更喜歡俊美年輕男孩的擁和親吻」。以上這首詩寫於一一八〇年菲利普・奧古斯都國王完婚後不久，柯農一定意識到一一七九年的大公會議也就是第三次拉特朗大公會議中頒布的譴責同性戀法案。人們可不會輕忽火刑或砍頭等對同性戀的處罰。

在整個中世紀，同性戀都遭到教會迫害，有時還結合其他罪名，例如挪用或侵吞公款。除去敵人或對手的好方法就是指控他雞姦。但從十六世紀以降，法國逐漸開始容忍男同性戀行為，尤其是男性貴族間的同性戀。畢竟大家都知道某些皇室家族的顯赫成員是雙性戀或同性戀。例如亨利二世有男寵早已不是祕密，還有路易十四的弟弟奧爾良公爵也是公開的男同性戀。

有些法國作家認為男性友誼比男人對女人的愛情來得高尚，無論有沒有同性戀情欲。十六世紀時，作家蒙田對埃蒂安・德・拉波埃西的情誼，在蒙田隨筆裡的〈論友誼〉中化為永恆，成了法國人口中 *une amitié amoureuse* ——「親愛的友誼」的原型。蒙田將異性戀的熱情形容為「活躍、尖銳而急切」，但也「浮躁、波動和易變」；在他眼中男性間的友誼相形之下卻較為穩定、溫和而節制。

> 在我所提及的這種友誼裡，靈魂水乳交融合為一體，以至於兩者間的接縫被抹去，難以發現。如果你逼問我為什麼我愛他，我覺得我無法表達：因為是他，因為是我。[2]

在愛情用語大全裡，「因為是他，因為是我」（"Parce que c' était lui, Parce que c' était moi"）這兩話可以與中世紀常見的名言「沒有我就沒有你，沒有你就沒有我」（"Ni vous sans moi, ni moi sans vous"）並列而毫不遜色。兩種說法都強調個體的獨特性，堅決相信他和她，或他和他，是適合彼此的唯一人選。用現代俗語來說，這種情人或朋友就是「天生一對」。在蒙田的時代，「真愛」或「真正的朋友」還是可信度很高的概念。

拉波埃西年僅三十七歲就去世，失去摯友的蒙田在拉波埃西死後許久，繼續讚美兩人親愛的友誼勝過其他形式的愛，包括他的婚姻在內。有男性偏見的蒙田根本沒想過，女性可以和男性一樣，與友人產生同樣的密切關係。

一世紀之後，西哈諾·德·貝哲哈克（一六一九至一六五五）本尊毫不掩飾他的同性戀傾向。不但是好吹噓的軍人和二流作家，西哈諾同時也主張無神論和宗教思想自由，教會本來不會放過他，但在也有同性戀之嫌的路易十三相對寬容的統治之下，他沒有因為異教信仰和異端行為被教會找上。他甚至大膽到以盛讚之詞描寫一個想像中的星球，在這星球上男人可以公開成雙成對。現在讀來，他於一六六二年首次出版的小說《太陽的國家與帝國喜劇史》給人一種超越時代的科幻小說印象。

到了十八世紀初，巴黎出現了一個由各個社會階層組成的男同性戀社群。[3]嗜好相同的男人知道如何在特定地點找到彼此，如夜總會、酒吧和旅店，或在戶外場地如塞納河畔、杜樂麗宮、皇家宮殿公園或盧森堡公園。他們絕不能引起警察注意，如果被逮到在外遊蕩或正在「犯案」，警察會逮捕同性戀者，不過當局往往從輕發落。然而有兩名男同性戀卻非如此；一七五〇年七月五日，不幸的這兩人在格列夫廣場（現在的市政廳廣場）被活活燒死。這次的處刑記錄在一七六五年的《百科全書》裡，此外一名旁觀者在日記中寫道：「當局為了殺雞儆猴將他們處死，也因為據說這種罪行愈來愈猖獗。」[4]這似乎是巴黎同性戀者最後一次被處刑。

十八世紀哲學家如伏爾泰與狄德羅（兩人都是異性戀），大致上支持同性戀，認為他們是宗教權威騷擾下的邊緣團體。但他們也指控神職人員彼此雞姦，他們認為做這種事都是因為生活中缺乏女人。他們問，雞姦有比守貞更違反自然嗎？

盧梭在他的《懺悔錄》第二卷（一七七〇）中，說了一則他在皈依天主教時的私人插曲。

當時有一名摩爾人向他求歡。對此舉動感到作嘔的盧梭跑去找某位神父，卻驚訝地發現對方沒有譴責反而容忍此事。藉此示意讀者的盧梭下了結論：「這種事在世界各地絕對都很普遍。」

• • •

十九世紀末法國詩人保羅・魏爾連和亞瑟・韓波是同性戀史上的偶像。今天凡是受過教育的法國人都很熟悉他們的詩作或兩人短暫炙熱的戀情。根據各種流傳的說法，韓波在他天使般的面容之下有著宛如魔鬼般的個性。一八七〇年，韓波超齡的詩作把他從阿登帶到巴黎，當時他只有十六歲。一頭亂髮、放蕩不羈的韓波，即將在所有試圖保護他的所有人生命中帶來大災難，其中最有名的就是魏爾連，他大韓波十歲，才剛做爸爸，是位備受敬重的詩人，但也酗酒。正如韓波在他的散文詩《地獄的一季》裡堅決主張：「我們必須重新創造愛情。」他希望藉由酒精和大麻導致「所有感官錯亂」，達到某種神祕的結合。然而魏爾連和韓波的關係卻以暴力相向收場。

一八七三年，他們一起到比利時旅行，在某次激烈爭吵之後，魏爾連開槍射中韓波手腕，因而被捕。警方在報告中指出魏爾連身上有「主動與被動的雞姦痕跡」——無論那可能表示什麼意思。和王爾德一樣，魏爾連也在監獄中度過了好一段時間，思索他那不幸的戀情。

回到巴黎後，魏爾連過著可悲的生活，酗酒的他只能仰賴許多仰慕者的善心過日子。在死於一八九六年之前，他繼續寫詩，其中大多都是直白的色情詩。他的舊情人韓波痛苦告別了詩，也告別了巴黎，在衣索比亞從事投機事業。他於三十七歲死於骨癌。

雖然這兩人（*drôle de ménage*，韓波的形容詞，意思是「怪異的一對」）的戀情人盡皆知，讓法國同性戀出櫃的關鍵人物卻是英國人王爾德。遭審判和坐牢的王爾德引發海峽對岸許多捍衛同性戀人士的同情，憤怒的毀謗人士也不少。王爾德聲名狼藉的情史，為之後一一出版的法國同性戀主題作品敞開大門，例如皮耶·路易斯的《肉與死》（一八九六）；安德烈·紀德的《地糧》（一八九七）和《背德者》（一九〇二）；柯蕾特的《學校裡的克勞汀》（一九〇〇）、《克勞汀在巴黎》（一九〇一）和《已婚的克勞汀》（一九〇二）；娜達莉·巴尼的《女性肖像之十四行詩》（一九〇〇）；莉安·德·普吉的《莎芙的田園詩》（一九〇一），以及讓·羅航的《菲利貝赫之家》（一九〇四）。一九〇八年，普魯斯特開始撰寫他的那部多卷鉅作《追憶似水年華》，痴迷地描寫筆下的同性戀角色。一九一一年，紀德以私人名義出版他的同性戀論文集《柯西登》（一九一一）。

雖然以上大多數著作處理的都是男同性戀議題，但這不表示女同性戀鮮為人知。在如火如荼的法國大革命時期，瑪麗·安東妮不只遭人指控有男性情人，也有人說她和女性密友發生女同性戀行為。還有人指控她和八歲大的兒子亂倫，但這項指控實在過於荒謬，連指控她的人在審判中都不再提起。五十年後，喬治．桑也遭人譏笑為女同性戀，因為她常穿褲裝、抽菸，而且身為作家她也比除了雨果以外的同時代其他男性作家更有成就。雖然她有許多男性情人，我們也有理由相信，有一陣子她和女演員瑪麗．多瓦爾有親密的性關係。顯然喬治．桑與多瓦爾之間的書信往來也可以當成是兩人深愛彼此的證據，無論她們之間有沒有性關係。在大約一九〇〇年開始書寫女同性戀主題的法國女作家中，柯蕾特注定是其中最赫赫有名的一位，我們將在十三章裡把她和其他女同性戀與雙性戀女人一併進行討論。

二十世紀初的兩位男同性戀作家紀德與普魯斯特，把男同性戀放在法國文學地圖上前所未有的位置。不，他們倆不是情人。他們都是傑出作家，認識彼此，知道彼此在從事革命性的工作。紀德的作品是繼柏拉圖時代以來最重要的男性之愛辯護文字。他公開強調男同性戀這一主題以及將自己視為雞姦者的影響力不容小覷。另一方面，普魯斯特——我們將會在另一章單獨討論他——從來沒有以第一人稱寫過同性戀這回事。不過他卻在《追憶似水年華》裡描述各式各樣同性戀角色，男女都有。並不意外的是，紀德和普魯斯特這兩位作家都是在王爾德的悲劇情史令人痛苦不堪、記憶猶新之際，寫下傑出的作品。

首先讓我們看看紀德和王爾德之間的直接關係。紀德與王爾德第一次相遇是在一八九一年底的巴黎時髦社交圈中。王爾德三十七歲，對於圍繞著他剛出版的小說《格雷的畫像》打轉的流言蜚語樂在其中。他的劇本《溫夫人的扇子》正在倫敦排練，即將成為幾部大獲成功的戲劇之一（包括我最喜歡的《不可兒戲》）。也許愛爾蘭血統有利於他巧妙地使用英文，以及流暢地運用法文，不過他的口音很重。此外，他又高又帥，富有又機智，刻意挑釁，而且徹底敗德。紀德年僅二十二歲，在百般呵護的母親監護下，他背負著在諾曼第外省長大的新教禁欲重擔。王爾德的鮮明個性和享樂主義的教條令他目眩神迷。紀德在十二月四日寫給詩人魏爾連的信中說道：「王爾德千方百計地想把我的靈魂趕盡殺絕。」在十二月二十四日他又說道：「請原諒我的沉默：自從王爾德出現後，我幾乎不存在。」[6]之後紀德否認他當時知道王爾德的性傾向，但他不能否認的是這位年紀較長的作家對他的知識與美學上的影響。從這時候起，紀德開始拋下少年時的嚴格基督教道德感，不時沉溺於感官主義者的生活方式。

一八九四年，紀德在威尼斯再次遇到王爾德，這次王爾德和他的情人道格拉斯在一起；次年一月他們又在北美相遇。一月的會面對紀德的同性戀史有決定性的影響，因為這次王爾德帶他到阿爾及利亞卜力達的一間咖啡廳，他介紹了一名年輕的阿拉伯男孩給他。正如紀德在他的回憶錄《如果麥子不死》（一九二六）裡的敘述，王爾德問：「親愛的，你想要這個小小音樂家嗎？」這時紀德以幾乎窒息的聲音回答「要」。紀德與這名叫穆罕默德的男孩在一起，留下了令他難以忘懷的喜悅回憶，成為日後與其他男孩相遇的樣版。

王爾德是紀德《地糧》裡梅納爾克這個角色的原型，他也再次出現在紀德突破性的小說《背德者》裡。梅納爾克是位具顛覆性的導師，他教導自由、感官愉悅、欲望的滿足和肉體的歡愉。他提出「全新的人」的道德觀，主張把人從充滿束縛的傳統中解放出來，自由自在追尋其天性。重讀《地糧》，我可以在這片極其誠摯的土地上，感受到韓波、尼采、王爾德和沙特（雖然他還沒出生）的回音。我帶著失望的情緒放下這本書，但是重讀以架構完整的小說型態處理同樣主題的《背德者》，卻能從頭到尾吸引我的注意，即使書中情節我早已倒背如流。[7]

在一八九五年王爾德在北非替紀德開啟他的同性戀情初體驗，一八九七年紀德出版《地糧》，王爾德才剛服完苦役。獲釋後他立刻前往法國，定居在迪耶普附近的濱海貝赫納瓦，而紀德是極少數去探望他的作家之一。他震驚於王爾德的脆弱不堪和心灰意冷，與之前判若兩人。紀德與王爾德兩人的情形已經大為不同。王爾德皈依天主教，紀德則結了婚。沒錯，雖然紀德發現他的同性戀傾向，卻在一八九五年娶了年紀略長的表姊瑪德蓮．宏多，他在過去七年來一直對她一往情深。他們之間就是法國人所謂的「白色婚姻」——夫妻沒有圓房的婚姻。從大多數標準看來這都是一樁奇怪的結合，充滿說不出的緊張感，但這也代表紀德延續他的諾曼第童年，以及深刻的依戀感。

紀德與瑪德蓮的婚姻和他的同性戀渴望，成為《背德者》的基礎。小說敘事者米歇爾為了成全父親的臨終心願，與「沒有愛情」的瑪瑟琳結婚（在現實生活中，促使紀德結婚的是他母親的死）。米歇爾生長在諾曼第，他信奉新教的母親以嚴格的宗教信仰養育他，他的父親則是給予他古代語言與考古學教育。當這對新婚夫婦前往義大利和北非度蜜月時，米歇爾的理智受到動搖，驅使他踏入陶醉的感官生活。

加速這場改變的，是米歇爾的瀕死體驗。旅途勞頓與北非出乎意料的寒風使米歇爾身體逐漸虛弱，他開始咳血，因此被迫在突尼西亞過冬，以便在妻子細心照顧下恢復健康。小說裡這麼形容：「重要的是，死神……與我擦身而過。重要的是，光是活著對我而言就是件了不起的事。」

米歇爾恢復的同時，也發現了當地的阿拉伯男孩，他們單純的心靈、俊美的外貌和淘氣的個性，把他從死神手中救了回來。從這時開始，小說隱隱暗示他在性方面深受他們吸引：他著迷於他們的光腳、可愛的腳踝和手腕，以及他們纖細的肩膀。他想和他們從早到晚在一起，一開始是和瑪瑟琳帶來的巴席爾，然後是他在公園裡發現的一群孩子。這些男孩使他充滿活力，於是他決定要好起來。在他的生命中，這是第一次他對自己的身體感興趣。他必須吃得更多，他必須呼吸新鮮空氣。他強迫自己忘記疲勞，「在一種狂喜的心境下，在安靜的快樂以及對感官與肉體的禮讚中」漫步。

揭開米歇爾個性中不為人知那一面的，是瑪瑟琳最喜愛的一名青少年莫克提爾。米歇爾看見這男孩偷了瑪瑟琳一把縫紉剪刀，但他卻一言不發。他絲毫沒有道德上的憤怒，只覺得有趣。米歇爾正逐漸成為這本書的書名《背德者》。

「背德者」的定義是什麼呢？米歇爾愈來愈相信他唯一職責就是恢復健康，而健康就是意志力的展現，道德觀成為一個簡單的公式：「我必須把一切有益於我的事物都認為是好事；我必須忘記、拒斥一切不能治癒我的事物。」這就是在對男孩與年輕男人逐漸增加的迷戀中，支撐米歇爾直到故事結束為止的教條。

紀德或許可以讓小說中代替自己的主角出櫃，但是他沒有。在小說後半部令人訝異的轉折之後——這部分我讓讀者自己去發掘——米歇爾只承認比起女孩他或許更受男孩吸引。在他習慣性和一名阿拉伯女孩睡覺的同時，女孩宣稱她弟弟才是真正吸引米歇爾的人。米歇爾承認「或許她的話中有部分為真。」在《背德者》首次出版的一九〇二年，這一點已經夠大膽了。他將在之後揭露更多詳盡的真相。

米歇爾喜歡男孩的事實對法國讀者而言沒有那麼叫人厭惡，那是因為這些男孩是阿拉伯人。在殖民時期，突尼西亞與阿爾及利亞都在法國的統治下，和阿拉伯男孩性交所引發的憤怒，不如對象是法國人來得那樣嚴重，這也充分說明法國人種族歧視的態度。即使今日，法國人對於男人和男孩發生性關係似乎也不會大驚小怪，只要事情發生在別的國家。例如當總統薩科奇任命前任總統弗朗索瓦・密特朗的姪子費德里克・密特朗為文化部長，即使後者曾經寫過回憶錄鉅細靡遺描述他曾經在泰國買春，對象是泰國男孩，群眾卻沒有強烈抗議。當然在美國，沒有一位公眾人物會出版這種回憶錄，無論相關行為發生在哪裡。成年人與未成年人的性關係一般而言不只該被指責，而且也是犯罪行為。在美國的合法性交年齡是十八歲，而英國是十六歲，法國是十五歲——統計數字會說話。

正如法國文學中的傳統，《背德者》維持肉體歡愉和純愛之間的界線。肉體歡愉是米歇爾在阿拉伯男孩身上的體驗，而愛情則是他在瑪瑟琳身上的感受。瑪瑟琳這個人物就是紀德神聖的妻子瑪德蓮（也就是他的小說《窄門》裡的阿麗莎），她在他眼裡等同於他的母親。如母親般的妻子依舊在永恆的純愛領域中，而男孩們提供的是稍縱即逝的身體滿足感。

妻子於一九三八年去世之後，紀德寫下回憶錄《遺悲懷》，描述這段特殊婚姻中他身為丈夫的想法，他肯定自己對瑪德蓮終其一生的愛，也承認性向偏差和放棄基督教信仰造成他極大的痛苦。事實確實如此。

當紀德與諾曼第一名當地牧師的兒子馬克・阿列格雷墜入情網，並於一九一八年六月和他一起前往倫敦時，瑪德蓮受不了了。為了報復，她燒毀所有紀德的信，總共是他二十多年與其他人的書信往返！對於紀德這樣一位文人，他由衷信任的瑪德蓮對他做出這種舉動，確實是最可怕的報復。

在一九二四年的論文集《柯西登》中，紀德嘗試把愛情和歡愉合而為一。或許是有生以來第一次，在馬克・阿列格雷身上體驗過兩者之後，他開始捍衛個人追尋天生性傾向的權利，無論其性傾向是否符合傳統規範。取自羅馬詩人維吉爾的作品《牧歌》裡的角色柯西登，出現在一場與恐同性戀者的對話中。他與他們爭辯同性愛情的優點，柯西登激烈捍衛同性之愛，認為它既自然又美好。紀德以雞姦男童者的身分出櫃，強調成熟男人與年輕男人之間愛情的教育價值。他將自己與其他同性戀區隔開來，例如喜歡其他成年男性的「性悖軌者」，或採取女性角色的「性倒錯者」——紀德認為這些人都較雞姦男童者低等。雖然紀德揭露自己同性戀傾向勇氣可嘉，今天我們閱讀《柯西登》時還是很難不認為他的看法既過時又自私。之後在一九四六年，紀德寫下他認為《柯西登》是他所有著作中最重要也最有用的一本。[8]

在二十世紀前四分之一，紀德的作品在高級知識份子間廣為流傳，他奠定基礎，使同性之愛能被更多人接受，直至西元二千年終於在法國成為普遍的現象。當然，他這樣的態度終其一生都遭到反對，尤其是在天主教的圈子中。只要閱讀紀德與當時詩人暨劇作家保羅．克勞岱爾*的通信，就能明白他面臨的困境。捍衛天主教信仰的克勞岱爾，甚至早在紀德對他承認自己的「反常」之前，就曾試圖說服紀德他的靈魂有危險。克勞岱爾攻擊他的「惡」，理由是聖經（不是由耶穌而是由聖保羅所著）中譴責同性戀，而紀德可以被視為變節者。他們的書信往返與紀德的私人日記，是理解這兩位偉大法國作家如何在上帝、道德與愛情等信念上意見相左的珍貴文件。對克勞岱爾而言，愛情只能發生在異性之間，而且必須在神聖的婚姻契約下結合。他深信如此，以至於他必須放棄自己熱情洋溢的中年婚外情，也就是他的戲劇《正午的分界》的故事來源。對紀德而言，愛情既可以發生在同性之間也可以發生在異性之間，後者主要是保留給他的妻子。對於在一九二三年懷了紀德孩子的伊莉莎白．馮．里斯爾伯格，紀德懷抱著什麼感情呢？沒錯，紀德有個非婚生女兒卡特琳娜．紀德，據說他是個慈愛的父親和祖父。紀德行為的無拘無束，最大受害者就是妻子瑪德蓮。然而一九二五年，當克勞岱爾在某個機會要求見她，討論她丈夫的救贖問題時，她拒絕他並寫道：「凡是喜愛安德烈．紀德的人都應該為他祈禱。我每天都這麼做，你也該這麼做。」[9]替紀德向上帝祈禱是否對他的來生有所幫助，我們永遠無從得知，但是他在一九四七年獲頒諾貝爾文學獎，絕對能證明這位小說家在此生備受敬重。

紀德不是唯一替同性戀開疆闢土的作家。與他同時代的普魯斯特，之後還有尚．考克多、亨利．德．蒙泰朗和侯傑．佩雷菲特等人都勇敢發聲，創作許多由同性戀作家所寫或談論同性戀的傑出文學作品。在第二次世界大戰後，曾經入獄的作家尚．惹內崛起，成為法國最具原創性的同性戀作家，他的劇作尤其受到大西洋兩岸人士喜愛。等到美國黑人作家詹姆斯．鮑德溫在一九四〇年晚期出現時，巴黎已成為許多不願意在自己國家暴露其性傾向的作家與藝術家們的朝聖地。接下來的兩章我將會談論其他法國作家，有男性也有女性，他們加入紀德的行列，呼籲大眾關注同性戀者。

＊保羅．克勞岱爾就是雕塑家羅丹的情人卡蜜兒．克勞岱爾的弟弟。他於一八九三年後擔任法國外交官，派駐世界各地。

第十二章 欲望與絕望

普魯斯特的神經質情人

戀愛中的心永無寧日，因為除了重啟進一步的欲望之外，我們一無所獲。

——馬塞爾・普魯斯特，《在少女們身旁》，一九一九年

普魯斯特畫像

之前我們已經看過不幸的愛情。法國歷史與文學中不乏各種情人受苦的故事，這些痛苦往往來自外力：蠻橫的父母；不懷好意的競爭者；嫉妒的丈夫；戰爭；意外；寄丟了的情書。然而有時候不幸的愛情是我們自身想像力的產物。在普魯斯特身上，我們遇見一位浪漫戀情的悲傷主要出於自身的作家，而且它是來自作者騷動的靈魂，他因而認為自己沒有能力得到心靈的快樂。透過普魯斯特，讀者進入一名神經質情人的領域。

在整整七卷的作品《追憶似水年華》的一開始，普魯斯特就將他那神經質愛情的來源一一道來。書中敘事者名叫馬塞爾，他將自己成年後的焦慮，追溯至孩童時期在樓上臥房裡等待母親的晚安吻經驗。更糟的是某些晚上家裡有客人，馬塞爾被迫在樓下吻母親道晚安。「我只能把上床睡覺前媽媽通常會給我那脆弱又珍貴的晚安吻，從餐廳一路移到臥房，我在脫衣服時必須小心翼翼，使它不受褻瀆，好讓它甜蜜的魅力不受破壞，飄緲的本質不會蒸發於無形。」[1] 在關鍵性的一幕中，馬塞爾被送上床，母親卻沒有親吻他，他的痛苦難以忍受，於是他大吵大鬧，母親只好整晚在房間裡陪他。但母親的讓步沒有令馬塞爾欣喜若狂，反而認為這是一場挫敗：他知道父母已經不得不承認他和其他男孩的差異，結果只好放棄他們對他的理想形象。

那晚安吻！馬塞爾承認圍繞在這儀式周圍的焦慮從來沒有離開過他。他心領神會說道：「那極度的痛苦之後轉移到愛情中，或許甚至永遠與愛情密不可分。」源自於高敏感孩子對父母的愛，這份不安進入到普魯斯特所有的愛情故事中。

然而普魯斯特很有技巧地創造書中角色的精神現實，以至於我們能穿透角色的外表，挪用他們的欲望與絕望。沒有哪一個作家能像他這樣把愛情中的悲慘心境描述得如此具說服力。讀者們，當心了。我是個普魯斯特迷。如果我將被放逐到荒島上，只能選擇帶兩位作家的作品，我會選莎士比亞和普魯斯特。如果你已經是普魯斯特迷，就知道我的意思。至於對其他人，我只能說：試著讀普魯斯特，再看看他適不適合你。

不是每個人都適合讀普魯斯特。據說紀德（在眾人中竟然是他！）拒絕讓聲譽卓著的《新法語月刊》出版普魯斯特的手稿。接著在一九一三年，葛哈瑟出版社出版了第一冊《在斯萬家那邊》，但卻是由作者自費出版。第二冊《在少女們身旁》必須等到第一次世界大戰結束方能出版，但是一九一九年一問世，它立刻獲頒有名的鞏固爾文學獎。從那時開始，普魯斯特在全世界有無數仰慕者，但也有誹謗者。許多人覺得他的小說過於冗長迂迴，或太過無聊。他無止境的沉思令某些人退避三舍，也有人不喜歡最後幾卷他愈來愈著重描寫同性戀；甚至還有人斷言普魯斯特是個「長舌婦」。但對我而言，普魯斯特是美與真（濟慈請見諒）*、幽默感與洞察力的持續來源，即使我承認他的愛情觀十分扭曲。最近某位法國普魯斯特評論家很貼切地將他的著作命名為《普魯斯特，恐怖的愛情》。[2]普魯斯特式愛情的下場總是很悲慘。

讓我們來看看《追憶似水年華》第一冊第二卷《斯萬之戀》，它構成普魯斯特最簡潔的愛情論述。夏爾．斯萬是馬塞爾家親密的家庭友人，當他們在貢布雷過復活節和過暑假時，斯萬常來拜訪他的父母、祖父母與姑姑們（貢布雷是以現在改名為伊利耶－貢布雷的外省鄉鎮伊利耶為藍本加以描寫）。孩提時的馬塞爾很敬畏這極為富有、品味也無可挑剔的男人，而從斯萬家豪華鄉間宅邸的籬笆間看見斯萬的女兒吉兒貝特的那一刻起，他就愛上了她。

斯萬與吉兒貝特的母親奧黛特．克雷西的戀情，早在馬塞爾出生前就已展開，然而馬塞爾說起這段故事，彷彿他曾親自見證似的。我們看著斯萬對奧黛特的魅力逐漸有反應，即使他知道她有著陰暗的過去，此外她並不特別聰明或有教養，她與他一般渴望的女性形象不符。她有著「某種令他不感興趣的美貌……她的輪廓太不柔和，皮膚太嬌嫩，顴骨太突出，臉太長」。有好一段時間他只在夜晚和她見面，他先在他的馬車上和較為豐滿的勞工階級女性做愛之後才去找她。奧黛特想盡辦法燃起斯萬肉體欲望與溫柔的情感。在斯萬某次造訪之後，她送了個訊息給他，說他忘了拿他的雪茄盒，後面加了句：「但願……你也忘了拿走你的心！若是如此我絕對不讓你拿回去。」

＊英國詩人濟慈曾在〈希臘古甕頌〉（一八一九）一詩中寫道：「美即是真，真即是美。」

要與奧黛特墜入愛河，斯萬需要的不只是她的從旁鼓勵。因為她原本就不是他喜歡的類型，他需要一些美學上的聯想才能燃起欲望。某一天他發現，奧黛特酷似西斯汀教堂裡波提切利溼壁畫中的聖經人物葉忒羅的女兒西坡拉。這種關聯性增強了她的美，使得她更可人。

第二個也是更重要的聯想，是來自某位鋼琴家在奧黛特常參加的晚宴的女主人維爾迪蘭夫人家中彈奏的一首奏鳴曲。雖然維爾迪蘭家的豪華程度完全不及斯萬時常出入的場所，他卻很享受，在奧黛特的陪伴下，他尤其喜愛當晚的音樂。他發現由凡德伊演奏的奏鳴曲裡一再出現的「小樂句」，成為「他倆愛情的主題曲」。這小樂句喚醒斯萬的渴望，並且最終與他對奧黛特的情感合而為一。如果在一部電影中，這背景音樂可以是聖桑的《d小調第一號鋼琴與小提琴奏鳴曲，作品七十五》，據說這首曲子就是普魯斯特書中小樂句的靈感來源。

通往愛情的道路的確十分奇妙。首先斯萬愛上一幅使他重視奧黛特的繪畫，只因為她和畫中人物相似。接著他又愛上一段燃起他對她的情感的樂曲。但要使他愛上她，最後一項心理經驗不可或缺。因為奧黛特一直讓斯萬隨時能接近自己，斯萬就不夠珍惜她。他為何甚至沒有親吻她，或和她上床！但是那天晚上他到維爾杜航家裡，之後卻發現她沒有等他就先離開，他陷入瘋狂狀態。他去許多正常營業時間之外的地方尋找她，她與其他男人在一起的恐懼又加深他的痛苦。最後他看見她從一間餐廳獨自走出來後，他帶她回家，他情不自禁就在馬車裡吻她，並且扶正她胸前的洋蘭，這一切使得他們第一次共度春宵。從此之後，他們私下把做愛稱為「扶正洋蘭」。這是兩人戀情中的快樂時光。「啊！在愛情最初萌芽的日子裡，親吻是多麼自然而然發生的事！情人們總是膩在一起，以至於一個小時內難以估算他們吻了幾次，就好像難以估算五月的草原上有多少花朵。」

這段快樂時光十分短暫。斯萬開始用金錢協助奧黛特度過困難，他慢慢發覺那些關於她被人包養的謠言都是千真萬確的。然而比起這件事，更令他憂慮的是自己對她的前任情人們以及那些還躲在暗處的男人們的妒意。嫉妒成為普魯斯特式愛情的必要條件。沒有了嫉妒，普魯斯特的主角就不會知道他們自己還在談戀愛。沒有了怕被其他人取代的恐懼，他們就無法體驗愛情如洪水猛獸般的動盪不安。普魯斯特似乎同意中世紀的愛情觀——各位是否還記得香檳的瑪麗和卡佩拉努斯——那樣的嫉妒是愛情的本質。

斯萬愈嫉妒，奧黛特就對他愈冷淡。這是最古老的愛情規則：愛得愈多的一方愈受苦，無論是擁有財富、躋身上流社會，以及和「最優秀的人」如英國威爾斯王儲與共和國總統建立關係，都不能滿足他；他也從未向奧黛特和她那些假裝覺得上流社會很無趣卻暗自羨慕的朋友們提起這些人。斯萬深受嫉妒心所苦，以至於他終其一生都守在她身邊，或監視她，或想著她。愛情變成一種病，這種疾病「甚至成為他的一大部分，除非毀了他無法將此疾病根除；正如外科醫生所說，他的愛情就算開刀也治不好了。」

「像生病一樣的愛」（Love-as-sickness）比「相思病」（lovesickness）更危險。害相思病的人因為情人不在自己身邊或對自己冷淡而苦惱，但通常他都會在贏得情人的心或邁向下一段戀情後恢復精神。和相思病不同的是，「像生病一樣的愛」暗示這人已經失去希望。他或她談戀愛時永遠很痛苦，從來沒有在愛情中達到健康的狀態，也就是一個人起碼必須能多少關切其他人的幸福。普魯斯特筆下的人物太過沉浸於他們自身的悲慘心境，無法以任何成熟的方式關心其他人。

斯萬的經驗是小說中其他戀情的原型，例如馬塞爾之後和阿貝婷交往時飽受醋意折磨，以及夏呂斯男爵與小提琴家莫亥爾的關係。在法國文學中沒有其他作品裡有如此神經質的情人──連《憤世者》裡的阿爾賽斯特或《瑪儂·蕾絲考》裡的格里憂都不到這種程度。在描述書中角色時，普魯斯特毫不避諱使用如「神經病、精神衰弱、神經質的、緊張的、不正常的、瘋子般的、歇斯底里的和病態的」等形容詞，提醒我們在他寫作的時代，神經學家夏柯與心理分析學家佛洛伊德的詞彙正進入大眾言談之中。他自己的父親阿德希昂·普魯斯特醫師，就充分意識到身體障礙中的精神層面。但普魯斯特只能關注他自己的性嫉妒史，從他青少年對同學的情愫以及早期與作曲家海納多·哈恩的戀情開始，召喚出嫉妒的怪獸。不過，無論源頭多麼個人或神經質，普魯斯特式的嫉妒都表達出曾經愛過的每個人心中可能存在的嫉妒心。

普魯斯特式愛情的另一個重要層面，就是它和「時間」這個覆蓋整部作品的重大主題之間的關係。在他談這段轟轟烈烈的愛情時，斯萬明白，將來他對奧黛特不會再有同樣的感情。在設法將自己從愛奧黛特的痛苦泥淖中掙扎出來的同時，他也花同樣多的力氣緊緊抓住她，因為他知道當他不再受苦時，就會成為另一個人。

> 當奧黛特在他眼裡不再是個總是缺席的、令他懊悔的、想像中的人；當他對她的感情不再是那首奏鳴曲的樂句作用下感受到的神秘騷動，而是依戀與感激；當正常的關係結束了他那建立在兩人間憂鬱的瘋狂——那麼毫無疑問，奧黛特日常生活的行動似乎不再對他產生強烈的內在吸引力……但是真實狀況是，在他病態的狀況深處，他對死亡本身的恐懼相當於康復，而康復又相當於他現在一切狀態的死亡。

在某種程度上，所有情人都意識到這一點。如果你不再關心你愛的人，你就會放棄自己身分認同中某個關鍵的部分。你會變成另一個人。你將以溫柔、生氣或其他種種情緒回頭看過去的情人，但卻不能重拾你對他曾經擁有的情感。你或許甚至開始想念一度感受到的痛苦。普魯斯特告訴我們，愛情是一種神祕的陶醉，強而有力但稍縱即逝，有時候會擴散到不對的人身上。因此當愛情終於耗盡時，斯萬告訴自己：「想想我已經浪費了人生中多少歲月，我曾經渴望死亡，曾經經歷轟轟烈烈的愛情，對象是並不吸引我、甚至也不是我喜歡的類型的女人！」普魯斯特的讀者在把《追憶似水年華》放回書架之後許久，依舊帶著此種頓悟。

我們在《在少女們身旁》這一卷裡讀到，斯萬在不愛奧黛特之後還是娶了她，原因是她生下他們的女兒吉兒貝特。斯萬最深切的願望就是有一天他能把太太和女兒介紹給老朋友洛姆王妃（之後她成為蓋爾芒特公爵夫人），但是她堅決拒絕見她們，因為奧黛特過去是交際花，是被人包養的女人。斯萬的女性友人不只拒絕接待奧黛特，她們也拒絕受邀到斯萬和奧黛特婚後的家中。這表示斯萬只能獨自參加許多社交場合，包括和馬塞爾家人共進晚餐，甚至當他邀請一些男性友人來家裡晚餐時，他們也是獨自前來，把妻子留在家裡。這種偏見一度存在於法國普遍盛行的嚴密社會階級制度中。

自從馬塞爾在貢布雷見到斯萬的女兒吉兒貝特之後，他就暗戀著她，害怕這麼一位上流社會父親的女兒會覺得自己粗魯無知，因此一想到要進一步認識她，心中滿是「渴望與絕望」。

吉兒貝特的吸引力有一部分是來自於她與父親的友人貝戈特熟識，馬塞爾最推崇的就是這位作家的著作。和斯萬一樣，馬塞爾在他的戀愛對象身上，附加了來自美學聯想的輔助物。吉兒貝特身上帶著貝戈特文學作品的聲望，就好像奧黛特具有某些波提切利溼壁畫的榮耀。即使在面對面認識吉兒貝特之前，年輕的馬塞爾就把想像中吉兒貝特該擁有一切值得嚮往的特質投射在她身上，彷彿日積月累作用在青銅雕像上使其愈發美麗的綠鏽。

之後在巴黎，馬塞爾在香榭大道的花園裡遇見吉兒貝特，這裡是他們班上同學經常嬉戲的地方（今天在香榭大道圓環還留有一個很美麗的花園）。他倆在那裡並排坐在長凳上，或和其他人玩捉迷藏，甚至玩起類似摔角的運動。某次值得懷念的比賽，替青少年馬塞爾帶來意料之外的歡愉。

> 我們和對方扭打，身體纏在一起。我試圖把她拉過來，她抵抗著……我用兩腿夾住她，彷彿她是我想爬上去的一棵小樹；就在這體能活動之中，比賽正激烈，肌肉出力使我喘不過氣的同時，我感覺就像有幾滴汗水因用力而擠出，我的歡愉以某種形式表現出來，我甚至無法停下來加以分析。

是的，馬塞爾射精了，不過作者將這體驗描述得十分含蓄，我們必須讀兩次才能確認它的意思。

一個有氣喘的男孩進行這麼費力的活動（馬塞爾和他的創作者普魯斯特生同樣的病），導致他在大冷天的戶外生了重病。發起四十度的高燒，肺部充血，馬塞爾必須長期臥床，被迫接受一種「牛奶飲食法」，最後才逐漸痊癒。但在能夠起床活動之前，他收到一封來自吉兒貝特的信。她不只祝他早日康復，也邀請他參加她定期在週一與週三舉辦的下午茶。從來沒有受邀到她家的馬塞爾為此欣喜若狂。

我一讀完信……我太喜歡這封信，於是我每一分鐘都要再重讀一次並親吻它。愛情中遍布著這些奇蹟，於是戀愛中的人們可以永遠保持希望。

幾乎在這一年裡，馬塞爾都和吉兒貝特維持著美好的友誼。他們常在其他朋友們的陪伴下，在吉兒貝特巴黎的家中見面，或者和她父母以及有頭有臉的賓客們——例如貝戈特——一起用餐，結果馬塞爾發現貝戈特長著蝸牛般的鼻子，其貌不揚，長相與他那傑出的文學風格不相稱。他們會在布洛涅森林和巴黎植物園散步。馬塞爾只有一個渴望，也就是吉兒貝特應該要愛上他，他目前的幸福應該永遠持續下去。當然，在普魯斯特的世界裡，這種幸福注定不會有好下場。

突然間毫無預警地，吉兒貝特變得陰沉乖僻。如果馬塞爾沒有受邀就到她家去，她看起來會非常不耐煩。某次她正要去上舞蹈課，她母親要她留下來招待馬塞爾。吉兒貝特顯然痛恨馬塞爾的出現，結果兩人吵了起來。原本只是個小口角，卻一發不可收拾，導致兩人分開，這主要是因為馬塞爾過剩的想像力。日子過了一天又一天，他寫下許多熱情的信，卻從來沒有寄出去。只有知道吉兒貝特不會在斯萬家時，他才到那裡串門子。最後吉兒貝特透過母親要求馬塞爾現身，馬塞爾卻因為自尊心作祟而拒絕，也預期自己會接到下一次邀請。決心和吉兒貝特斷絕關係但又希望和好的馬塞爾，飽受這青澀愛情的折磨，這一點和他的導師斯萬沒有太大的不同。在這重現斯萬對奧黛特的愛情軌跡中，馬塞爾從渴望到絕望，最終步上冷淡，但他更加痛苦地明白自己必須為兩人的關係破裂負責。「這是愛上吉兒貝特的自己一場緩慢而痛苦的自殺過程。」藉由一次又一次告訴自己吉兒貝特和他之間有個很大的誤會，他逐漸相信他的人生已經有了無可挽回的改變。「就像某些精神病患者，一開始假裝生病，結果變成反覆發作的慢性病。」最後他來到對吉兒貝特的冷淡狀態，並且準備再次談戀愛，這一次將有更具毀滅性的後果。

小說寫到這裡，讀者已經讀了大約七百頁，接下來還有二千五百頁。我再次重申：不是每個人都能讀普魯斯特。你必須願意一頁一頁讀著敘事者的分析，他評論所有人的體驗，包括他自己的，設法得出社交界的普遍法則。如果我們把普魯斯特的評論當成座右銘加以闡述，它往往值得我們反思。例如：「男人是無法自外於本身的一種存在，他只有在自己身上才能了解他人，而如果他說出相反的話，那就是在說謊。」普魯斯特藉由塑造許多令人難忘的角色，因而對人際關係所做的尖刻評價，在二十世紀中不乏許多支持者。例如讓－保羅．沙特將在他的存在主義哲學中主張唯我論的基本信條。在劇作《無處可逃》中，地獄由拒絕證實自己形象的「他人」構成。但是理想上，愛情不是理應打破人我屏障，兩人形成能同理彼此、相互獲得歡愉的整體嗎？普魯斯特只願意承認「心的週期性」，暫時的幸福之後，不可避免地將承受痛苦與絕望。

・・・

普魯斯特筆下的同性戀角色比異性戀角色好不了多少，同樣無法避免嫉妒與痛苦。事實上，由於被迫在大眾面前隱藏自己的性傾向，他們必須在祕密的偽裝下維持戀情，避開社會大眾眼光和刑事審判制度的檢查，這些都是額外的重擔。在《索多姆和戈摩爾》這一卷中，普魯斯特替同性戀者熱烈辯護，「在發現他們的罪行之前」，同性戀仍舊自由。普魯斯特尤其想著王爾德，「曾經在倫敦的每一間起居室受到接待、在每一座劇院接受掌聲的這位詩人，卻突然被所有人驅逐，連一個可以躺的枕頭都找不到。」

從這時開始，普魯斯特以許多同性戀行為的形式表達他的迷戀。和紀德相同，他描述自己的親身經驗；和紀德不同的是，他從未公開出櫃。一般認為他曾經在一次與紀德的對話中表示：「你什麼都能說，只要你不要說『我』。」[3]

普魯斯特沒有在異性戀和同性戀間做道德的區隔；他時常以「惡」這個字形容同性戀行為，似乎是對一般人普遍的態度讓步。[4]然而，特別是相對於紀德變節的努力，普魯斯特對男同性戀的描述一點都不討喜。《索多姆和戈摩爾》中，普魯斯特介紹形形色色的同性戀，從只愛男人的男人和只愛女人的女人，到可以不費吹灰之力轉換情人性別就像換衣服那樣容易的雙性戀男人和女人都有。在《索多姆和戈摩爾》這一卷的最後，幾乎沒有一個角色不被讀者懷疑是同性戀或雙性戀。

讓我們來看看阿貝婷，馬塞爾在虛構的海邊度假勝地巴爾貝克遇見她，巴爾貝克就是以諾曼第海邊的城鎮卡布爾為藍本。最初出現在《在少女們身旁》裡的阿貝婷是一群愛運動的女孩之一，她們的旺盛精力和魅力迷住了不擅長運動的馬塞爾。他愛上她們所有人，之後才鎖定阿貝婷。到夏天結束時，他和阿貝婷已經既是好友又是情人，展開一段戀情，在巴黎他們也偶有往來。然而秋天回到巴爾貝克時，馬塞爾開始懷疑阿貝婷或許也有些女同性戀行為。他和較他年長的同伴柯塔德醫師看見她和女性友人安德蕾共舞時，警覺到這可能性。柯塔德指出這兩個女人的胸部緊貼在一起，他以非常專業的態度加了句：「我們還無法充分得知，女人是否從胸部得到最大的興奮感。」這種武斷的評論更進一步點燃馬塞爾的猜疑心。

還有一次，馬塞爾看見安德蕾「含情脈脈，把頭靠在阿貝婷的肩膀上，眼睛半閉著，親吻她的頸子。」確信阿貝婷與安德蕾是情侶，受傷的馬塞爾精心捏造了一個故事要傷害阿貝婷——他告訴她，他愛的其實是安德蕾。同時他還催促阿貝婷揭露她的女同性戀傾向。阿貝婷完全相信馬塞爾的故事；她非常受傷，淚流滿面，準備永遠和他斷絕關係，但是她發誓他對她和其他女人的懷疑毫無根據。「安德蕾和我都非常痛恨那種事情。我們到了這年紀，也看過剪短頭髮、行為舉止和男人一樣的女人，做出你指的那些事，但我們卻再厭惡不過了。」一九二一年，當《索多姆和戈摩爾》出版時，出櫃的女同性戀是巴黎前衛場景中相當著名的一部分，我們將會在下一章討論。

阿貝婷向馬塞爾提到她即將和某個年紀較大的女人前往義大利的迪里雅斯特港，馬塞爾知道這女人曾經是作曲家的女兒凡德伊小姐的情人（在普魯斯特的世界裡，一切都有關聯性！），這時候馬塞爾徹底崩潰。獨自在與母親只有薄薄一牆之隔的房間裡，馬塞爾神經質發作。從這時候開始，馬塞爾決心要隔離阿貝婷，不准她見凡德伊小姐的朋友，或任何其他女同性戀。他說服她在巴黎與他同居，好隨時監視她，強迫她愛他，但他神經質的審問和她不停改變的性傾向造成彼此相互折磨。某位二十世紀文學批評家寫道：「馬塞爾想著睡著的阿貝婷，是普魯斯特所有作品中唯一快樂的愛情經驗。」[5]他太誇大其詞了，我們可以找到許多其他快樂的愛情經驗。不過整體而言，他的觀察很能代表普魯斯特式愛情。唯有在被愛的那一方睡著，被囚禁在她那不能動彈的身體裡時，遭嫉妒吞噬的情人才能休息。清醒之後能夠依自身欲望行動，她就再次成為馬塞爾焦慮的來源。

焦慮是普魯斯特式愛情的本質，因為他筆下的情人渴望完全占有對方。這個情人想要根本不可能得到的東西——千方百計占有對方，包括她不在身邊的時刻以及她的過去。諷刺的是，她的神祕感既是愛情中的必要成分，也是馬塞爾備受折磨的原因：「人們只愛他不曾擁有的。」如果神祕感消失了，愛情也就消逝了。普魯斯特式愛情的悖論無法做為一般的愛情模式，但這對於讀者而言依舊有所幫助，因為我們沒有他那種對幸福獨特的無能感。正如十七世紀的〈溫柔鄉地圖〉，它指出在愛情的快速道路上可能出現的危險。一個人是否能避免落入嫉妒的深淵？在一段時期的瘋狂熱戀之後，能否不再漠不關心？它向讀者提問，如何把短暫的

「在愛情裡跌倒」（falling in love，墜入愛河）階段轉化為永久的「在愛情裡站起來」的階段。普魯斯特筆下的情人們永遠無法完成這種轉化。

在結束本章之前，我一定得談談夏呂斯男爵，他大概是法國文學裡最為人熟知的同性戀角色。夏呂斯家世顯赫，他是蓋爾芒親王的兄弟，一副貴族模樣，顯露出他那階級蔑視他人的傲氣。他與嚴格限制會員資格的賽馬俱樂部裡唯一的猶太人會員斯萬往來密切，直到德雷弗斯事件鬧得沸沸揚揚。對於這名猶太裔法國軍官是否叛國，所有法國人意見一分為二。在認為身分比他低下的人——幾乎是所有人——面前，夏呂斯幾乎絕口不提此事。然而由於祕密的同性戀傾向，他時常追求工人階級男子，讓自己陷入窘境。他對小提琴手莫亥爾的愛就是如此，後者的父親曾經是個僕役。夏呂斯成為莫亥爾的贊助者與情人，莫亥爾沒有拒絕接受夏呂斯提供的人脈與奢侈的禮物，卻以輕蔑與冷淡的態度回報夏呂斯。在某個可笑的事件中，夏呂斯甚至捏造出子虛烏有的侮辱，好為了莫亥爾的行為挑起一場決鬥——這場決鬥根本沒有舉行，因為莫亥爾害怕那會玷汙自己的名譽。

夏呂斯這個角色大致上是以普魯斯特的朋友為根據，也就是詩人、評論家與花花公子侯貝・德・孟德斯鳩伯爵。他有兩幅著名的畫像，一幅是由美國印象派畫家惠斯勒所繪，收藏在紐約的弗里克美術館，另一幅由擅長肖像畫的喬凡尼・波爾蒂尼所繪，收藏在巴黎的奧塞美術館。這兩幅畫捕捉到這位時髦同性戀男子吹毛求疵的優雅，據說他有一種和小說中的夏呂斯相仿的顯赫氣派和瘋狂衝動的個性。甚至因為感覺自己的男子氣概遭到輕視，孟德斯鳩確實曾經跟另一個詩人決鬥過。孟德斯鳩贊助一名很有天分的年輕畫家雷昂・德拉福斯，莫亥爾就是以他為原型，不過小說中的莫亥爾不停羞辱夏呂斯，但德拉福斯沒有這樣對待孟德斯鳩。普魯斯特能從他那廣泛的社交圈中替他的角色汲取原型，不過在情感表現方面，他只能望向內心，追憶他與母親以及祖母之間長久以來的情感、他高中時對雷昂・都迭的迷戀、他與海納多・哈恩的長期戀情、他對阿戈斯提奈利的熱情（阿戈斯提奈利是他的司機，阿貝婷這個角色的許多元素都是來自於他），以及許許多多在往後歲月中與他短暫相遇的年輕男人。

《索多姆和戈摩爾》出版後，執著於描寫同性戀的普魯斯特公開遭到攻擊。紀德批評他把「性倒錯者」寫得很沒有吸引力，幾乎不能與紀德呈現給讀者的人物相提並論（「性倒錯者」是當時用來形容同性戀的常用字眼）。然而另一方面，柯蕾特卻在一九二一年七月寫信讚揚普魯斯特：「全世界沒有人這樣對性倒錯者大書特書。一個也沒有。」

藉由努力在紙上對付他的心魔，普魯斯特就能把他自己在愛情上的重重阻礙戲劇化：嫉妒、高度敏感和恐懼失去，以及勢利眼、殘酷與冷漠。他虛構的情人擁有許多同樣的不幸特質。然而作為小說讀者，我們卻能同情他們，並且藉由這些人物發現先前自己隱藏的真相。普魯斯特是如此「描述他私人而極有特色的世界，使我們感到無比熟悉」，持續令普魯斯特迷惑到驚訝。[6]

雖然已經成年，做為情人的普魯斯特本質上依舊是那個十三歲的男孩，他曾經在一個朋友的文集裡說，對他而言所謂的不快樂就是和他母親分開。大約二十一歲時，他在另一本文集裡寫道，他最主要的性格特徵就是「需要被愛」，而他最想要做的事情，就是「愛人」。他又補充說，他最大的不幸就是「不認識我的母親或祖母」。並不是每個人都是命中注定要把對母親的愛轉換成對同性伴侶的愛。也不是每個人都命中注定要完成一部曠世巨作。

第十三章 女同性戀之愛

柯蕾特、葛楚・史坦和薇奧麗・賴朵克

由於我這頭方便的短髮……無論男人或女人都覺得我令他們不安。

——柯蕾特，《已婚的克勞汀》，一九〇二年

奧林匹亞酒館的柯蕾特

西元一九〇〇年至第二次世界大戰之間，女同性戀在巴黎如雨後春筍般出現，景況空前絕後。在女同性戀經常聚集的酒吧、小酒館和夜總會，她們立刻以短髮和男性化的夾克認出彼此，也被觀光客認出。喜歡八卦的報紙公開報導X夫人和她的新歡同居，或是在布洛涅森林騎馬的兩個女人回到家睡在同一張床上等消息。雖然宗教界與社會上的反對聲浪一直存在，一次世界大戰之前，還是有愈來愈多同性戀和雙性戀女性露面，她們雌雄同體的樣貌也逐漸形成一九二〇年代的「*garçonne*」，意思是男孩般的風格。在前衛運動的社交圈裡，男同性戀比女同性戀更時髦；二十世紀最後二十五年間某些美國大學裡的情形也是如此。

這些藐視傳統，愛女人不愛男人的女性是哪些人？有些來自外省，例如交際花麗安．德．普吉和年輕作家柯蕾特，她們擁抱在巴黎才有可能得到的性滿足，這種機會在外省鄉間絕無可能。來到巴黎的外省女人之中，有許多是工人階級女性——女僕、工廠女工、模特兒和妓女——這些為了賺錢而遠離家人與童年家鄉的女人聚在一起給予彼此支持。有些是外國人，例如美國來的葛楚．史坦、愛麗絲．B．托克勒斯、娜塔莉．克利佛．巴尼和羅曼．布魯克斯，她們前來品味傳說中法國首都的美學與情色歡愉，之後再也沒有回到故鄉。還有許多女人原本就是巴黎人，她們習慣大城市的自由氣息，熱烈歡迎任何時髦的新玩意兒，包括莎芙式服裝與戀愛模式。

「莎芙式」（Sapphic）這個字指的是古希臘同性戀詩人莎芙（Sappho），從女同性戀者口中說出帶有正面意義，反之大多數男人卻賦予它負面意義。整個十九世紀，只要是女人穿褲裝、抽菸、寫小說或做出偏離任何社會接受的規範，男性批評家就指控她們做出「莎芙式」行為。在她們的名聲達到最高點時，麗安．德．普吉是公開提出這個字的女人之一；她以和娜塔莉．克利佛．巴尼於一八九九年夏天談的那場崇高戀情為根據，寫下出版於一九〇一年的小說《莎芙的田園詩》。

巴尼是知名的「亞瑪遜」皇后——亞瑪遜這個字在法國的意思是婦女的騎馬裝，同時也指女同性戀。極其富有也極其頑固的巴尼在文學沙龍和業餘演員之間愈來愈出名，這些人慕名前來，聚集在往後六十多年都是法國與美國作家圈子活動的雅各布大街的巴尼自宅中。正是在某次巴尼的聚會裡，柯蕾特首次登台，扮演與寧芙女神相戀的牧羊人。在之後的晚宴上，她也在皮耶・路易斯寫的一齣戲中扮演傳說中的牧羊人達夫尼。為了向創造出女同性戀莎芙以及斯多葛與柏拉圖等替同性戀發言的知名辯護者的古希臘致敬，神話角色在女同性戀圈子裡也十分流行。路易斯本身不是同性戀，但他是紀德與其他男同性戀的朋友，他聲稱震驚各界的詩作《比莉蒂絲之歌》是翻譯自與莎芙同時代某位女性的作品。「比莉蒂絲」馬上就廣為流傳，成了另一個女同性戀代名詞，美國某些早期主張女同性戀權的人，也把自己的團體稱作「比莉蒂絲的女兒」。

巴尼毫不掩飾她對女人的愛，她在美國的父親大為震怒，於五十二歲去世，留給她二百五十萬美金！有了這筆錢，巴尼就能用餘生寫詩和回憶錄和旅行，同時娛樂她的許多男同性戀友人。她把以下幾位都當作是她的女性情人，包括柯蕾特、芮內・薇薇安和露西・德拉胡－馬杜斯，以及她的長期伴侶，美麗的畫家羅曼・布魯克斯。在她的庇護之下，巴黎的菁英女同性戀圈子欣欣向榮；根據巴尼的說法，巴黎是唯一一座「住在這裡能依你喜歡的方式表達自己」的城市。[1]

但是在巴黎公開展示的莎芙之愛，在充滿耳語與謠言的外省地區卻必須隱藏起來，否則女同性戀將會因此被社會放逐，甚至失去工作。這就是柯蕾特在以家鄉勃艮第為背景的第一本小說《學校裡的克勞汀》裡探究的內容。柯蕾特所有小說裡最重要的主題——愛情，都來自於泛神論的勃艮第根源，以及她那耀眼的母親席朵。

一八七三年，嘉布希耶．席朵妮．柯蕾特生於下勃艮第。她是結婚兩次的母親所生的第四個孩子，備受寵愛。在母親的溺愛以及勃艮第豐饒的環境下長大，柯蕾特終其一生都帶著這種對失樂園的最初回憶，這一點和普魯斯特雷同。然而，柯蕾特失樂園的特質與普魯斯特的不同。身為巴黎上層資產階級一份子的普魯斯特成天和貴族在一起，一輩子不用工作，然而柯蕾特的家庭只是鄉下的小資產階級，他們必須工作，成年後的柯蕾特也一樣。但孩提時代的柯蕾特把自己當成是「土地的皇后」，天性快樂的她優遊在家鄉青翠的樹林與藤蔓間。

柯蕾特十六歲時，父母破產了，他們不得不賣掉房子和所有財物。柯蕾特和家人搬到附近城鎮一間較小的房子裡。她該怎麼辦？對一個沒有嫁妝的女孩而言，最好的策略就是找個能接受她現狀的丈夫。「接受現狀」的意思不代表她是「次級品」，因為嘉布希（她家人都是這麼叫她）苗條美麗，生著一張瓜子臉，是個很有吸引力的年輕女孩。她一頭濃密的金棕色頭髮綁成辮子，長度過膝。在之後的文字中，柯蕾特將青少年的自己形容為有著唐突的自信、對性的好奇以及對浪漫的渴望的混和體。

十六歲時，愛情化身為比她年長十四歲的男人威利．高提耶．維拉爾，降臨到柯蕾特身上。威利出身於家世良好的天主教家庭，家族原本就從事出版業。他有遠大的文學抱負，在遇見柯蕾特時，他已經出版了幾篇文章，不過這些文章和所有之後以他的名字出版的作品，都出自他人之手。威利是個天才騙子。他經營一間影子寫手的代工廠，法文稱這種職業為「黑人」（nègres）——直到今天，法國人還在用這個不幸的字。有些以威利之名發表最廣為人知的文章是以音樂為主題，這一系列文章稱為《女領座員的信》，在威利進入她的人生之前，柯蕾特曾經讀過這些文章。

在巴黎小有名氣又風流倜儻的威利，迷倒了這含苞待放、對肉體歡愉躍躍欲試的鄉下女孩。他的第一任妻子剛去世，留下一名男嬰，他準備再婚，不過看來就算沒有婚姻，柯蕾特也願意委身於他（至少這就是她在《克勞汀在巴黎》裡所描寫的自己）。兩人於一八九三年五月結婚，在山勢崎嶇的侏羅地區度蜜月，然後在威利巴黎的單身公寓裡定居，柯蕾特覺得這裡小得令人沮喪。威利把她介紹給充滿活力的巴黎社交圈，裡面全都是有名的作家與藝術家，如一九二一年諾貝爾文學獎得主安那托爾．佛朗士、象徵主義作家馬塞爾．施瓦布、詩人加圖勒．

孟戴斯，還有作曲家德布西、佛瑞和樊尚・丹第，以及許多他旗下的影子寫手。她甚至還在某次由著名的阿赫蒙德・卡亞維夫人（普魯斯特小說中的維爾迪蘭夫人就是以她為原型）舉辦的晚宴中遇見普魯斯特。但是柯蕾特在沙龍裡不自在：她想念勃艮第家鄉滋養她的氛圍，以及如大地母親化身般的席朵。

西元一八九四年冬天，柯蕾特發現她丈夫外遇。這是他在十三年的婚姻中無數外遇的第一次。依舊愛著丈夫的柯蕾特心力交瘁，那一年她生了重病，在床上躺了兩個月。在她母親的時時照料關切下，她才康復。雖然病得很嚴重，在這一次以及往後幾年裡，柯蕾特在母親席朵面前還是隱瞞她的憂鬱。席朵或許曾經懷疑，但一直不知道威利背叛柯蕾特的實際情況。

在柯蕾特康復後不久，威利建議柯蕾特寫下她學生時期的回憶，直到一八九六年的一月的數月間，她寫下之後成名的《學校裡的克勞汀》。奇怪的是，第一次閱讀時威利並不欣賞這部小說，直到一八九八年收拾書桌，他發現這份手稿塞在抽屜裡，重讀一次之後，他才發現它的價值。他催促柯蕾特在克勞汀和她的女同學的情感描述裡「加點刺激的內容」，接著他立刻找好出版商。[2]以威利的名字發表，完全沒有提到妻子名字的《學校裡的克勞汀》大為轟動，它的出版數量比二十世紀前半葉任何一本法文小說都多。在兩人離婚時，柯蕾特簽下合約，把小說賣給威利，讓他獨占著作權。之後她寫道：「我不能原諒自己這麼做。」[3]

克勞汀的故事有什麼特殊之處，使它到今天還很受歡迎？《學校裡的克勞汀》的內容是一名十五歲勃艮第女孩的日記，它洋溢著一名鄉村青少女的活力，在和同學、老師，甚至當地督察相處時，她既大膽又不服輸。她把氣味刺鼻的樹林、草原、農場、葡萄園和漫步其間的動物等等勃艮第鄉間氣息都帶到了學校裡。充滿純樸力量的克勞汀很有自信，她成為所有人的中心，包括溺愛她的爸爸（小說裡沒有出現媽媽）。

十五歲生日時，克勞汀不得不把裙子的摺邊放長到腳踝。這是該進入社交圈的時候了，她必須學習打算步入婚姻的少女該有的禮儀。克勞汀以自己的方式進入成年期，對新來的助理教師愛美小姐的熱戀鼓舞了她。柯蕾特筆下的愛美是個嬌小的美女，非常健談，而且「她的五官相當纖細但健康，即使感冒，她的臉也不會變成藍色！」[4]

聰明的小惡魔克勞汀成功說服父親她需要愛美小姐擔任她的英文家教，薪資是每個月十五法郎。既然這位小個子老師在學校一個月只賺六十五法郎，她如何能拒絕這份工作？

英文課的品質迅速降低為法文對話，克勞汀設法與愛美建立起更私人的密切關係。她詢問愛美在年長教師沙金特小姐的指導下過著什麼樣的生活，兩位教師是否睡在同一個房間？她們是的。嫉妒的克勞汀為此悶悶不樂。在第二堂英文課時，克勞汀已經無法控制她滿溢的心。

那天晚上，在圖書室的燈光下，我的英文老師看起來動人極了。她像貓一樣的雙眼閃耀著澄澈的金色光芒，既不懷好意卻又溫存……在這溫暖柔和的房間裡，她似乎從容自在，但我已經準備以我那不理性的心去愛她，深深地愛她。是的，我很清楚，長久以來我有著不理性的心。但明白這一點絲毫不能阻止我。

在學校，沙金特小姐對愛美小姐的類似情感以及另外兩位男校男老師對愛美小姐的關切，使克勞汀對愛美小姐「不理性」的愛備受威脅。愛美小姐對追求者來者不拒，但在克勞汀家中，純純的愛在這與世隔絕的環境中占了上風。

在溫暖的圖書室裡和她在一起是多麼美好啊！我把我的椅子緊靠著她的椅子，頭倚在她肩膀上。她用手攬著我，我抱住她豐滿的腰。

「親愛的小小姐，我好久沒看到你了！」

「可是才三天……」

「……別說話，吻我！」

……

她吻了我，我發出愉快的哼聲。突然間我用力擁抱她，她輕聲尖叫。英文文法下地獄去吧！我更愛把頭靠在她胸前，她撫摸著我的頭髮或我的脖子，我可以聽到她急促的心跳聲在我耳邊。我好愛和她在一起！

這段快樂的戀情並不長久，因為沙金特小姐能給愛美小姐的更多。這位年長教師是一位「紅髮裡藏著蛇的復仇女神」，逐漸取代克勞汀，完全征服愛美小姐，除了克勞汀，其他女學生都興味盎然地旁觀著。沙金特小姐和愛美小姐成了一對模範女同性戀，年長的一方擔任傳統男性角色，指導年輕的女性化伴侶。

克勞汀不因失去愛美小姐而氣餒。愛美小姐的妹妹露西想取代姊姊在克勞汀心中的地位，雖然克勞汀無禮地嘲笑她，卻還是從露西卑躬屈膝的態度中得到某種滿足感。她也知道如何擋掉包括校醫在內那些向她獻殷勤的男人。克勞汀生來就充滿自信，這也成為柯蕾特筆下女性角色的正字標記。她們不計一切代價尋求獨立，不願意做個膽怯的女人，行為舉止流露出男性的優越，包括性自由這件事在內。

在十九、二十世紀之交，沒有任何一部由英國女性或美國女性所寫的文學作品膽敢如此公開描述女性間的愛情。英語世界必須等到一九二八年瑞克里芙．霍爾的小說《寂寞之井》問世；它在英國和美國遭到法律的質疑，吸引眾人目光，但它卻沒有像柯蕾特的作品那樣廣受歡迎。法國再次形成一股性革命的浪潮，在二十世紀接下來的時間裡，這股浪潮將不止一次到達頂點。

在之後的克勞汀系列小說《克勞汀在巴黎》和《已婚的克勞汀》裡，年輕女主人翁發現婚姻的喜悅與欺瞞，她發現自己被推入一場同性戀關係，推她的不是別人，正是她先生。克勞汀的婚姻狀況頗為類似真實生活中的柯蕾特：她嫁給了一個年紀比她大、結過一次婚還有個兒子的男人，他介紹她進入世故的巴黎社交圈。確實，克勞汀的婚姻比柯蕾特的更吸引人——畢竟我們身在小說中，因此比較有可能改善人物的婚姻狀態，讓伴侶看起來更迷人。一開始克勞汀非常迷戀丈夫何諾，雖然兩人年紀相差二十歲，她卻漸漸受到「由欲望、性變態、充沛的好奇心與蓄意放蕩構成」的肉欲迷惑。[5]

何諾想要克勞汀選擇一天在巴黎度過，這表示在那一天她將在家接待客人。克勞汀拒絕了。這種拘泥於細節的社交活動不是她喜愛的，她覺得沒有必要模仿何諾世故的方式。然而某天下午，當一對國外來的伴侶在「他的那一天」來訪時，克勞汀迷上了美麗的海齊，她是維也納出生的金髮美女，嫁給一個有錢但可憎的英國人。克勞汀和海齊約好五點鐘在海齊位於克雷伯街上的家裡見面。這是法國情人相約上床的神聖鐘點。「五點到七點」已經成為幽會的慣用語。

一開始克勞汀滿足於凝視海齊，呼吸她飄散出的香水。我們已經在前兩本小說裡認識到這耽溺於感官享受的主角，以觀察另一位可愛女性的細緻五官為樂——她的頭髮、她的皮膚、她的眼睛、她的睫毛和修長的手指。正如某位美國女性主義批評家聲稱的，或許這是自從莎芙以來，首次有女作家描寫由凝視另一個女人所得到的歡愉，而且她並沒有找藉口閃爍其辭。[6]

克勞汀自己和她的新朋友也很在意她的外貌，對方在衣服、髮型和欺騙丈夫的手段方面都向她提出建議。克勞汀已經剪掉她的長辮子（柯蕾特也是，但她母親為此十分懊惱），看起來更像是那個時代的「新女性」。

> 因為我剪短的頭髮和冷淡的態度，男人都自言自語：「她只喜歡女人。」……如果我不喜歡男人，我就**一定**要追求女人；這又是男人頭腦簡單的想法。

克勞汀（和柯蕾特一樣）既喜歡男人也喜歡女人。在初次體驗異性戀的婚姻生活之後，海齊替她揭開神祕的女同性戀面紗。

……五點鐘去見海齊，或海齊來見我；她愈來愈依戀我，而且根本不想掩飾。天知道我也愈來愈依戀她，但是我瞞著大家……

克勞汀盡可能隱瞞她日益增長的熱情，限制自己只能幫海齊梳頭，並且透過海齊的衣服感受她的身體，偶爾也放大膽子緊貼著她。沒多久，她也渴望起更進一步的愉悅。她丈夫何諾鼓勵兩人的關係，因為他認為海齊很適合當他這鄉下妻子的良師益友。然而這其中絕對有偷窺狂的成分在內，克勞汀認為那是一種邪惡的心態。和許多男人一樣，女同性戀令他好奇，他甚至替她們說話：「你們女人愛做什麼就去做。那很迷人，而且反正也不會有任何不良後果。」

請注意這是典型貶低女人性愛的言論，彷彿相較之下，女人之間的愛情不像異性戀愛情，或是何諾所譴責的男同性戀愛情那樣必須嚴肅面對。這種態度可以追溯至希伯來聖經對男人間的性行為加以譴責，卻對女人間的性行為不發一語。何諾尤其不贊同男同性戀，因為他有個同性戀兒子——馬塞爾，後者在克勞汀的人生中扮演著次要但有趣的角色。這種對女同性戀與男同性戀的雙重態度，是法國十九、二十世紀之交的特色。女同性戀不像男同性戀受到那麼多的誹謗，尤其是上層階級的女同性戀。事實上男人認為，印有兩三個女人以不同裸露程度撫摸著彼此的明信片可以刺激性欲。

克勞汀懷疑，要是她有個男性情人，何諾會不會還這麼縱容她。「對何諾而言，通姦關乎性，」意思是男性是否插入。最後何諾還提供克勞汀和海齊一間單身公寓，讓她們不受彼此丈夫打擾。他手上有公寓鑰匙，因此她們必須靠他才能打開門。多變態啊！

我很想繼續說克勞汀和海齊的戀愛故事，但這樣我就會剝奪各位的閱讀樂趣和驚喜結局的體驗。我只能說，她以美妙的篇幅描寫女性歡愉，卻沒有把小說變得粗俗或色情。

傳記作家似乎同意，克勞汀與海齊的關係是根據柯蕾特生活中的真實事件改編，也就是她和一位名叫喬琪．拉烏爾－杜瓦爾女子的戀情。一九〇一年夏天，柯蕾特和威利都和喬琪上床。這三人行關係的結局很糟糕，最後落得互相控訴譴責。當喬琪聽說前任情人以她為小說人物時，情況更加惡化。喬琪買下《戀愛中的克勞汀》第一版的每一本書，然後全部製成紙漿，但是柯蕾特和威利設法把小說重新賣出，用新的書名《已婚的克勞汀》出版。幾個月內這本書就賣出約七萬本。

一直負責推銷的威利知道如何從克勞汀系列裡榨出更多利潤。他把《學校裡的克勞汀》和《已婚的克勞汀》改編成兩齣戲劇，每一齣都在巴黎大獲成功。他行銷「克勞汀」商品，例如女學生的硬領結、帽子、乳液、香水和印有青少女克勞汀穿制服畫像的明信片。現在已經是巴黎名人的柯蕾特和威利一直住在一起，但威利不斷拈花惹草，早已使他們的婚姻變調。柯蕾特還是想要一段認真的感情，她在一個女人身上找到了。她和貝爾博夫侯爵夫人蜜西的戀情從一九〇六年一直持續到一九一一年，這段時間與威利和柯蕾特冗長的離婚過程重疊。

生來就是貴族的蜜西，父親是很有手腕的法國政治家奧古斯特・德・莫赫尼，母親是俄國公主蘇菲・特魯伯茲柯。父親死後，蜜西的母親再婚，嫁給西班牙公爵，因此蜜西和手足在馬德里長大。一八八一年，蜜西和貝爾博夫侯爵結婚。在不同國籍背景影響下，蜜西成為當時最個人主義的女人。即使嫁為人婦，她也拒絕隱藏真實的性傾向，一開始她丈夫也願意暫時接受。他們在一九〇三年離婚，蜜西剪短頭髮穿起男裝。其他女同性戀也會把頭髮剪短，但是沒有一個人像蜜西這樣公開表現得這麼男性化。

柯蕾特和蜜西在相遇之前都有女同性戀的戀愛經驗，但是柯蕾特卻是蜜西人生中的至愛，蜜西成為柯蕾特渴望的穩定和充滿愛與母性形象的伴侶。一九〇六年十一月她搬去和蜜西同居，但卻依舊維持和威利的婚姻關係；威利這時已經和某個叫梅格・維拉爾的女人住在一起。媒體注意到這件事。一九〇六年十一月二十六日，雜誌《巴黎吶喊》刊出一則八卦文章，報導柯蕾特－蜜西與威利－梅格這四人的關係。柯蕾特針對這篇文章寫了憤怒的回應文：「不要在閱讀你們雜誌的許多讀者心裡把這兩對情侶結合在一起，他們以就我所知最正常的方式安排各自的生活——也就是，根據他們自己的喜好。」[7]

然而有一個人對柯蕾特的新伴侶十分滿意，那就是她的母親席朵。了不起的是，她寫信給女兒，說道：「我的愛，我很開心你有個如此關切你的女性朋友在身邊。你習慣被人寵愛，我懷疑如果沒人寵你，你會變成什麼樣子。」[8]

柯蕾特開始表演，不僅在業餘戲院，而且還在職業表演場所。威利的家人很不高興，他們和大多數有名望的資產階級一樣，認為女演員離妓女只有一步之遙。她和蜜西向著名的戲劇老師喬治・瓦格學習默劇，並決定演出由蜜西創作的一齣戲。在《埃及夢》中，蜜西扮演使一個埃及木乃伊復活的男性學者，木乃伊由柯蕾特演出。即使在兩人於舞臺上那轟動的一吻之前，這對情侶已經遭到負面宣傳的砲轟。誰聽說過有哪個貴族女性穿得像個男人，出現在紅磨坊舞台上！首演時，蜜西前夫激烈的反對導致她們的老師瓦格不得不在之後的演出把蜜西換下來。但是柯蕾特像貓一樣的埃及動作非常成功，於是她開始了之後的默劇公開演出。在接下來的四年，她一場戲比一場戲成功，到法國各地、比利時、義大利和瑞典公開巡迴演出，包括改編自克勞汀系列，以及另一齣叫做《肉體》的戲，後者她裸露了半邊胸部，造成轟動。正是在這段期間，我們得以看到她寫給蜜西許多柔情似水的情書，足以證明兩人對彼此的傾心，以及柯蕾特在情感與財務兩方面是如何依賴蜜西。[9]

波爾多，一九〇八年九月底：「我愛你。我想你。我想你勝過一切。好好照顧自己。天啊！你讓我忘了怎麼獨自生活，想想我曾經多麼喜歡熱烈而憂愁地品味孤獨。我愛你。」

布魯塞爾，一九〇八年十一月底：「吻你，我甜美的天鵝絨。盡情吻我，就像我陪你去車站時我們坐在馬車裡那樣。」

里昂，一九〇八年十二月初：「在我心深處，我多麼感激你為我做的一切，我一心一意地吻你，我的至愛。」

一九〇九年春天，柯蕾特到各地巡演《克勞汀在巴黎》的改編劇。蜜西陪在她身邊，當她的化妝師、服裝師和髮型師。在短暫的分離期間，柯蕾特於五月十四日發自列日的一封信中，感謝蜜西慷慨協助，並提醒她留心健康。一天後她再次提筆：「天啊，沒有你我什麼也不是。」

六月初，柯蕾特從里昂寫了封最柔情蜜意的信。

> 親愛的愛人，我終於收到你的來信，這是第一封！我很高興。裡頭是你的抱怨，那很好，我覺得這封信很甜蜜，因為你說你想念你的壞小孩。我親愛的，那足以讓我滿懷喜悅，帶著一種愛的驕傲，我獨自開心地紅了臉。我希望這麼說不會太嚇到你，我端

莊的小蜜西；除了愛，沒有其他字眼能表達我對你完整、獨占的溫柔。

從一九〇九年到一九一〇年，柯蕾特繼續巡迴演出。除了瘋狂的演出工作——有時她要在三十二天內到三十二個法國城市演出三十二場戲——她還設法在旅館裡和火車上創作另一部以連載形式出版的小說《女流浪者》。

《女流浪者》的主角芮妮完全脫離了克勞汀的少女氣息。三十四歲的她是一名默劇演員和舞者（和柯蕾特相同），她追求比她年輕一些、有點愚蠢的仰慕者，他重新燃起她對異性戀的興趣。「突然間我的唇不由自主地張開，彷彿豔陽下一顆成熟的李子裂開那樣，自己就張開了。」[10]做愛被帶到全新的強度，但同樣強烈的是主角對獨立的需求。她不再是隨男人擺布的年輕女人。雖然她的追求者既忠誠，手頭又寬裕，芮妮還是拒絕他的求婚，選擇自由，繼續流浪。

文學再一次源自於生活經驗，這時柯蕾特愛上羅浮宮百貨公司的年輕小開奧古斯特．埃西歐特，她沒有隱瞞蜜西。一九一〇年夏天，一如往常對她的「孩子」非常大方的蜜西，在布列塔尼買了房地產送給柯蕾特。到了次年夏天，柯蕾特和蜜西已經不在一起。

然而把柯蕾特的心從蜜西身上帶走的並不是埃西歐特和他的財富，而是一個更優秀的男人：昂希·德·朱維內爾。朱維內爾夠有錢，也擁有名望，更重要的是，他的知識與他強悍的個性足以和她匹配。身為政治記者、之後成為政治家的朱維內爾，後來名氣大到巴黎第六區的某一條街以他的名字命名。從一九一二年到一九二四年的婚姻生活中，他們生了一個女兒取名叫柯蕾特·德·朱維內爾，生產時柯蕾特已經快要四十歲。

在柯蕾特的人生中，她選擇當作家、女演員和性感的女人，這些身分優於一名母親。她把女兒送到他們的鄉間別墅由英國奶媽撫養，在女兒小時候很少去看她。無論是婚姻（她發現朱維內爾對她不忠，於是她有樣學樣）、為人母身分（她忽略她的女兒）、性（她有許多情人，男女都有）、亂倫（她和繼子貝特航·德·朱維內爾有染）、宗教（她的第三任丈夫莫里斯·古德凱特是猶太人）、疾病（晚年她深受關節炎之苦）和受到天主教教會譴責（最後他們拒絕為她舉行宗教葬禮）——任何事都不能阻止柯蕾特永無止境地追求自我實現。一九五四年柯蕾特過世，法國為她舉行國葬，並將她葬於拉雪茲神父公墓，她是第一位舉行國葬的法國女性。她寫了約五十部小說，其中有些被拍成轟動的電影：由萊斯莉·卡宏主演的《金粉世界》，和由蜜雪兒·菲佛主演的《真愛初體驗》。無論柯蕾特做了什麼其他的事，她確實在過去半個世紀以來成為法國女人「活出自己」的代表人物，或許她也讓許多法國女人活出更充實的人生，包括女同性戀在內。

在大多數情況下，美國人不清楚一九〇〇年到第二次世界大戰期間在巴黎如火如荼展開的女同性戀文化。如果他們聽過柯蕾特的名字，也主要是把她和她晚期的異性戀小說和電影《金粉世界》與《真愛初體驗》，以及她和她的注冊商標貓咪的照片聯想在一起。美國人更不熟悉的是娜塔莉・克利佛・巴尼的生活和作品，即使她生於美國。巴尼在法國一直比在英語世界更有名。不過在二十世紀前半葉有另一對住在巴黎的同性戀伴侶，成為美國文化中家喻戶曉的偶像。我說的當然就是葛楚・史坦和愛麗絲・B・托克勒斯。就在我寫作本章的二〇一一年六月，舊金山就有兩個以史坦為主題的大型展覽：一個在當代猶太博物館，展出史坦在巴黎的生活；另一個在現代藝術博物館，展出由史坦和她的哥哥們收藏的前衛藝術繪畫。

史坦和哥哥李歐於一九〇三年秋天在巴黎定居。他們位於花街二十七號的公寓，在二次世界大戰前成為現代主義畫家與作家聚會的地方。畢卡索、馬蒂斯、海明威都是史坦家的常客。從一九〇七年開始，這些常客不只由史坦接待，也有另一名女主人加入，那就是史坦的終身伴侶愛麗絲・B・托克勒斯。

和葛楚一樣，愛麗絲也是德國籍猶太人，在舊金山灣區長大。然而葛楚在前往法國之前曾就讀劍橋的拉德克利夫女子學院，之後進入約翰・霍普金斯大學醫學院，愛麗絲卻一直在家中照顧鰥居的父親，直到父親死後，她才從家庭義務中被解放出來。愛麗絲和一名舊金山友人海麗葉・列維抵達巴黎，但是沒多久她就發現自己屈服於極為強悍、不容否認的葛楚・史坦的魔力之下。他們相遇時，葛楚三十四歲，愛麗絲三十一歲。葛楚短小精悍，外表像個男人；愛麗絲比葛楚更矮，身材瘦小，非常女性化。他們幾乎立刻就各自扮演起丈夫和妻子的角色，不過愛麗絲直到一九一〇年才搬進葛楚家。三年後，她的哥哥李歐搬出葛楚家。

葛楚和愛麗絲這對情侶不像圍繞在娜塔莉・巴尼身邊那些誇張的女同性戀。她們沒有出入如艾德嘉・基內大道上女服務生穿著男裝的「單片眼鏡」女同性戀酒吧。她們是穩定的單一伴侶女同性戀，彼此擔任各自選擇性別所肩負的任務。葛楚是「男人」，是作家、知識份子，是負擔家計的人——她繼承了一筆財產。愛麗絲是持家的女人，打理三餐，安排她們的社交行事曆。她縫紉、刺繡，替她鍾愛的「老公」縫製精美的背心。根據海明威的回憶，客人來訪時，愛麗絲和妻子們閒聊，而海明威和其他男人與葛楚談話。

葛楚大方地告訴全世界她是個天才。她把自己看成劃時代的作家，正如畢卡索是劃時代的畫家。她在早期的小說（如《三個女人的一生》和《美國人的形成》）中創造現代主義風格，人們將她和詹姆斯・喬伊斯與維吉尼亞・伍爾芙的創新作品相提並論，雖然她的作品一直沒有達到和他們一樣偉大的文學成就。她作品中偏好聲音更勝於意義的文字遊戲，創造出持續存在的當下，避免使用小說中傳統的敘事體。一般讀者就算能讀懂她的作品，也會覺得令人費解，不過她大受歡迎的成名作《愛麗絲・B・托克勒斯的自傳》除外。在一九三四年間舉行的巡迴演講中，愛麗絲以「祕書」的身分陪伴她，她稱愛麗絲是「可以讓我生活得更舒適的人」。[11]《愛麗絲・B・托克勒斯的自傳》有所保留的描繪出葛楚和愛麗絲的家庭關係，但卻較為全面地描寫處處由葛楚主導的活躍社交生活。

想要一窺她們的親密關係，可以閱讀於一九九九年以《永遠閃亮的珍愛寶貝》為名出版的兩人愛情手記。[12]葛楚在手記中展露對愛麗絲一貫的情感。

動人地吐露出一切時
珍愛寶貝無視寒冷，只要有
老公溫暖的陪伴，寒冷
也傷不了她

親愛的太太
我提起筆，恭喜你
親愛的太太

你那位丈夫真是前途無量。他承諾一切
而他說到做到……

我最親愛的妻子
這枝屬於你的禿筆
樂於由我拿起來寫給你，它
從不會心煩意亂，
你也不會，我甜美的狂喜。

珍愛的寶貝，我工作著
直到一切歸於寧靜，
我愛我的寶貝，
我們永遠幸福快樂
在一起，對兩個情人來說
這樣就已足夠

葛楚和愛麗絲共度了將近五十年歲月。無論是兩次世界大戰，葛楚財務困難，以及與許多親戚朋友間發生爭吵，她們一直在一起。葛楚和愛麗絲成功維持情感，堪稱忠誠的模範伴侶。除了在巴黎，她們不可能在世界上任何其他地方過著如此「正常」的生活。早在自己的國家接受她們之前，法國人給了她們一個家，讓她們能實現美國人理想的單一伴侶婚姻。

巴黎同性戀文化在德國占領法國期間祕密進行。自從納粹在德國和義大利瘋狂迫害同性戀，在被占領的法國地區也時有所聞之後，不想坐牢或被送進集中營的男女同性戀必須極其謹慎。維琪政府頒布法律，將同性戀性行為法定年齡提高到二十一歲，而異性戀性行為還是維持十五歲。葛楚·史坦和愛麗絲·B·托克勒斯二戰時在她們位於東南法山城貝萊寧的夏天度假屋避難。既是猶太人，又是同性戀和美國人，在這三重身分的威脅下，她們必須仰賴一位法國朋友伯納德·費伊的保護，據說他與蓋世太保合作，但他運用影響力拯救葛楚和愛麗絲的性命。葛楚活得夠長，能見到戰爭結束，她奇蹟似地活了下來，值得慶賀。但一九四六年，胃癌結束了她的生命，她與王爾德、普魯斯特與柯蕾特一起長眠在拉雪茲神父公墓。

另一位巴黎同性戀作家在非常不同的狀況之下熬過戰爭歲月。薇奧麗・賴朵克是個貧窮的鄉下私生女，沒有受過高等教育。她在某出版商辦公室工作，根據她自己的估計，要不是「巴黎非常有才能的人都跑光了」，她大概找不到工作。[13]她的三本小說在戰後出版，其中最有名的就是一九六四年最具突破性的小說《私生女》（英文版也使用法文書名）。這三本小說都是自傳體形式，以描述她的同性戀與異性戀經驗為主。從來沒有一位作家——甚至是柯蕾特——曾經如此生動描述女同性戀的性欲。

初次閱讀《私生女》時，我非常震驚。賴朵克以我前所未聞的方式表達女性性欲。她知道如何透過身體的皮膚，以及透過嘴唇、胸部和生殖器，激起純粹愉悅的體驗。佛洛伊德將這種刺激任何身體部位都能帶來快感的現象稱之為「多相變態」，因為他處處透露著優越的男性觀點。我心想：如果賴朵克描述的是女同性戀的性行為，那麼我一定錯過了什麼。有些人，即使是有固定伴侶的異性戀如我，都能從賴朵克對第一次性交的描述中得到歡愉的感受（她的第一次是在寄宿學校的同學床上，宿舍裡床與床之間只以簾子相隔）。各位讀讀看就知道。

> 「伊莎貝拉在吻我，」我對自己說。她沿著我的嘴唇畫圈，……她像演奏斷音般在我嘴唇的兩個嘴角留下冰涼的吻，然後她的唇再次壓在我的唇上，在那兒冬眠。我眼皮

後方的眼珠驚訝地睜得老大，耳朵旁海螺的回音太大聲。

……

我們依舊抱著彼此，都想被對方吞噬。我們把家人、全世界、時間和光線都從身邊剝離。伊莎貝拉用力壓在我裂開的心上時，我想要感覺她進入。愛情是個多麼令人苦惱的發明。

……

她的舌頭開始焦急地抵住我的牙齒，使我全身發熱。我咬緊牙，把自己關起來。她等著：她就是這樣教我如何綻放。她是隱藏在我身體裡的謬斯。她的舌頭，她那小小的火焰，讓我的肌肉、我的肉體軟化。我回應，我攻擊，我作戰，我想仿效她的暴力。我們不再理會鼻子，我們用嘴脣做。我們不斷需索對方……

……

她打開我睡衣領子，用她的臉頰和額頭探索我的肩膀。我接受她畫在我肩膀曲線上那驚奇的感受……

伊莎貝拉用手指在我耳垂後方畫漩渦……

我皮膚上的每一個毛孔都開花了。

新手薇奧麗覺得沒有刺激性器官也能達到滿足，但是有經驗的伊莎貝拉堅持探索薇奧麗肉體的所有皺褶。即使是描寫她身體最私密的部分，薇奧麗・賴朵克也寫得非常詩意，成功避開色情。伊莎貝拉協助薇奧麗對付她根深柢固的醜陋感，其中以她的大鼻子最具代表性，還有她是某僕人私生子帶來的羞恥感。薇奧麗的情人有男有女，伊莎貝拉是被捲入她騷動人生中的第一個情人。

在之後的友人中，賴朵克對備受讚揚的作家西蒙・波娃懷抱熱情，雖然波娃在情感上對這「醜女」敬而遠之，卻對賴朵克的文學志向加以鼓勵，也在往後的二十年中，慷慨付出她的時間、金錢與編輯上的建議。賴朵克在《貪婪》中記述對（西蒙・波娃）「女士」的單戀，吐露出一種「類似宗教的語調」。[14]她願意服從任何形式的訓練，以便配得上她的偶像。因此賴朵克在波娃的指導下埋頭苦幹，終於在一九六四年出版了傑作《私生女》，力挺她的波娃替這本書寫了序。波娃原本希望《私生女》能贏得一個文學大獎。雖然沒有得獎，但是它在問世的第一年就賣出數十萬本，而且直到今天繼續印行。[15]對一個醜女人來說，這種成就也不差了。

波娃拒絕賴朵克的追求，不是因為她的性別，我們在下一章就會談到。

第十四章 存在主義之愛

西蒙・波娃和讓－保羅・沙特

我的愛，你和我是一體，我覺得我是你，正如同你是我。

西蒙・波娃致讓－保羅・沙特，一九三九年十月八日

我從未如此強烈感受到，除了愛情之外我們的人生別無意義。

——讓－保羅・沙特致西蒙・波娃，一九三九年十一月十五日

讓－保羅・沙特與西蒙・波娃之墓

和他們的中世紀祖先阿伯拉與哀綠綺思一樣，沙特和波娃終身都是法國人的偶像。即使兩人一直沒有結婚，時常分開，也各自和其他男女談過許多場戀愛，他們還是二十世紀最有名的法國情侶。這段持續五十年的關係震驚許多當代人，無論是他們的信徒或毀謗者至今都還在激烈辯論，撰寫兩人的自傳、參加學術研討會，以及在報紙上和學術論文中極力陳述自己的意見。波娃和沙特為何至今依舊啟發或惹怒那麼多人？

一九五二年秋天，我念大一那年第一次去法國，當時沙特和波娃主導法國左岸知識份子的生活。四十七歲的沙特已經出版了四本小說，一本短篇故事集、三齣戲劇、幾本文學評論、一本波特萊爾傳記、針對猶太問題的一些意見，以及他主要的存在主義論文集《存在與虛無》。一九五二年我就讀衛斯理女子學院法文系時，夏季書單上有他最紅的一本書：《存在主義是一種人道主義》。波娃的作品還沒有出現在衛斯理的書單上，不過四十四歲的她已經是一位優秀的作者，出版了三本小說、一本書名矛盾的論文集《模稜兩可的道德》、一本敘述美國之行的報導文字，以及上下兩卷革命性的女性研究著作《第二性》。他們倆龐大的寫作量把其他作家都比了下去。沙特和波娃傳奇性的戀情提供世人一種男女承諾彼此關係的模式，它不受法律或宗教許可，目的是為了激怒那些自以為道德高尚的人，並激發年輕人的想像力，例如我就深受啟發。他們共同的存在主義哲學基於以下前提：上帝並不存在，我們不得不在一個沒有預先決定意義的世界裡創造意義。存在主義哲學鼓勵我自己和其他學生質問我們的宗教信仰。

我們在聖傑曼德佩和蒙帕納斯等沙特和波娃常出現的地方尋尋覓覓。我從來沒看過他們，但其他人看過，讓我嫉妒不已。就在我一週五次搭上六十三號公車，從我住的時髦的第六區到上課的拉丁區時，存在主義滲入我呼吸的空氣中。有一天我從巴士上看見神出鬼沒的山繆．貝克特，他驚人的戲劇《等待果陀》使我們所有人深感困惑。還有一天我看到沙特和波娃的朋友，歌手茱麗葉．葛蕾柯，她穿著招牌的黑色衣服走在波拿巴街上，黑色長髮隨風飄揚。

即使我沒有看到沙特和波娃的本尊，他們的形影已經深深印在我的心版上。他們為了堅定的共同信念而結合，成為我心目中的神仙伴侶。兩人除了在旅館裡以外從來沒有住在同一個屋簷下，不過他們每天都一起吃午餐或晚餐，在同一間咖啡廳的不同角落工作，批評彼此的手稿，一起旅行，而且在政治上愈來愈左傾。

在波娃的回憶錄於一九五八年開始問世之後，全世界才知道更多他們關係的特別之處。第一卷《一個乖女孩的回憶錄》裡，波娃回憶自己是如何於一九二九年受邀和包括沙特在內的三個男同學一起讀書，他們全都在準備法國高等教師資格會考的哲學科；通過這個考試，他們就能在法國高中教書。共有七十六名學生參加筆試，但只有二十六名學生獲准在索邦大學進行最後的口試。法國擁有教授哲學的悠久傳統，這批人在本國堪稱是教育體系中的菁英份子。

以疲勞轟炸出了名的口試由四個個別測驗組成，這些測驗會在六人一組的評審和一群一般觀眾面前公開進行。口試者必須解釋希臘文、拉丁文以及法文文本，並且從一頂帽子中抽籤選擇主題，發表演說。在十三名通過口試的候選人中，波娃名列第二。當時她二十一歲，是有史以來通過哲學教師資格會考的第九名女性。她長得很漂亮，出身良好，但她的家庭在戰後家道中落，面臨經濟困難，她必須工作才能生活。比她大兩歲半的沙特是高等師範學院的高材生，雖然去年他沒通過考試，今年卻名列第一。他身材矮小，右眼幾乎失明，其貌不揚（他一開始就承認自己醜陋的外斜視），但對自己的聰明和迷人的舉止非常有自信，他大方追求黑髮、優雅的波娃小姐。

「從現在開始，我要呵護著你。」當沙特帶著波娃來到公布高等教師資格會考的海報面前時，他對波娃如此宣示。[1]他的確這麼做了。他鼓勵她培育她最重視的事物：她對個人自由的熱愛、對人生的熱情、她的好奇心，和她想成為作家的欲望。沙特很早就決定以文學為志向。一開始鼓勵他的是他守寡的母親還有外祖父，他堅信自己是個天才，注定要成就偉大的文學事業。沙特和波娃都不是自願當老師；他們教書是為了支持當作家的理想。他們也都不想結婚或生小孩，然而一旦將彼此當成靈魂伴侶，他們發誓共度一生。

沙特完全符合我十五歲以來就渴望得到的夢幻伴侶條件：他是我的翻版，在他身上我發現我所有燃燒的雄心壯志到達白熱化的程度。我總是能與他分享一切。八月初離開他時，我知道他將永遠不會再次走出我的人生。[2]

在兩卷回憶錄《歲月的力量》裡，波娃描述他們如何擬定兩年更新一次的非傳統契約，沙特還替他們的關係賦予專有名詞。

「**我們**之間，」他說，「是一種**必要的**愛情；但同時去體驗**偶然的**風流韻事也是個好主意。我們倆極為相似，只要願意，我們的關係將會長長久久：但它不能彌補與不同人相遇時短暫獲得的豐富感受。」

他們的契約不只包括擁有其他情人的自由，還必須理解他們不能對彼此隱藏任何事。他們的關係中沒有祕密，如果有性伴侶也要坦承。他們相信這樣的安排能帶來最大程度的自由與信賴，才有可能避免傳統資產階級婚姻中的小氣與嫉妒。

呃。一九六〇年代初讀到以上文字時，我已經結婚，是三個孩子的母親，也是法文系教授，見證聲勢逐漸龐大的性革命，特別是住在北加州時。沙特和波娃打算如何保有美國人開始稱之為「開放式婚姻」的觀念？直到兩人去世後，大眾才知道他們與第三者間複雜關係的全貌。

如果以肉體關係看來，波娃和沙特的愛情維持了十年，但是他們不再與彼此上床之後許久，也就是他們的餘生，兩人一直都維持著「必要的」愛情。他們一起主辦戰後名聲響亮的左派存在主義雜誌《現代》。他們一起到遙遠的國家旅行——古巴、埃及、蘇聯——當地把他們當成最高等級的名人接待。他們一起在白天持續寫作，在夜晚與一群優秀的朋友分享政治理念，共飲威士忌。沙特和波娃喝酒喝得很凶，沙特除了喝酒，還抽菸和吃藥，逐漸對健康造成很大的損害。

沙特和波娃身邊圍繞著其他戰後知識份子，如阿爾貝·卡繆、莫里斯·梅洛－龐蒂、弗朗西斯·強森，和美國黑人作家理查·萊特，這對文人成為媒體寵兒。他們的照片出現在全球報章雜誌上，不只法國人，美國人、俄國人和日本人也同樣認得他們。他們有意識營造出的公眾形象是基於彼此之間的承諾，但也隱瞞了他們各自擁有許多「偶然的」情人的事實。

沙特和波娃都曾經和許多人發生性關係，有些是長期認真交往的對象，其他只是露水姻緣。在沙特於一九八〇年、波娃於一九八七年去世之後，這些戀情才公諸於世。從他們去世後才出版的書信看來，他們令人眼花的情人網絡已經到了國際化的程度，但同時兩人的關係還是牢不可破，十分緊密。[4]即使鉅細靡遺描述和第三者間糾纏不清的感情，兩人卻同時聲稱還愛著彼此。

以下是沙特被徵召入伍之後，波娃於一九三九年九月十六日寫給沙特的信：「我剛收到你星期二寫的長信。這封長而充滿感情的信帶給我極大的愉悅，吾愛。我們是一體的——我每一刻都這樣覺得。我愛你。」

以下是沙特於一九三九年十一月十二日寫給波娃的信：「我是多麼愛你，小海狸，我多麼希望你在這裡。你可知道我對你的愛，就好像一段戀情最初那樣濃厚、那樣詩情畫意……我的愛，你對我而言是多麼珍貴，我是多麼需要你。」

「海狸」是沙特和他大學朋友們十年前給波娃取的暱稱。在這十年以及接下來的四十年間，沙特和「海狸」持續將彼此視為自己的分身。無論兩人外貌上多麼不同，他們緊密的關係來自於深切的相似感：他們理念相同，依據相同的原則生活，他們完全就是對方的翻版，就像頭腦相連的連體嬰。心靈如此契合的兩人，讓我想起一句我最喜愛的莎士比亞台詞：「我不容許緊密結合的真心遇到任何阻礙。」

然而，根據他們完全性自由的契約，雙方都能享有「偶然的」戀情，結果就是造成棘手的三角或四角戀愛。已故的海瑟・羅利就在她精采的沙特與波娃雙傳記中，以真情流露的口吻描繪兩人「激烈的生活與愛情」。[5]根據沙特自己的說法，他不像波娃那麼耽溺於感官享受，不過還是不斷受到欲望的驅使，誘惑女人。他想盡辦法和波娃之前教的高中生奧樂嘉上床，失敗之後，他又找上她妹妹汪妲，追了她兩年，她才終於同意。他的拈花惹草從來不會妨礙寫作，但的確偶爾會破壞波娃－沙特的平衡關係。雖然他們相信向彼此坦承一切就能消除嫉妒心，這種「透明化」對波娃來說並不總是有效。她深深嫉妒著沙特對奧樂嘉、汪妲和幾個與他有長期關係的女人付出的關注。

沙特和桃樂絲・凡內提的戀情特別令波娃倍感威脅。一九四五年一月，沙特以法國文化代表團名義訪問美國。對從小著迷於從漫畫、電影、爵士樂，及海明威、約翰・帕索斯與福克納小說等等所有美國文化的沙特而言，美國之音雙語廣播記者桃樂絲是最完美的導遊。有義大利與衣索匹亞出身背景，臉蛋極為美麗的桃樂絲，輕易就被如今已經大名鼎鼎的哲學家誘惑。在紐約共度兩天之後，他們上了床，從此開始一段長期戀情。到了隔年一月，沙特再次來到紐約，他寫信給波娃：

這裡的生活平靜無波。我早上九點起床……和桃樂絲吃午餐……午餐後我獨自在紐約各處散步，這裡我已經熟得像巴黎一樣；我在不同地方又和桃樂絲見面，之後我們在她家或在某個安靜的酒吧待到凌晨兩點左右……週五晚上我到她家去，我在那裡待到週日下午……沒有發生任何事。只有一樣，那就是桃樂絲對我的愛嚇壞了我。[6]

我可以想像，比起桃樂絲對沙特的愛，沙特對桃樂絲的愛更嚇壞了波娃。不過在同一封信裡，沙特繼續宣示他對波娃的感情，他堅稱：「和你在一起時，我達到最佳狀態，我非常愛你。再會，小寶貝。與你重逢時我將多麼開心。」

一年後，波娃與美國作家納爾遜．艾格林展開熱戀。他們的戀情開始於艾格林的家鄉芝加哥，這是波娃訪美時的一站，之後她將這趟旅程寫成《西蒙波娃的美國紀行》。當時艾格林是文學界明日之星，他已經出版兩本書，即將完成第三本也就是他最成功的作品《金臂人》。雖然艾格林不會講法文，波娃講英文的法國腔很重，兩人的溝通還是好到足夠讓波娃停留在芝加哥的三十六小時內和艾格林上了兩次床，並且展開一段長達數年的愛情長跑。波娃在艾格林身上似乎達到某種前所未有、不受拘束的身體覺醒，甚至在她頭幾年和沙特在一起時也沒有體驗過。根據她的說法，當時她完全投入「狂熱的愛撫和性交」。[7]和艾格林在一起時，肉體欲望是如此強烈，以至於她「第一次完全高潮」，之後她對傳記作者迪爾卓．拜爾這麼說。[8]艾格林給了波娃一枚銀戒指，餘生她一直戴在手上。從一九四七年到一九六四年，她總共寫了三百五十封信給他。[9]他想娶她，但是她絕不會脫離與沙特最初建立的關係。

波娃在世時，她和艾格林的關係就已經公開，但是她設法隱藏之前一段維持九年的戀情，對象是雅克．洛宏．博斯特，他們叫他「小博」。博斯特曾經是沙特在勒阿弗爾教過的高中生，之後他和波娃之前的學生奧樂嘉．柯薩切維契結婚，也就是沙特試圖引誘但沒有成功的那個女學生。他們倆都是波娃與沙特稱之為「家庭」的一份子。波娃似乎非常在意博斯特，他補足了她和沙特愛情中的不足。比她小八歲的博斯特和她一樣熱愛大自然和健行，這些沙特都不感興趣。博斯特也喚醒波娃保留給年輕情人的母愛。一九三九年到一九四〇年間，波娃的日記（一直到一九九〇年才出版）全都在訴說沙特和博斯特接受徵召之後她是如何擔憂。每天她一定會寫信給兩人，然後焦急等待回信。她會寄包裹給他們，裡面是書、香菸和其他難以取得的物資。博斯特在戰爭初期就受了傷，使得她憂心忡忡，沙特也一樣。

但是在波娃去世後的出版品中最出乎意料的，就是她在高中教書時與幾名學生的同性戀關係，以及波娃、沙特和一些女學生之間有待議論的三角戀情。在生命的最後，波娃仍然公開主張她和其他女人雖然很親密，但她們沒有發生性行為，現在我們知道，這不是真相。波娃與奧樂嘉、碧昂卡以及娜塔麗之間的關係無論從什麼角度來看，都是熱戀。

沙特和波娃忠於他們訂定的契約，對彼此鉅細靡遺坦承一切，但真相有時卻令波娃淚水潰堤；如果她沒有向沙特吐露，就會寫在日記裡。雖然一般而言沙特不會嫉妒，但偶爾他也會被波娃告白的事激怒。當然，兩人往往忘記他們對第三者有時是多麼冷酷無情。

拿碧昂卡・比儂費德・蘭布朗來說，一九三七至一九三八年間，她曾經是波娃在巴黎莫里哀中學任教時的學生。她們的私人關係開始時，她十七歲，波娃三十歲。波娃死後，碧昂卡在她的回憶錄《不名譽的戀情》裡寫道，無論在學識方面或性方面，她都受到這位高中老師的誘惑。[10]上了一年課之後，波娃將她轉給沙特，沙特顯然不想奪走她的童貞，不過他在信中表達了相當的熱情。身為作家，沙特能讓自己陷入真實生活中不曾體會到的浪漫情感。

一年多來，這兩名教師和他們的高中學生構成一段三角戀。從沙特寫給碧昂卡的信中——在他和波娃出版的通信中，她被稱作是路易絲・維德林——證實他對她有很深的情感，或者至少表面上是如此。接著在一九四〇年，第二次世界大戰爆發，碧昂卡發現自己被這既是導師又是情人的二人組拋棄。碧昂卡是猶太人，很可能會被納粹驅逐出境，但沙特和波娃似乎都不擔心。即使對沙特和波娃最堅定的仰慕者而言，這兩人在一九四〇年的行為都應受譴責，令人氣餒。

戰時碧昂卡嫁給貝納德・蘭布朗，他之前是沙特任教中學的學生。碧昂卡和貝納德一起逃到東南法的維科地區，有幾百名反抗者活了下來。戰爭結束後碧昂卡和波娃恢復友誼，直到波娃去世。但是之後波娃戰時的日記和寫給沙特的信出版了，信中以嘲笑的口吻直接提到碧昂卡，她因此痛苦不堪，於是她寫下自己關於這段戀情的說法作為回應。這就是我打算安排某大學出版社出版英文譯本的故事。我在巴黎與碧昂卡見面時，她依舊對發生在四十多年前的事件無法釋懷。她經過一番痛苦才發現，沙特和波娃對於「必要的」與「偶然的」男女關係那浮誇的想法，對第三者有害無益。從一九四一年開始她不時有嚴重的憂鬱症，不只出於對納粹的恐懼，也因為她覺得自己被波娃和沙特玩弄於股掌之間。值得讚揚的是，波娃認為她必須為碧昂卡惡化的精神狀態負責。她在一九四五年給沙特的信中說道：「我認為這是我們的錯……她是唯一一個我們真正傷害的人。」

三十年後，沙特和波娃在一九四七年接受德國女性主義者導演愛麗絲．史瓦澤的訪問時，討論他們的私人關係，他們承認，兩人能成為終生結合的伴侶，某部分來說必須以那些第三者付出的情緒與性做為代價。不過謙虛的兩人沒有提到，在與第三者的性關係結束後許久，他們還繼續在財務上照顧幾名情人。一直到去世前，沙特都會每個月支付津貼給汪妲、蜜雪兒．維昂（作家鮑希斯．維昂的前妻）以及他於一九六五年收養的女兒阿蕾特．艾卡姆。波娃對前任情人、朋友和她守寡的母親同樣也十分大方。

這部電影以波娃為主角，沙特的訪談只有一小部分，而且他說話斷斷續續，或許是因為他的健康狀況已經在走下坡。然而波娃的言談還是既明快又果斷。同時她還是法國女性解放運動的寵兒，這是個沙特覺得自己被排除在外的團體。波娃在影片中非常健談，不需提示就對女性的雙性戀問題侃侃而談。她提出雙性戀是女人的天性，因為她們生來就和母親關係密切，而且女人與其他同性（sex）和同性別（gender）的人身上體驗到一種「共謀感」。這種共謀感在電影中的某一段顯而易見：在位於塞納河左岸公寓裡，波娃主持的一場熱鬧的晚餐聚會，她身邊圍繞著包括養女希樂薇・樂朋在內的十二位女性。沙特和波娃各自的養女最後都成了他們文學作品的遺囑執行人。

一九七五年七月是沙特的七十大壽，他答應接受《新觀察家》雜誌的訪問。他承認他的生命中有好幾個女人，但他加了句：「西蒙・波娃是我的唯一。」他以明確的態度推崇波娃：

> 一直以來，在想法尚未成形之前，我就能向西蒙・波娃闡述……她是最完美的談話對象……我們甚至還辱罵彼此……這不是說我接受她所有的批評，但是我確實接受大部分……當你有幸能愛著你正在批評的人時，沒道理不嚴格批評。[11]

和許多沙特與波娃的讀者一樣，我必須修改他們在我眼中的完美形象，接受他們的缺點。一開始，他們給我哲學家的語彙，例如存在與虛無、存在與本質、真性與自欺；對了，還有必要與偶然的愛情。他們是知識份子伴侶的模範，我也和我的精神病學家丈夫結為這樣的伴侶。他們的著作——沙特的劇作和自傳《沙特的詞語》以及波娃的《一個乖女孩的回憶錄》、《溫柔之死》和《第二性》，都列在我大學課堂中的教學大綱上，這些課我已經教了三十多年。當我開始從事女性研究時。我一再發現《第二性》是如何提出、有時候也回答了女性主義者最重要的問題。波娃主張，除非女性有謀生能力，否則將永遠是第二性；無論是今日或是她提出這個概念的一九四九年，這一點都是不變的事實。波娃生於一九〇八年，她所屬的社會階級認為女性外出工作是貶低身分。波娃證明她有能力養活自己，不只和男人一樣有能力，而且還可以超越他們。在這方面，波娃和沙特沒有讓支持者希望破滅，因為他們直到人生的最後，都把彼此當成經濟上和知識上平等的個體。

波娃對母親角色抱持負面看法，我不是唯一責難這一點的人。不過她有她的理由，而且有很好的理由，把為人母當成自我實現的阻礙。即使是今天，如果一個女人想在企業界、政界或學術界有所成就，如果她沒有小孩，就比較有機會做到。從這方面以及其他各方面看來，波娃假定男性的成功模式有其意義。她就是不能讚賞為人父母所獲得的深切情感與心靈成長。以核心家庭模型批評波娃毫無意義，因為這就是他們一直以來拒絕接受、令人窒息的資產階級產物。沙特和波娃都來自這個階級，天知道他們多麼痛恨任何帶有資產階級意味的事物。奇怪的是，他們不由自主將自己著名的三角戀稱為「家庭」，或許出於渴望得到兩人有意識避免的血緣關係。

有很長一段時間我都是波娃的忠實粉絲。過去和現在我都是西蒙・波娃協會編輯委員會的一員，這個協會在三十年前由我的前同事約蘭達・派特森教授創立。除了教授沙特和波娃的作品，我還撰寫與她相關的學術書籍和文章。最近我寫了一封信給《紐約時報》，替我的朋友康斯坦絲・波德和席拉・馬洛瓦尼－謝瓦利爾出版於二〇一〇年的波娃女性主義鉅作《第二性》的新譯本辯護，因為曾獲普立茲獎提名的作家法蘭辛・杜・普雷西克斯・葛雷將整部作品批評得一文不值。[12]

然而我與西蒙・波娃之間最動人的關聯，是一九八七年我在女性研究中心（現在的克萊門性別研究中心）的贊助下，於史丹佛大學舉辦的傳記研討會。我以一小筆津貼邀請波娃在會議上演講；她請畫家妹妹伊蓮娜帶著畫作代替她前來美國。就在一九八七年四月的這場研討會上，伊蓮娜收到波娃的死訊，她立刻在幾位教授的陪同下飛回巴黎。

波娃葬在蒙帕納斯墓園，就在沙特身邊，一塊石板墓碑蓋住兩人相鄰的墓地。不熟悉他們故事的人來到這個雙人的墓前，看到一般用在夫婦的墓碑上刻著兩個姓氏不同的人名或許會覺得奇怪。死後兩人的遺骸合葬在一處，但不像阿伯拉與哀綠綺思，沙特與波娃不相信有死後的世界。正如波娃以極其動人的語氣寫道：「他的死使我們分開，我的死卻沒有讓我們再次結合……我們在世時能和諧共處如此長的一段時間，真是太美好了。」[13]

那麼，沙特與波娃這段愛的歷史，遺留給後世的是什麼呢？在我看來，他們最重要的貢獻是擁護愛情以及生活其他層面中的自由。沒有傳統上的法律或宗教對婚姻的約束，他們宣稱自己在某種意義上來說可以自由的愛對方。他們也認為自己能在主要伴侶關係之外，可以不受約束擁有其他性伴侶；這些次要戀情還是會令對方訝異，但他們依舊誠實以告。雖然從中世紀開始，某種程度上法國傳統可以接受婚外情，卻從未有人在毫無附加條件之下表達這種看法，也沒有人把它放進男女同樣適用的愛情契約裡。從這方面看來，沙特和波娃是婦女運動的先鋒，雖然兩人並不這麼認為。在一九七〇年代婦女運動團體找上她之前，她一直沒有和其他女人聯合起來追求某種目標。

這種愛情和美國所謂「開放式婚姻」或甚至是「多重伴侶關係」差別在哪裡？最重要的就是波娃和沙特發誓對彼此信守承諾，直到生命結束為止。不管是否有其他人在他們之間——情人、依附者、養女，還有在沙特晚年失明而且身體虛弱時掌控他的男性同僚——波娃依舊是他最主要的伴侶。他們的婚姻關係誠然令其他人羨慕不已。

柯蕾特・奧德莉是一九三〇年代初波娃在高中教書時的同事，在半世紀之後她回憶往事：「沙特和波娃之間是一種全新的關係，我從來沒看過。我無法形容這兩人一起出現時的樣子。他們的感情密切到有時候會讓其他人覺得，沒有這種關係真令人難過。」[14]除去所有缺點不談，波娃和沙特向世人提出一種直到兩個世代之後才徹底風行的平等伴侶模式。在性關係結束後，他們對彼此的愛情沒有因此逝去。他們堅信彼此是一個整體的兩半，擁有單一願景。波娃和沙特同時代的作家安東・聖修伯里，在《飛行員的奧德賽》裡的一句話，可說是兩人最恰當的墓誌銘：「愛情不是凝視彼此，而是兩人一起望著同一個方向。」

第十五章　欲望殖民地

瑪格麗特・莒哈絲

他的雙手非常熟練，完美得令人讚嘆。顯然我很幸運，彷彿那是他的職業。……他叫我蕩婦、婊子，他說我是他唯一的愛，他就該這麼說……一切都在欲望的力量下，被情感洪流捲走。

——莒哈絲，《情人》，一九八四年

騎腳踏車的女孩正經過越南一座由古斯塔夫·艾菲爾建於一九〇四年的橋

莒哈絲的世界由愛情支配——那是狂暴、不間斷的熱情，一發不可收拾，成為混和著心痛的動物性快樂。莒哈絲筆下的男女感受著狂喜、柔情、渴望、嫉妒、折磨和報復。愛情所到之處，他們的人生皆被蹂躪。在她的小說和電影中的每一個字裡，你都可以感受到愛情的脈動。

莒哈絲的中篇小說《夏夜十點半》的女主角瑪麗亞腦海中縈繞著與丈夫皮耶做愛的回憶，此刻它已經成了痛苦的回憶，因為她看見他一心渴望著自己的朋友克萊兒。克萊兒陪著他們的女兒，瑪麗亞和皮耶在西班牙旅行，但在前往馬德里的路上下了場夏日的暴風雨，他們停留在一個小鎮上擁擠的旅店過夜，唯一可睡的地方就是大廳地板。

感受到皮耶和克萊兒之間挫折的欲望，她想像著：

> 這一定是他們第一次接吻……在移動的天空下，她看得出他們完整的剪影。皮耶一邊吻著克萊兒，一邊碰觸她的胸部。或許他們在說話。但是輕聲細語。他們一定第一次情話綿綿。在兩個吻之間，從他們雙脣中吐露出無法壓抑的話語。[1]

瑪麗亞喝太多酒。在酒精作用下，她很快就不省人事。事情愈來愈明顯，她是個酒鬼（莒哈絲自己也有酗酒問題）。皮耶試圖阻止她，但徒勞無功。瑪麗亞執意酗酒，而皮耶也無法抗拒對克萊兒的愛意，但是他還是愛著妻子，以溫柔的情欲對待她。

「你還記得嗎？在維洛納？」

「記得。」

如果皮耶伸出手，他就能碰到瑪麗亞的頭髮。他說起維洛納。他整晚都在談情說愛，說他們倆，在維洛納的浴室裡。當時也有一場暴風雨，也在夏天，旅館也客滿。「來啊，瑪麗亞。」他納悶著。「何時，何時我才會愛夠你呢？」

他們倆深刻了解對方。他知道她知道克萊兒的事，然而他相信這份夫妻之情總會存在。與瑪麗亞、皮耶和克萊兒的故事交錯的，是一個才剛發生在某無名小鎮的驚人事件。就在那一天，有個男人把他年輕、赤裸的妻子和躺在她身邊的情人給殺了。

「他的名字是帕耶斯特拉。羅德里戈．帕耶斯特拉。」

「羅德里戈．帕耶斯特拉。」

「沒錯。他殺的那男人叫培瑞茲。東尼．培瑞茲。」

正當警方巡邏全鎮，等著清晨逮捕兇手時，瑪麗亞卻著迷地想著他的命運。聽說他躲在屋頂，突然間她決定要幫助他逃跑。瑪麗亞沒有直接表示帕耶斯特拉和自己處境相同，卻非常明白配偶在嫉妒之下會被迫殺人。她如何設法把帕耶斯特拉從屋頂上弄下來，卻不能讓他脫離絕望心境；她如何能接受皮耶和克萊兒之間不可避免的性關係；她和皮耶如何堅守對彼此的愛情卻告失敗——這些都是在這齣令人難忘的戲劇中互相衝撞的主題。

莒哈絲作品的力量，大多來自她沒有說的部分。她要求我們這些讀者或是觀看她電影的觀眾填空。我們進入她角色的思考過程，分擔他們的情緒，加入我們自己的感受。無論她的故事多麼與眾不同，都會深入潛藏在每個人心中共通的原始情緒。

沒有說出的話，躲藏在她最著名的風格化語言中：鏗鏘有力的詞組和重複性的主旨創造出特定的音樂紋理。她最廣為人知的小說之一《如歌的中板》是音樂術語，意思是「適度而旋律優美」。在這故事中，同樣是一個男人殺了他愛的女人，但他沒有逃跑，反而在已經沒有生命的她身邊躺下，撫摸她的頭髮。

> 圍觀的群眾看得出這個女人還很年輕，血沿著她的嘴角緩緩滴落，男人親吻她之後，臉上也留下了血跡。[2]

這宗情殺案，這越界愛情的終極表現方式，進入了圍在這對悲劇情侶身邊的人的想像中。謀殺案再次與一個更成熟的故事交織在一起，這次主角是名叫蕭凡的男人和他前任雇主的妻子安・戴斯巴瑞斯德。他們在謀殺案發生的小酒館偶遇，之後一直在那裡碰面，不過對一位像戴斯巴瑞斯德夫人這樣資產階級妻子而言，是一個很不恰當的場所。他們唯一的話題就是謀殺案，即使兩人對涉案雙方的事幾乎一無所知。他們深受神祕愛情吸引，這份過於狂野的愛公然挑戰所有理性的理解力。

安和蕭凡對彼此的吸引力逐漸攀升，謀殺案成為催化劑。兩人強烈的肉欲已超越事件本身。無數法國小說中也充斥類似的愛情、外遇和嫉妒，然而莒哈絲卻能賦予這些事件如咒語般獨特的力量。正如十七世紀哈辛將愛情提升為嚴肅的悲劇，二十世紀的莒哈絲也將讀者與觀眾拉進擾動人心、耗盡心力的陰暗愛情世界裡。

瑪格麗特．莒哈絲（一九一四至一九九六）在七十歲時寫下《情人》這部小說。當時她已經是備受推崇的作者，創作了五十部長篇小說、中篇小說、電影以及戲劇，其中包括世界知名的電影《廣島之戀》和小說《如歌的中板》，後者每每被選為法國與美國的文學課讀物。《情人》得到一九八四年的龔固爾獎，當年就售出七十五萬本。之後被改編成備受讚譽的電影。

《情人》的場景在莒哈絲生長的越南。莒哈絲原名瑪格麗特．多納迪奧，「多納迪奧」的意思是「獻給神」。她是家中第三個孩子，父母從法國到越南教導當地孩童。身為法國統治階級的一份子，她和家人在當時所稱的印度支那過著優渥的生活，然而自從父親死後，這家人的境況變得十分拮据。《情人》裡的無名女孩和莒哈絲一樣，都有個尖酸刻薄的教師母親、粗暴的大哥和親切但早死的二哥。在橫越湄公河的渡輪上，十五歲半的她遇見比她大十二歲的有錢中國男人。她正準備搭巴士和船從她住的村莊沙瀝回到西貢的學校。這男人坐在穿白制服司機駕駛的黑色禮車裡上了船。

> 他望向戴著軟呢帽穿著金色鞋子的女孩。他緩緩靠近她。他顯然很緊張。他先是微笑。他給她一根香菸作為開場。他的手在抖。他們是不同種族的人，他不是白人，他必須設法控制局面，所以他才會發抖。她說她不抽菸，謝謝不用了。[3]

這男人看見有個白人女孩搭乘當地交通工具，感到很驚訝。他問起她在沙瀝的家人，並告訴她他住在河邊那棟有大露臺和藍色磁磚的大房子裡。他才剛從巴黎回來，之前他在那裡念書。她是否願意讓他用車子送她回西貢的目的地？

一段貧窮法國少女和年長有錢中國男人的驚奇故事就此展開。他擁有傳統的權力象徵——金錢和年紀——然而她以年輕、美貌和膚色反擊並征服了他。在歧視亞洲人的法國殖民社會中，身為白人是無可匹敵的優勢，無論這亞洲人是本地越南人或中國移民。她母親和哥哥瞧不起這男人，而男人的父親也拒絕接受他的子嗣娶個「從沙瀝來的白種小蕩婦」。不過在故事說到這裡之前，我們先跟隨法國女孩和中國男人的浪漫戀情腳步，它與任何我們之前所讀過的愛情故事都不同。

每天這男人會坐著司機開的車子到女孩念的法國高中，載她回她晚上睡覺的寄宿學校。但有一天下課後他把她載去中國城，他在那裡有間單身公寓。在那裡他告訴她他愛她。

> 她說，我寧可你不愛我。但如果你愛我，我想要你做你通常會和女人做的那件事。他驚恐地看著她，問，這是你要的嗎。她說是。

於是他們在她的要求下做愛，啜泣呻吟的人是他，不是她。他們的做愛一點也不符合刻板印象。

> 他扯下那件洋裝，丟在地上。他扯下她白色純棉的小內褲，就這樣把赤裸的她抱到床上。在床上，他轉過身去啜泣。而她，緩慢而有耐心，把他拉向她，開始脫他的衣服。
>
> 她碰觸他。碰觸他柔軟的肌膚，愛撫他那金黃色，陌生新奇的東西。他呻吟，啜泣。

在極度的愛中。

在他深入她之後，他把血擦掉，替她洗澡，彷彿她是個小寶寶。兩人溫柔的與熱情的做愛場景相互交替，在這之中，她感受到強烈的歡愉。

在一年半間，他們時常在他的單身公寓裡做愛，周圍是堤岸區中國城的種種氣味與噪音。漸漸她的家人發現了，她被母親和哥哥毆打。她母親尖叫道：她和妓女沒兩樣，她絕對嫁不出去，在社會上也沒有容身之處。然而這家人還是會從她手裡拿走那中國男人的錢。他們甚至接受男人的邀請到昂貴的中國餐館用餐，他們非常不禮貌，甚至大啖眼前所有食物，卻不肯跟主人說一句話。

女孩在法國學校的朋友也不再跟她交談，但她不在乎。「我們回公寓去。我們是情人。我們不能停止相愛。」

他給了她一枚貴重的鑽石戒指。這枚戒指減少了她在家裡和寄宿學校受到的批評，她晚上沒回宿舍時其他人就睜隻眼閉隻眼。此時這對情人一同跳起愛情儀式之舞。他用放在一旁的專用大水罐裡特別的水洗淨她的身體。她任由他愛撫，他撫摸她時她也撫摸他。他們無聲的愛撫偶爾被劇烈的情感爆發打斷。

突然間換做她懇求著，她沒有說是為了什麼，他吼著叫她安靜，說他不想再和她有任何關係……現在他們又再一次在淚水、絕望與快樂中屈服。

終於來到女孩必須回法國接受大學教育的時候了。分離的念頭令他無比痛苦，以至於他無法和她做愛。「他的身體不想再和她那即將離開，即將背叛他的身體有任何牽扯。」離開的那一天，她站在即將帶她前往歐洲那艘船的甲板上，看著他停在碼頭那輛「長而黑」的大車，「穿白制服的司機在前座……他在後座，那幾乎看不見的身影動也不動，被悲傷壓垮。」她開始啜泣，但在陪她前往法國的母親和哥哥面前藏起淚水。她是否像他愛自己那樣愛他？不。但是她用自己的方式愛他，她永遠忘不了他。

多年後，在他和他父親替他選的那個中國女人結婚之後，在他們生出子嗣之後，他和妻子來到法國。這時，從越南來的女孩已經是一位知名的作家。她經歷了戰爭、結婚、生子、離婚。他打電話給她，她立刻認出他的聲音。他的聲音顫抖，他很緊張，他依舊害怕。「然後他告訴她。告訴她就像從前一樣，他還愛著她，他永遠不會停止愛她，他會愛她直到死去。」

為什麼當我讀到最後，這故事讓我哭了起來？是因為我希望相信像這樣持久的愛情依舊可能存在？是因為莒哈絲創造了一則肉欲之愛的神話，但它不局限於肉體，而且超越了種族、階級和金錢的障礙？又或者是因為這部小說讓我想起我二十歲在法國談的一場戀愛（和一個挪威人），四十年後在一通電話裡，我們立刻認出彼此？莒哈絲說了個故事，它成為我們自己的故事。

《情人》道盡愛情需由肉體關係支撐的典型法國概念。當身體像孩子般被撫摸和照顧時，雙方就能得到至高無上的歡愉，散發出幸福。這對情人一度能抗拒殖民社會將不同人種的結合視為禁忌的偏見。從這方面來說，莒哈絲的思想遠遠超越她的時代。即使兩人終究分離，回到出生就注定所屬的文化，這並不表示他們的愛情沒有價值。相反地，莒哈絲在每一部作品裡都暗示，無論是否短暫，只要記憶猶存，都能讓人的情感源源不絕湧出。

莒哈絲開啟了即將在法國產生深遠影響的主題：由於法國殖民政府介入印度支那、非洲、近東、加勒比海和印度洋，不同種族間的戀情於是產生。這些男女的結合動搖法國傳統的愛情觀。雖然法國白人男女嫁娶不同種族的對象曾經絕無可能或至少很罕見，今天這樣的結合已經普遍得多。來自象牙海岸或法屬圭亞那的男人或來自越南或安地列斯群島的女人和法國本地人結婚，生出茶色或咖啡牛奶色皮膚的孩子。法國逐漸成為多種族的國家，當莒哈絲還是個小女孩時，沒有人能預料得到改變的速度如此之快。

孜孜不倦的莒哈絲傳記作家洛荷・阿德雷到越南追溯《情人》的故事起源。[4]她推斷莒哈絲的中國情人確有其人。在這人的姪子陪同下，她造訪他的墓，也看到他那棟現在已經改建為警察局的大房子。但是在莒哈絲這本著名小說以及其他小說中的這個情人，和她十六歲時認識的男人絕對不是同一個人。雖然這人也是很有錢的中國人，追求她兩年，他長得根本不好看——事實上他似乎相當醜。此外，雖然他付了大筆錢給多納迪奧家換取莒哈絲的陪伴，卻直到她即將前往法國時才和她上床。以上這些還有其他顯著的差異，莒哈絲都寫在筆記本裡，直到她死後才被人發現。比起《情人》中的描述，或許上述更接近真實狀況。到頭來，真實生活中的事件激發出一個更有美感的現實。

莒哈絲在七十歲時寫下《情人》時，這中國情人已經成為她個人神話的一部分，她自己或許已無法分辨人生與文學的差別。他那黃白色的皮膚和纖細的雙手，他的財富和外地人的身分，這個越界的情人帶領她初次進入性與愛情的世界。在往後的人生中，他的影像將深深刻印在她的意識中。身為作家，莒哈絲可以修復原始關係中的瑕疵。這就是記憶的美妙之處，她能將稍嫌可鄙的戀情轉化為情投意合的熱情羅曼史，將她對愛情的幻想流傳後世，成為穿透皮膚的一股無法抗拒的力量——無論我們的皮膚是什麼顏色。

第十六章　二十一世紀的愛情

今天，你是否能想像有一部小說的書名叫《愛的寶藏》？

——菲利普・索雷斯，《愛的寶藏》，二〇一一年

明信片：巴黎，戀人之都

四月的巴黎往往就是它應有的樣貌。七葉樹花朵盛開，將長得像蠟燭的白色錐形穗狀花尖往前伸；盧森堡公園裡的黃色鬱金香盡情吸收陽光，我回到了我的文化故鄉。坐在公園長凳上那些年輕和沒那麼年輕的情人們依舊貪婪地親吻彼此，完全不顧來自各國觀光客對如此不得體的行為投以嫉妒的目光。的確，我用一歐元買來印有邱比特的明信片，上面很有道理的將巴黎宣傳為 *capitale des amoureux*——情人之都。不過，我們在二十一世紀的巴黎可以發現哪種情人？二〇一一年當我再次回到法國時，這是我清單上的第一個問題。

我先去參加了一場九十一歲老太太的葬禮，我認識她四十多年了。我在更早前就認識她去世的先生，早在我在圖爾唸書時。保羅和嘉霍琳以法國人熟悉的模式成為情人，也就是他們相遇時她年過三十，已婚，有兩個小孩，而他單身，小她六歲。我還記得保羅在一封來信中描述他們炙熱的戀情，以及他某次如何即時逃出她的主臥房。「我差點把我的皮留在那兒了，」（J'ai failli y laisser ma peau，意思是死裡逃生）這個說法還刻印在我腦海中。拋下丈夫和有利的財務狀況，嘉霍琳搬到保羅的單身公寓，把女兒帶在身邊，兒子送去瑞士讀寄宿學校。他們一直住在那裡，直到保羅死後，嘉霍琳才搬到她住在南法的女兒附近。無論他們有哪些問題——而且問題還不少——認識他們的人都知道兩人對彼此獨一無二的柔情。七、八十歲的嘉霍琳依舊風情萬種，她緊抓著她那個世代和階級的法國女人知道的一切把戲迷惑男人。後來嘉霍琳住進養老院，她失去大部分記憶，但風韻猶存。某一次她問她嫂嫂：「我有幾個丈夫？」當她嫂嫂回答「兩個」時，嘉霍琳有些挫折。「什麼？只有兩個！」

我不期待在年輕的一代身上看到這種愛情與婚姻，我確實也沒看到。我在巴黎遇到的一切人事物，從朋友、學術界、戲劇、電影到印刷品，都將我吸入一股當今愛情關係的漩渦，其中男女交往的規則持續改變，五十年的婚姻似乎愈來愈不可能。然而愛情本身沒有消失，完全沒有。在法國它依舊如此迷人登場，一如既往。

劇名如《夫妻的幻想》、《同性婚姻》《我愛愛情》、《欲望旋轉木馬》、《史上最佳情人？》、《托盤上的愛》、《太太把我當性玩具》、《愛情內用或外帶》、《火星與金星：兩性戰爭》等當紅戲劇，吸引了整個巴黎的觀眾興致勃勃前來欣賞；古典戲劇如《憤世者》與《大鼻子情聖》的票房也很好。劇院裡甚至還演出某個版本的《崔斯坦與伊索德》，廣告詞是：「通姦的年輕男女之愛，激情火熱，充滿肉欲，」並且以一句話結尾：「一則神話或一場普通的悲劇？」

我前往觀賞得獎戲劇《夫妻的幻想》的午場。劇院爆滿，演出精采。所以，假使它處理的是法國最古老的愛情主題——丈夫、妻子和妻子的情人呢？當然這位妻子美麗苗條，時髦又迷人，而且她在物質需求上必須依賴丈夫。她就是出現在歡樂的九〇年代以及一九三〇年代刻板印象中的法國女人。在劇中，妻子提議她和丈夫告訴彼此，在他們漫長的婚姻生活中各有過多少次外遇。他有多少次？嗯，他終於承認有十二次。她處之泰然，接受了這個數字。那她呢？她有多少次？只有一次。**只有一次**？他爆炸了。一次比十二次更糟。只有一次表示她真的很在意某個人，而他的外遇只不過是露水姻緣。於是他的醋意一發不可收拾，他必須知道更多。這段外遇持續多久？那男的是誰？是他最好的朋友嗎？他最好的朋友來到家裡，更多事浮上檯面，撼動婚姻基礎。然而到了最後，妻子還是拒絕證實丈夫懷疑的人。她保持神祕感，這是法國女人安全的天堂，而且顯然神祕感終究是法國婚姻必要的黏著劑。如果全盤托出，就摧毀了夫妻對彼此的幻想。

一九四八年，詩人保羅・克洛岱爾在他首次出版於一九〇九年的劇本《正午的分界》新版序中一開頭就寫道：「顯然沒有比這齣戲劇所根據的雙重主題更普通的了……第一個主題是外遇：丈夫、妻子和情人。第二個主題，是在以宗教為天職與肉欲呼喚之間的掙扎。」[1]到了二〇一一年，你可以忘了以宗教為天職與肉欲需求之間的掙扎，但是外遇這主題還是很吸引觀眾。

然而在戲劇、電影和小說中，依然有不同主題指向永無止境追求愛情的新問題。例如《同性婚姻》就可作為目前法國人看待同性戀時相當開放的象徵。噢，連巴黎市長貝特航・德拉諾耶都公開承認自己是同性戀呢。法國於一九九九年通過的《民事伴侶結合法》，提供民事伴侶所有婚姻相關的財務利益，無論兩方的性別為何。雖然《民事伴侶結合法》是為了同性伴侶而設立，現在異性伴侶也會採用。目前在法國，兩人結為民事伴侶的比例與結為夫妻的比例是二比一。民事伴侶比婚姻關係容易成立，也容易解除，或許這就是為什麼異性戀男女組成民事伴侶的情形愈來愈多。無論是同性戀或異性戀，許多年輕人似乎不太喜歡終生伴侶這種概念。現在法國女人的預期壽命約是八十四歲，男人是七十七歲，要和同一個人度過五、六十年，這種期望或許太高。

因此，法國和美國一樣，正經歷一場羅曼史革命。婚前性行為、有或沒有法律約束的同居、離婚、多次婚姻或民事伴侶結合的男女關係，正在排擠老式的終生婚姻。妻子和丈夫（透過各自情人得到喘息空間）的傳統結合形式成為理想，而非常態。

改變了一切的是，在法國和美國都有愈來愈多女人出外工作，嘗試結合身為妻子的一切美德與工作場所殘酷的現實狀況。比我年輕（四十五歲以下）的法國女性朋友，依舊會打理外貌、煮飯、當個好母親，現在她們還成為家庭經濟支柱之一，因此她們也跟美國女人一樣，正面臨時間與精神上的衝突。當然法國政府支持育嬰假，托嬰中心也使法國媽媽能繼續工作。法國依法有十四週有薪育嬰假，生第三個孩子時增加到二十六週，也有十四天給父親的陪產假，但許多母親請更多天育嬰假。我的美髮師在她每個女兒出生時都各請了六個月育嬰假，開始是有薪假，之後則是部分支薪。有個朋友在某家歐洲航空公司擔任重要職務，每個兒子出生後都休息一年，她先生也在一個兒子和另一個兒子出生的間隔期間請一年無薪陪產假。許多男人都會負起照顧孩子的責任，這在過去很難想像。例如我的法國出版商如果一定要出門旅行時，就常把她女兒留給前夫或和她同居的男友。毫無疑問的是，女人在經濟上和男人分庭抗禮這件事，可說在愛情遊戲裡打出了一張萬用牌。男人曾經知道自己該扮演什麼角色，也知道經濟上依賴他的女人該扮演什麼角色；現在雖然男人在職場各方面依舊擁有特權，不過在女人或許賺得跟他一樣多或更多時，他們就不知道該怎麼辦了。我們發覺法國某些男女心裡感到不安，因為他們懼怕愛情。我的女性朋友告訴我，現在是男方懼怕永久的關係，而女人為了維持關係投入更大精神。如果這是真的，法國和美國女人的情況相去無幾。

著名法國知識份子菲利普·索雷斯在他二〇一一年的小說中，一開始就詢問讀者是否能想像有一本小說的名字叫《愛的寶藏》。他相信讀者會覺得這種書名很古怪，只能偷偷把書打開來讀。[2]根據索雷斯的說法，這就是現代人對浪漫愛情的幻滅。然而他還是把他的自傳體小說取名為《愛的寶藏》，並且狂熱讚頌他珍愛的寶貝，米娜。

米娜三十五歲，男主角索雷斯（同時扮演現實生活中的索雷斯）年齡至少是他的兩倍大。米娜結婚兩年，丈夫是義大利銀行家，有個五歲大的女兒。不說年紀了。米娜是義大利人，生於威尼斯，專攻法國文學，尤其熟悉斯湯達爾。索雷斯和米娜都鍾情於威尼斯，每個月有兩、三天兩人會在那裡見面。他們也都喜歡斯湯達爾，這位法國作家的生平與作品成為這部小說的弦外之音。

索雷斯用以下這段話總結法國愛情史：

> 三世紀以來，我們已經從壓抑和宗教昇華*來到放蕩，又從放蕩來到浪漫熱情，又來到過度樸素節制，然後從那裡再次來到性與色情的激增，接著透過疾病與複製科技，回到原始、普通的壓抑。

索雷斯提到的當代壓抑是什麼？當然不是性壓抑，既然法國男女（美國人也一樣）發現性伴侶比之前都要好找。他們壓抑的是將自己的心與靈魂獻給過去所稱的「真愛」的可能性。在「愛情廣告、愛情電影、情歌、愛情電視劇、愛情雜誌和戀人」的疲勞轟炸下，法國人不得不根據媒體特製的標準談情說愛。但是一個人是否曾經「自然地」愛過？情人眼前是不是總會有個中間者，提供典範？惹內．紀哈德著作中描述的間接欲望使我們相信，最偉大的西方文學家，從但丁到塞凡提斯，從斯湯達爾到福樓拜，他們筆下人物都從之前的小說中得到浪漫愛情的提示。[3]十八世紀後半葉，有多少男女從盧梭的《新愛洛伊絲》中學會熱戀，並且因為書中的「真理」痛哭流涕？今天的電影、電視、雜誌和網路，在許多方面都提供愛情典範，文學作品再也無法與之匹敵。

索雷斯回顧法國與西方世界文學史，尋找模範情人。他召喚斯湯達爾在他最偉大的小說《紅與黑》、《帕馬修道院》和文集《愛情論》裡描述的愛情。我們在二〇一一年失去的正是斯湯達爾所稱的「結晶」過程——一種想像情人的能力，幻想鍾愛的那個人，賦予他或她我們所讚賞的理想特質。

此外，自從網路交友服務可以提供我們希望對象能擁有的任何特質，人們可以直接到網站裡，從線上資料庫建構出未來伴侶。你想要高個子、矮個子，或是狂野的性愛？請上Match.com。斯萬將奧黛特塑造為理想的女人，而我們現在則是先有理想的概念，再找到符合的人。

*在佛洛伊德理論中，昇華（sublimation）指的是個人將壓抑在無意識中的欲望，轉化為社會許可的事物。

身體與心靈的欲望太過容易滿足之下，我們的戀愛過程也被摧毀了。

或者，真的被摧毀了嗎？索雷斯小說中的人物在米娜身上、在他們沉默的諒解與相互愛慕中找到理想的愛情。他很確定：「我愛米娜，她也愛我。」來自古老義大利家族的米娜關在神奇的威尼斯裡，被兩人對斯湯達爾的景仰牢牢絆住（附帶一提，斯湯達爾並不喜歡義大利），經歷了「結晶」過程——用斯湯達爾的隱喻來說，就像是遺留在鹽礦裡的樹枝上產生的結晶——索雷斯將所有完美的事物投射到她身上：年輕、貌美、聰明，還有高貴的義大利血統。

有時候我們可以理解米娜的想法。她覺得斯湯達爾的文集《愛情論》太老派。她喜愛他以下的說法：「允許女性擁有完美的特質，將是最確切的文明標誌：它將能使人類的知識力量與獲得幸福的機會加倍。」小心，索雷斯，曼妙的米娜骨子裡或許是女性主義者！

但是米娜不是那種會惹事的「恐怖」女性主義者。她「從來沒有想過在大學或其他地方『謀得一職』。她認為取得權力……是件奇怪的事……她喜歡她獨立的生活、她的女兒、她在威尼斯的公寓。」我也是，許多其他女人也是——如果我們不用養活自己，或維持家計。拜託，索雷斯，你活在哪個世紀？索雷斯不過是對於一九六〇年代以來，由女性帶動的、或為了女性所做的改變感到不自在的許多作家之一（不論男女皆有）。即使在《愛的寶藏》裡，敘事者讚頌他與米娜完美戀情的同時，索雷斯也表現出隱隱約約的不安。

我們或許納悶，一九六七年與女性主義精神分析學家暨作家茱莉亞・克莉斯蒂娃結婚的索雷斯，對於妻子享譽國際學術圈作何感想。我們也納悶哪個或哪些女人是米娜的原型。在沙特與波娃的傳統之下，索雷斯與克莉斯蒂娃一直是一對偶像伴侶，他們的私人生活總是持續受到媒體的詳細檢視。

更消極的是詩人與小說家米歇勒・韋勒貝克的作品。在備受討論的小說《無愛繁殖》裡，他描寫了一個年代，在這個年代，「愛情、溫柔和人類的夥伴情誼等感情多半都消失了。」[4]韋勒貝克詳細描述手淫、色情書刊、嫖妓和買春團是如何在缺乏愛情的情況下，成為人們快速的解決方案。雖然我可以讚賞他是個嚴肅的思想家，他卻徹底讓我退避三舍。我就是不想閱讀韋勒貝克描寫的那些無法找到人類情感聯繫的不可愛人們。

有幾位女作家也深入探究純粹性交的性質。凱特琳・米勒於二〇〇一年出版的回憶錄《凱特琳・M的性生活》，主要在描述她從小到大的性經驗，從手淫到群交，一點也不遲疑。就算是早已習慣小說裡直白描寫性愛的法國讀者也被她那和盤托出的裸露癖嚇壞了，稱她是「性女士」。二〇〇八年，她出版回憶錄續集《苦難的日子》，描述她發現丈夫雅克・昂希一直與幾個女人有染。米勒和昂希是《藝術出版》雜誌的共同創辦人和編輯，結婚超過二十年。在幾十年來淫亂的開放性關係之後，這樣的米勒也會深受嫉妒折磨，表示人的心還是有能力維護其權利。小說家東妮．班特利在二〇一〇年一月二十九日的《紐約時報》上發表了一篇《苦難的日子》書評，提到這是「或許有其自身詩意審判」的「浪漫報復」。

索雷斯、韋勒貝克和米勒是較年長的法國知識份子世代，而維吉妮．德龐特卻完全是個年輕、藍領階級的顛覆份子。她出版於一九九九年的小說《操我》之後也改編成電影版，這是一則關於性、輪暴、毒品、暴力、搶劫、謀殺和所有想得出的可怕事件的小說。雖然小說和電影裡鉅細靡遺描繪性交場景，它實在沒有哪裡稱得上是「情色」，當然跟愛情也毫無關係。德龐特吸收法國色情書刊最極端的部分，她顯然是替女性主義浪潮效勞，以呈現出社會邊緣人如何報復社會。她出版於二〇〇六年的第二本小說《金剛理論》開場白就語驚四座：「我以醜女的身分寫作；我寫作是為了醜女、老女人、像男人的女同性戀、性冷感女人、被操的可憐女人、不能被操的女人、歇斯底里的女人、侏儒病女人，以及所有被排除在愛情市場之外的女人。」[5]遺憾的是，才過了幾頁，這本書就淪為一九八〇年代以降（我早該知道）美國女性主義理論的改寫版，除了髒話之外毫無可供辯論的新觀點。至於在德龐特獲得何諾多文學獎的二〇一〇年小說《啟示錄寶貝》裡，則是再一次展現掌握下層社會語言的驚人能力，攻擊中產階級價值觀。這部以「*polar*」（偵探小說或謀殺案推理小說）形式寫成的小說描述一個失蹤少女故事，它確實能讓你一口氣從頭讀到尾——也就是說，假使你可以接受小說中所有人的道德破產，或許除了女同性戀救世主「土狼」這個角色以外。性、懸疑、暴力、一點情緒，或許甚至還有一絲柔情，暗示四十歲出頭的德龐特有潛力超越她目前的「驚嚇值」*誘惑，繼續成長。

且讓我們面對現實，法國小說已經不再是最主要的愛情發源地。一段時間以來，電影已經篡奪小說的地位，成為替法國與全世界觀眾傳達羅曼史的最佳角色。如果我告訴我先生我想看某部法國電影，他立刻知道那會是一部愛情片。美國電影擅長科技創新、暴力、爆破、推理、動畫和科幻劇情，而法國電影依舊專注於拉近情人間的親密距離。過去半世紀以來的許多偉大法國導演，如侯麥、高達、楚浮和克勞德·雷路許等人，都能把他們大多數的電影包裝在「戀愛課程」這標籤底下。

那麼二〇一一年四月六日到十二日的《巴黎視野》雜誌裡，有哪些電影屬於愛情片？《安潔樂與東尼》是一部愛情喜劇，內容敘述剛出獄的安潔樂想重新取得兒子的監護權。電影一開始，安潔樂為了換個玩具給她兒子，她靠在牆上被一個年輕男人操。她長得漂亮，瘦骨嶙峋，

*「驚嚇值」（shock-value）是可能引發觀者噁心、憤怒、恐懼或震驚等負面情緒的動作、影像或文本。

粗暴，行為舉止間完全不知道如何按照傳統女性的方式來表達。她遇見東尼，他是魚販和小水產公司老闆。他是個土包子，但有副好心腸。她想讓他娶她，好說服當地法官把兒子監護權判給她。漸漸地，她原本精心計畫的計謀轉變為真感情。電影結局皆大歡喜，有婚紗等等。滿分四顆星，我給這部片二顆星。

由方斯華・歐松導演，演出者是凱特琳・丹妮芙、傑哈・德巴狄厄和法布萊斯・魯奇尼的《幸福的小雨傘》，是一部背景設在一九七〇年代的喜劇，故事敘述某個女人嫁給一個高階主管，他三十多年來時常背著她和祕書在一起，偶爾還有其他女人。他接手她父親的雨傘工廠，把它變成一間賺錢的企業。但是他的工人不滿他極端保守的公司政策，於是發動罷工，還綁架他當人質。他的妻子蘇珊介入衝突，證明她不只是個無腦的 *Potiche*，這個字指的是模範妻子，但帶有貶意。在結婚之初她曾經和之後的共產主義市長有過一夜情，這次在他協助之下，蘇珊與工人談判釋放她先生，並且在她先生心臟病發作復原之後，接手工廠。飾演市長的傑哈・德巴狄厄沒有如他所願，與飾演雨傘工廠老闆妻子的凱特琳・丹妮芙舊情復燃，不過他們跳了一支情欲飽滿的舞，讓人看不出他們已經上了年紀（尤其是腰圍愈來愈大的他）。這位市長一度相信他是她已成年兒子的生父，結果卻發現生父是蘇珊另一個短暫交往的情人。她說起早年幾場刺激的婚外情，那一副毫不在乎和缺乏罪惡感的態度，不可能出現在美國電影裡。接著蘇珊和市長爭奪國民議會席次，當然她贏了，而且還打算跟她丈夫離婚，搬到巴黎住。這是一部娛樂性很高、適合女性觀賞的寓言故事，以輕鬆愉快的劇情回顧四十年前開始撼動法國社會的女性主義劇變。滿分四顆星，我給這部片三顆星。

《我們和克萊芙王妃》是我最精采的一次巴黎電影經驗。某個週六早上十點，我和大約其他一百名觀眾在左岸一家小戲院外，迫不及待等著這部靈感來自小說《克萊芙王妃》的精采紀錄片。場景設在現代馬賽市邊緣一所高中，這部電影想探討十七世紀文學傑作《克萊芙王妃》如何與法國工人階級家庭（父母大多來自北非）裡的現代高中生生活交會。導演海吉・索德在擔任高中老師的妻子安的鼓勵下拍這部片，他想呈現的是來自貧窮街區的年輕人「如何借用十七世紀文本，加以學習、了解，並且在其中認識自己。」[6]與詆毀《克萊芙王妃》，說它是一本無用的書的總理薩科奇相反，索德認為這本小說很有用，因為它能幫助年輕人了解自己。

索德以《克萊芙王妃》的文本作為電影重心。學生們大聲朗讀或默記書中內容，之後逐漸能對唸出的文字發表評論。索德提到：「我記得和其中一個叫歐荷爾的女孩之間的對話，她指的是小說，但也是她自己的人生，她說：『一個人談戀愛時，就不再有任何局限。』我有種感覺，彷彿她說這句話時我聽得見她的心跳。」

學生們認為《克萊芙王妃》是「一個熱戀的故事」，他們可以把這故事帶入私人生活，和家人與朋友討論。正如學生們在電影中所表現的，他們察覺到自己的情感與知識是如何被《克萊芙王妃》改變。一個名叫阿布的十七歲學生對早在他出生前好幾世紀的法國宮廷中盛行的「榮譽法則」*產生認同，雖然古今社會環境有明顯的差異。

令人訝異的是，所有年輕人都很讚賞王妃母親夏特爾夫人的忠告，她寧死也不願見到女人外遇。他們明白，這位母親認為對女性子嗣灌輸家庭榮譽感是多麼重要的事。在《克萊芙王妃》的掩護之下，這部小說讓他們有機會和自己的母親談論愛情。

作為一名觀者，我漸漸地完全融入這些咖啡牛奶色皮膚、五官與一般人認為是法國人的白色面孔迥異的年輕人生活中。我看見他們是如何與一則和自己的時空差異極大的故事合而為一。對我而言這又進一步證明，如果有需要，文字可以在被寫下之後許久，繼續活躍於紙上，愛情也能被一代代人們辨認，無論它的包裝方式多麼陌生。我給這部電影四顆星。

在從法國回美國的飛機上，我看了兩部由克勞德．雷路許導演的電影：《戰慄小說的祕密》（二〇〇七）與《情海浮生錄》（二〇一一）。自從看過他開創性的電影《男歡女愛》之後，我就成了他的影迷，這部片贏得一九六六年坎城影展金棕櫚獎以及奧斯卡最佳外語片獎。當時已經是三個幼兒的母親並且懷著第四胎的我，特別欣賞這對即將成為情人的鰥夫寡婦圍繞著上同一所寄宿學校的孩子發展出的親密感。這是我看過第一部讓情侶的小孩也入鏡的電影。

我喜歡劇中緩緩揭開他們過去的婚姻史。由安努克．艾美飾演的寡婦對死去的丈夫念念不忘，因而無法繼續做愛的那場細膩的臥房戲尤其讓我震驚。通常電影裡的床戲總演得好像一切都發生得很容易，最後女人一定會達到極度高潮，但卻沒有任何一部電影暗示這件事大有問題。這部電影當時很轟動，現在依舊是經典好片。

四十多年後，克勞德．雷路許還在拍愛情片。《戰慄小說的祕密》是個古怪的推理故事，敘述一個女小說家（由獨一無二的芳妮．亞東飾演）、她的影子寫手（由塌鼻子的多明尼克．皮諾飾演）和一個愚蠢美髮師的故事；偶爾賣淫的美髮師將影子寫手拖進她不幸的家庭紛爭中。劇情安排精巧，演員演技傑出，小說家罪有應得，影子寫手最後和那任性的女人在一起。就像許多電影一樣，一個纏綿的吻提供滿意的結局，即使觀眾對劇中情侶的未來還有些幻想。我們就給這齣戲二點五顆星吧。

雷路許二〇一一年的《情海浮生錄》以史詩規模歡慶愛情。這部電影主要敘述一個叫伊娃的女人的一連串情史，從法國被德軍占領期間她與一名軍官的熱戀開始。一方面，伊娃的父親

＊榮譽法則（code of honor）指的是中世紀貴族奉行的騎士精神如崇尚英勇、榮譽、對貴族女性的殷勤等美德。

原本是人質，即將遭德軍處決，但這名軍官救了她；另一方面，伊娃和這個德國人的關係最終還是導致她父親死於法國抵抗運動的游擊隊之手。德國人最後被迫離開巴黎時，她賭上許多公開受辱的法國女性的命運，這些女人將頭髮剃掉作為替德國情人悔罪的方式。伊娃被兩個美國士兵所救，一個是白人，一個是黑人。她無法選擇，只好和兩個都上床。他們心靈上的三人行有著一種明顯的法國道德虛無主義的蓬勃生氣，直到悲劇發生在其中一個男人身上。於是伊娃和另一個男人結了婚——我不告訴各位是哪一個——成為美國新娘的她無法找到快樂。她回到法國，談了第三次戀愛，這一次是和一個法國人，結果他也成為拯救她的人。這部戲的劇情很複雜。對於太容易墜入情網卻永遠不能預見行為帶來負面後果的伊娃，我們是否該予以批判？或許。然而電影在樂觀的氣氛中結束了。雷路許將這部《情海浮生錄》放在整個電影史中，尤其是他自己導演的作品中；電影最後幾分鐘快速閃過雷路許自己的電影。他獻給觀眾由多采多姿的「法式愛情」影像創造出的歡樂終場，配上活力充沛的美國流行歌曲。雷路許彷彿在說，無論我們經歷了多麼醜惡的政治現實，無論我們面對何種道德議題，激情永遠存在。好幾世紀以來備受珍視的愛情在現在這個年代遭受攻擊，《情海浮生錄》正是對愛情的真誠禮讚。

就在另一趟值得回憶的法國之旅後，打開行李箱的我完全無法預期法國人對愛情的論述在接下來的幾個月裡會有多麼大的改變。

後記

事情改變的程度愈大，就愈會維持原貌。

二〇一一年五月，多明尼克．史特勞斯－卡恩遭到逮捕，罪名是性侵紐約一間旅館的房務員，此案撼動長久以來法國對所有好色舉動的縱容態度。由於二〇一二年法國總統大選中，史特勞斯－卡恩是社會黨總統候選人的領先者，一般認為他幾乎十拿九穩，可以擊敗現任總統薩科奇，因而此案使法國政界天搖地動。耽溺女色是一回事，許多法國總統都是如此，然而因此涉嫌強暴被捕又是另一回事。

早在二〇〇三年，知名政客史特勞斯－卡恩已經被指控從獻殷勤突然變為強迫女方，一名年輕女記者曾經抱怨他在受訪時曾經攻擊她。當時她沒有正式提告，因為她擔任社會黨官員的母親說服她不要這麼做。二〇〇八年在擔任國際貨幣基金組織（IMF）總裁期間，史特勞斯－卡恩也曾經與一名下屬有過短暫婚外情，之後遭到國際貨幣基金組織指責，但該組織沒有將他免職，因為這段戀情據判是你情我願。在經歷了這一切之後，史特勞斯－卡恩的第三任妻子安．辛克萊依舊忠心耿耿地支持他。

在紐約這樁性醜聞案發生之後，法國人開始質疑圍繞在法國公眾人物性自由處置權周圍的沉默陰謀。他們必須考慮到有人主張某些男人，尤其是有權力的男人，他們不僅期待從下屬得到性愛的甜頭，有時還想強行達到目的。最後法官撤銷對史特勞斯－卡恩的指控，因為他們發現控告他的房務員在許多重要的問題上都撒了謊，但法國女性主義者不打算忘記這則敗德故事：她們把握機會公開宣告調情和性侵之間的界線，希望她們的大聲疾呼能讓男人在強迫女人上床前三思而後行。

這故事顯然不是我在一本談論愛情的書籍最後想放的俗氣附注。脅迫性交不是愛情。它是對女性、有時也是對男性的暴力行為。然而性與愛情之間關係複雜，法國人一直想合併兩者，甚至為此粉飾藉由威嚇或暴行做出的性行為。針對史特勞斯－卡恩的性醜聞案，有些法國男性的第一個反應是把它當成魯莽的行為，就像是和女傭發生性關係。[1]當然無論是在法國或在其他國家，男性雇主占女僕的便宜早已行之有年。其結果可能導致女性懷孕並生下私生子，像薇奧麗・賴朵克就是個例子，但是這樣的男女關係很少發展成愛情。

在法國，自從十二世紀吟遊詩人發明了浪漫戀情以來，愛情史上對肉體歡愉的推崇一直與浪漫戀情齊頭並進。且看《愛情的訣竅》這本中世紀戀愛指南，它甚至饒恕男人強迫女人的行為。以下是它給男人幾個生動的忠告：「一旦你將你的脣壓上她的／（雖然她一直大聲抗議）／你不能僅止於擁抱：／加油，快速進行到下一階段。」和古往今來的所有男人一樣，作者饒恕男人使用蠻力，他樂觀假定這位女士「真心希望你忽視／她的抗議。」[2]

在《危險關係》中的凡爾蒙子爵也有同樣的積極心態。雖然會弄痛杜薇夫人，他還是霸王硬上弓。然而到了最後，他的「勝利」也屬於她，因為雖然否認，其實他已經愛上她，於是只能由梅黛侯爵夫人開導凡爾蒙子爵，揭開他情感的真正本質，執行毀滅性的審判。

數百年來，法國的性自由受到宮廷之愛、殷勤之愛和王室法令規則的鬆散控制。早在十四世紀，國王就已指派屬於自己的正式情婦，當宮廷中的貴族尋找婚外情時也睜一隻眼閉一隻眼。法國國王鮮少譴責朝臣的情色冒險，除非他踏入國王的領域，和國王垂涎同一位女子。各位還記得第二章的亨利四世、巴松皮耶和德・蒙莫朗西小姐吧。即使教會對此看法不同，他們譴責任何形式的婚外性行為，有時甚至譴責王室成員，但法國這個國家一直以來不只對性事百般容忍，而且基本上將它當成某種國家特色予以讚揚。

沒有性的愛情不是法國的產物，就讓英國人、德國人和義大利人將人類的愛情變成天使的領域吧。無論是但丁神聖的碧翠絲、哥德的「永恆女性」或英國的「家中天使」*，在法國文學中都沒有對等人物。法國在真實人生與文學作品中「性致勃勃」的女人——如哀綠綺思、伊索德、關妮薇、普瓦捷的戴安、茱麗・德・萊斯皮納斯、盧梭筆下的茱莉、潔蔓・德・斯戴爾、喬治・桑、柯蕾特、西蒙・波娃和瑪格麗特・莒哈絲——都是戀愛中女子的原型。至於男人，包括蘭斯洛、崔斯坦、幾位國王（最著名的就是弗朗索瓦一世、亨利二世、亨利四世、路易十四和路易十五）、聖波、凡爾蒙子爵、拉馬丁、朱利安・索海爾、繆塞，以及法國電影明星和總統等等，都是戀愛中男子的原型。

雖然強調肉體的歡愉，大多數法國人一向了解愛情比性更能讓人滿足。戀愛最重視柔情蜜意，能引發男女對彼此的尊重和忠誠，能讓相愛的兩人以戀人或婚姻的方式長久在一起。因為篇幅限制我沒有提到以下兩對男女：第一對是非常傑出的伏爾泰與沙特萊侯爵夫人，兩人維繫了一段極其長久又多面向的關係；第二對是薩布蘭伯爵夫人和布弗勒騎士，兩人在二十年間克

＊**碧翠絲**（Beatrice）：神曲中引導但丁由煉獄進入天堂的仙女。

永恆的女性（Eternal Feminine）：哥德在《浮士德》最後一段禮讚道：「永恆的女性，引領人類飛升。」

家中天使（British Angel in the House）：是考文垂・帕特莫爾（Coventry Patmore）的一首詩，用以形容維多利亞時代犧牲自我的理想妻子。「家中天使」形象之後備受女權主義者抨擊。

服巨大的障礙，終於結為連理。[3]

禁得起時間考驗的婚姻與其他形式的愛情關係，或許在今天和過去一樣難以維繫。喬治・桑將愛情稱作一種「奇蹟」，需要兩人意志臣服於彼此才能合而為一。她甚至將愛情與宗教信仰相比，因為兩者都是某種「永恆的理想」。好吧，永恆太久了。就讓我們說喬治・桑在與蕭邦交往的十年間，以及在接下來與芒梭共度的十五年間，曾經奉行她對持久愛情的理想願景。在二十五年間前後忠於兩個男人，對喬治・桑來說還算是個不壞的紀錄。

要寫出完整的法國愛情史，內容大概需要至少十大冊，其中大部分都會是有肉體關係的浪漫戀情。不過，有一小部分將著重於不圓滿的愛情。就以克萊芙王妃為例，她選擇了愛情的理想，而不是在現實中與內穆爾公爵在一起。再看看巴爾札克的《幽谷百合》裡年輕的菲力克斯・德・凡德內斯和充滿母性的莫特索弗夫人。還有紀德與妻子的「白色婚姻」，他宣告他愛她，直到她死去為止。又如侯麥的電影《慕德之夜》裡的男女，談到愛情總是把它放在性行為之前。

愛情千變萬化，它拒絕被世人的想法定型。愛情的形式可以是難以抗拒的熱情和彼此共享的狂喜，或心靈相通與甜美的和諧，或不協調的嫉妒與憤怒，以上還只是最值得注意的幾種形式。愛情也可以從沉默、猶豫、雙關語、隱藏的欲望開始，之後找到言語擄獲一個人的情感。

告白可以僅僅是一句「我愛你」，或是鼓舞對方對自己告白的長篇大論。當有人說「我愛你」時，他總是希望被愛的那人和他有同感，並重複這句神奇的慣用語。[4]比起克里斯提安，更推崇西哈諾的法國人，天生能說流利的情話。數世紀以來，他們早已把愛情當成情感與言語的交疊，是心與腦的結合，是一場全力以赴的熱情交響曲。貝多芬應該生為法國人。

莫札特也幾乎算是法國人，如果考慮到在莫札特的時代法國文化主導歐洲的事實，以及他的兩齣最有名的歌劇都是以法國劇作為本：《費加洛的婚禮》和《唐璜》，這兩部戲劇將法國愛情的精神發揮到極致。根據包馬歇劇作所寫的歌劇《費加洛的婚禮》充分表現出法國愛情是男女間的遊戲，有權力的男人通常占上風，但聰明伶俐的女人也能騙過他。根據莫里哀戲劇所寫的《唐璜》，則代表更憤世嫉俗和放蕩不羈的愛情態度。唐璜一心追求接二連三的性關係，有好一段時間他如願以償，但到頭來他對歡愉的追求也宣告失敗。愛情之神責難他，以他的人生對他進行報復。

今天，我們彷彿正經歷某種過程，在這時期愛情中的肉體層面往往抹去情感的價值。無論在美國或在法國，以及西方世界其他國家，戀愛的途徑大概是這樣的：男女先發生性關係，接著是大量的性，接著（有時候）情人們開始愛上對方。法國人正經歷這種憤世嫉俗的時期，類似福樓拜的反浪漫主義此時正感染著男人與女人。

儘管如此，在這荒蕪的環境中，愛情的理想尚未死去，它最常出現在電影裡。一部又一部世界各地放映的影片投射出法國最根本的愛情信仰——愛是人類最偉大的嘗試，是世上最重要的一件事。即使不快樂的愛也好過完全不去愛。我們景仰「偉大的女性情人」（La grande amoureuse）——沒有一個英文字能形容這種為愛奉獻一切的法國女人——無論她的行為帶來多大的災難。在雷路許的電影《男歡女愛》裡，一夜開了一千公里的車就為了和所愛的女人在一起的男人，成了全國人的英雄。二〇一〇年，為慶祝這部一九六六年的電影，片中男女主角邂逅之處的濱海城市多維爾在情人節那天重演片中兩人在海灘團聚的那一幕。記者伊蓮·秀黎諾和其他幾百對情侶在現場，包括多維爾的市長和他的妻子。情侶們照著腳本越過沙灘向彼此跑去，熱情擁抱。這是一個多麼盛大的全民運動！[5]

史特勞斯－卡恩性騷擾案的那個夏天，我走在巴黎聖母院後方，心想著我該怎麼替這本書劃下句點。愛情在法國是否已經成為神話？法國人是否已經為了擁有接二連三的戀情，捨棄「偉大愛情」的理想？誘惑是否已經戰勝情感？接著我的目光被一個奇怪的景象吸引。在橫越塞納河的大主教橋欄杆上，我看到一大片閃亮的物體，那是一個個小掛鎖，上面刻著人名全名

情侶掛在塞納河的大主教橋欄杆上的掛鎖，二〇一一年

或首字母縮寫，有的還刻上日期或愛心：C and K, Agnes & René, Barbara & Christian, Lumi & Leo, Paul & Laura, 16-6-10。欄杆上至少掛著二、三百個鎖。橋的另一側也已經掛了幾個類似的鎖。多久後那邊的欄杆上也會掛滿了鎖？

我在橋上閒晃，正陶醉在這幅景象裡，正好看見一對年輕情侶挽著手臂朝橋上走來，把一個鎖掛在欄杆上，雙唇相接，然後把鑰匙丟進塞納河裡。

感謝辭

影響這本書的最重要幾位師長已不在人世，包括我的高中法文老師瑪麗・紀哈德（Mary Girard）；我就讀衛斯理女子學院時的教授安德烈・布魯埃爾（Andrée Bruel）、桃樂絲・丹尼斯（Dorothy Dennis）、路易絲・胡登（Louis Hudon）和愛迪絲・梅爾奇奧（Edith Melchior）；我就讀哈佛大學時的教授蒄內・傑辛斯基，和約翰・霍普金斯大學的教授納森・艾德曼（Nathan Edelman）。

我也必須向以下兩位好友致上最深的謝意，包括法國參議院圖書館館長菲利普・馬夏爾和傑出作家與公共知識份子伊莉莎白・巴丹德（Elisabeth Badinter）。

在我任職的史丹佛大學，我可以仰賴以下幾位教授的學識：凱斯・貝克（Keith Baker）、丹尼爾・艾德斯坦（Daniel Edelstein）、瑪麗莎・蓋維茲（Marisa Galvez）與亞諾・蘭波薩德（Arnold Rampersad）；克萊門性別研究中心的資深學者蘇珊・葛羅格・貝爾（Susan Groag

Bell）、愛迪絲・蓋爾斯（Edith Gelles）和凱倫・奧芬（Karen Offen）；羅曼語系圖書館員蘇珊・蘇斯曼（Susan Sussman）；史丹佛人文中心（Stanford Humanities Center）的瑪麗－皮耶・烏路亞（Marie-Pierre Ulloa）；數學家瑪格麗特・法蘭克（Marguerite Frank）和精神病學家卡爾・格里夫斯（Carl Greaves）。史丹佛大學部的阿莉莎・多爾蒂（Alyssa Dougherty）是研究助理的楷模。

我要特別感謝史丹佛榮譽教授惹內・紀哈德，他是我在約翰・霍普金斯大學的博士論文指導教授，從那時至今他一直對我啟發良多。

作家泰瑞莎・布朗（Theresa Brown）和蘇珊・格里芬（Susan Griffin）對書中前幾章內容提供改進的建議，中世紀學者桃樂絲・吉伯特（Dorothy Gilbert）也對第一章提出許多建言。西蒙・波娃《第二性》譯者康斯坦絲・波德和席拉・馬洛瓦尼－謝瓦利爾閱讀波娃與沙特那一章，並給予批評。法國記者愛蓮娜・菲涅勒（Hélène Fresnel）和史丹佛榮譽教授馬克・貝特宏（Marc Betrand）指引我法國電影的相關方向。

聖荷西州立大學榮譽教授凱瑟琳・科恩（Kathleen Cohen）的慷慨研究並提供許多出現在本書中的照片。

我的瑜伽老師和三十多年來的好友賴瑞・哈特雷（Larry Hatlett）在出書計畫中持續給予

我熱心的支持。

我的文學經紀人珊卓拉・戴克斯特拉（Sandra Dijkstra）建議我寫作本書，哈波柯林斯出版社（HarperCollins）編輯麥可・西諾萊利（Michael Signorelli）給予我細心指導，直到完成為止。

我的法國媳婦瑪麗−愛蓮娜・亞隆（Marie-Hélène Yalom）協助我理解法文中的口語，我的兒子班傑明・亞隆（Benjamin Yalom）在原稿裡加入細膩的評論。我先生歐文・亞隆仔細審閱我的每一個字句。雖然法文對他來說是項艱鉅的挑戰，他還是與我共享對法國文學熱情，他也很感激法國友人一直以來都熱心接待我們。

圖片來源

卷頭插畫

兩種款款深情。馬奈（Edouard Manet）與杜米埃（Honoré Daumier）繪，照片版權為凱瑟琳・科恩（Kathleen Cohen）所有。

前　言　阿伯拉與哀綠綺思，法國情侶的守護聖徒

拉雪茲神父公墓裡的哀綠綺思與阿伯拉之墓。十九世紀版畫。

第一章　宮廷之愛

情人把心獻給他的淑女。掛毯，阿拉斯，一四〇〇至一四〇一年。巴黎：羅浮宮。版權為凱瑟琳・科恩所有。

第二章　殷勤之愛

〈溫柔鄉地圖〉，出自史居德里小姐的小說《克萊莉》，一六五四年。

第三章　喜劇之愛，悲劇之愛

〈妻子學校〉版畫，一七一九年版。出自英文版維基百科「妻子學校」（The School for Wives）條目。

第四章　誘惑與深情

福拉哥納爾，〈快樂的情侶〉，一七六〇至一七六五年。加州帕薩迪納市：諾頓・西蒙博物館（Norton Simon Museum）。版權為凱瑟琳・科恩所有。

第五章　情書

福拉哥納爾，〈情書〉，約一七七〇至一七九〇年。版權為凱瑟琳・科恩所有。

第六章　共和之愛

前往野餐的共和國夫妻。約一七九〇年。巴黎：卡納瓦雷博物館（Musée Carnavelet），修伯特・喬斯（Hubert Josse）攝。

第七章　渴望母愛

斯湯達爾《愛情論》書名頁，一八二二年。巴黎：國家圖書館。

第八章　浪漫主義的愛情

浪漫情侶。十九世紀彩色版畫。M・阿道夫簽名（Signed M. Adolphe）。

第九章　幻滅的浪漫愛情

福樓拜切開包法利夫人的心臟。諷刺畫，阿奇・勒末（Achille Lemot）繪，出自《諷刺》週刊（*Parodie*），一八六九年。巴黎：國家圖書館。

第十章　歡樂的九〇年代

奧林匹亞酒館（Taverne Olympia）海報，《白色評論》（*La Revue blanche*），一八九九年。版權為凱瑟琳・科恩所有。

第十一章　男人間的愛情

魏爾連與韓波。〈桌邊〉（*Un coin de table*）局部，亨利・方丹－拉圖爾（Henri Fantin-Latour）繪，一八七二年。巴黎：奧賽美術館。版權為凱瑟琳・科恩所有。

第十二章　欲望與絕望

普魯斯特畫像，雅克－埃米勒・布蘭奇（Jacques-Émile Blanche）繪，一八九二年。巴黎：奧賽美術館。版權為凱瑟琳・科恩所有。

第十三章　女同性戀之愛

奧林匹亞酒館的柯蕾特，約一九〇〇年。魯辛格（Reuthinger）攝。巴黎：奧賽美術館。版權為凱瑟琳・科恩所有。

第十四章　存在主義之愛

讓－保羅・沙特與西蒙・波娃之墓。蒙帕納斯墓園，二〇一一年。本書作者攝。

第十五章　欲望殖民地

騎腳踏車的女孩正經過越南一座由古斯塔夫・艾菲爾建於一九〇四年的橋。瑞德・S・亞隆（Reid S. Yalom）攝於二〇一〇年。

第十六章　二十一世紀的愛情

明信片：巴黎，戀人之都。圖片來源：LAPI-Roger Viollet/D/R.

後記

情侶掛在塞納河的大主教橋欄杆上的掛鎖，二〇一一年。作者攝。

注釋

前　言　阿伯拉與哀綠綺思，法國情侶的守護聖徒

1. *The Letters of Abelard and Heloise*, trans. Betty Radice (London: Penguin Books, 1974), pp. 51-52. All citations from The Letters and Abélard's Historia calamitatum are from this translation.
2. François Villon, "Ballade des dames du temps jadis." My translation.
3. Louann Brizendine, *The Male Brain* (New York: Broadway Books, 2010).

第一章　宮廷之愛

1. Jean-Claude Marol, *La fin'amor* (Paris: Le Seuil, 1998), p. 56. 除了特別指出，本章所有英譯均由我完成。
2. 同前，p. 72.
3. 同前，, pp. 78-79.
4. Josy Marty-Dufaut, *L'amour au Moyen Age* (Marseille: Editions Autres Temps, 2002), p. 64.
5. Samuel N. Rosenberg and Hans Tischler, eds. and trans., *Chansons des trouvères*, (Paris: Le Livre de Poche, 1995), pp. 411, 403, 415.

6. Jacques Lafitte-Houssat, *Troubadours et cours d'amour* (Paris: PUF, 1979), p. 66.
7. *Chrétien de Troyes, Lancelot: The Knight of the Cart*, trans. Burton Raffel (New Haven, CT: Yale University Press, 1997).
8. Marty-Dufaut, *L'amour au Moyen Age*, pp. 20-21.
9. Rosenberg and Tischler, *Chansons des trouvères*, pp. 376-379.
10. Marie de France, "Equitan," *Lais* (Paris: Le Livre de Poche, 1990), pp. 80-81. My translation.
11. Marie de France, "Guigemar," *Lais*, pp. 28-29.
12. Emilie Amt, ed., *Women's Lives in Medieval Europe. A Sourcebook* (New York and London: Routledge, 1993), p. 83.
13. Ria Lemaire, "The Semiotics of Private and Public Matrimonial Systems and Their Discourse," in *Female Power in the Middle Ages: Proceedings from the 2d St. Gertrud Symposium*, ed. Karen Glente and Lise Winther-Jensen (Copenhagen: 1986), pp. 77-104.
14. Rosenberg and Tischler, *Chansons des trouvères*, pp. 80-81.
15. 同前，pp. 84-87.
16. Denis de Rougemont, *Love in the Western World* (New York: Pantheon, 1956).
17. Elaine Sciolino, "Questions Raised About a Code of Silence," *New York Times*, May 17, 2011.
18. Elaine Sciolino, *La Seduction: How the French Play the Game of Life* (New York: Macmillan, 2011), pp. 229-230.
19. Elisabeth Badinter, *The Conflict: How Modern Motherhood Undermines the Status of Women* (New York: Metropolitan Books, 2012).

20. Diane Ackerman, *A Natural History of Love* (New York: Vintage Books, 1995), p. xix.
21. Michele Scheinkman, "Foreign Affairs," *Psychotherapy Networker*, July-August 2010, pp. 29-30.
22. Miriam Johnson, Strong Mothers, *Weak Wives* (Berkeley: University of California Press, 1988).

第二章　殷勤之愛

1. Cited by Maurice Daumas. *La tendresse amoureuse. XVIe-XVIIIe siècles* (Paris: Librairie Académique Perrin), 1996, p. 92. My translation. See also Henri IV, *Lettres d'amour et écrits politiques*, ed. Jean-Pierre Babylon (Paris: Fayard, 1988).
2. *Mémoires du Mareschal de Bassompierre*, vol: 1 (Cologne, 1663), p. 187.
3. Madame de La Fayette, *The Princess of Clèves*, trans. Terence Cave (New York: Oxford University Press, 1992), p. 14. All translations from *La Princess de Clèves* are from this work.
4. *The Princess of Cleves the Most Famous Romance: Written in French by the greatest wits of France; Rendred into English by a Person of Quality, at the Request of Some Friends* (London, 1679), cited by Cave, 同前，p. vii.
5. Pierre Darblay, *Physiologie de l'amour: étude physique, historique, et anecdotique* (Paris: Imprimerie Administrative et Commerciale, 1889), p. 74.
6. Alain Viala, *La France galante* (Paris: Presses Universitaires de France, 2008), pp. 9-10.

第三章　喜劇之愛，悲劇之愛

1. Molière, (*The School for Wives*, 1662). All translations from *Les précieuses ridicules* (The Pretentious Young

Ladies, 1659), *L'école des maris* (*The Second School for Husbands*, 1661), and *L'école des femmes* (*The School for Wives*, 1662) are my own.

2. Molière, *The Misanthrope; and Tartuffe*, trans. Richard Wilbur (New York: Harcourt, Brace & World, 1965). Subsequent citations from *Le Misanthrope* are taken from this translation.
3. Jean Racine, *Phèdre*, trans. Timberlake Wertenbaker. Performed under the direction of Carey Perloff, American Conservatory Theater, San Francisco, 2010.
4. Jean Racine, *Phèdre*, trans. Ted Hughes (London: Faber and Faber, 1998). Subsequent citations from *Phèdre* are taken from this translation.

第四章　誘惑與深情

1. Gabriel Girard, "Amour," in ed. Gabriel Girard, Nicolas Beauzée, and Benoît Morin, *Dictionnaire universel des synonymes de la langue française: contenant les synonymes de Girard et ceux de Beauzée, Roubaud, Dalembert, Diderot* (Paris: Dabo, 1824), pp. 53-56.
2. Rémond de Saint-Mard, *Lettres galantes et philosophiques* (Cologne: Pierre Marteau, 1721), p. 132.
3. Edmond and Jules de Goncourt, *La femme au XVIIIe siècle* (Paris: Flammarion, 1982), p. 174. My translation.
4. Abbé Prévost, *Manon Lescaut*, trans. Angela Scholar (Oxford: Oxford University Press, 2004), p. 14. Subsequent citations from Prévost are from this translation.
5. Claude-Prosper Jolyot de Crébillon, *The Wayward Head and Heart*, trans. Barbara Bray (London: Oxford University Press, 1963), p. 5. Subsequent citations from Crébillon fils are from this translation.

6. Jean-Jacques Rousseau, *Julie, or The New Eloise*, trans. Judith H. McDowell (University Park: Pennsylvania State University Press, 1968), part 1, XXIV, p. 68. Subsequent citations from Rousseau are from this translation.
7. Choderlos de Laclos, Dangerous Acquaintances, trans. Richard Aldington (New York: New Directions, 1957), p. 160.

第五章　情書

1. Julie de Lespinasse, *Lettres*, ed. Eugène Asse (Geneva: Slatkine Reprints, 1994), p. 91. Subsequent citations from Lespinasse, d'Alembert, and Guibert are my translations from this edition.
2. For a fuller version of her life, see Duc de Castries, *Julie de Lespinasse: le drame d'un double amour* (Paris: Albin Michel, 1985). See also Marie-Christine d'Aragon and Jean Lacouture, *Julie de Lespinasse: Mourir d'amour* (Brussels: Editions Complexe, 2006).
3. Cited by Aragon and Lacouture, pp. 128-129; from David Hume, *Private Correspondence of David Hume with Several Distinguished Persons, Between the Years 1761 and 1776* (London, Henry Colburn, 1820).
4. Cited by Aragon and Lacouture, p. 132; from Voltaire, *Correspondance générale* (Paris: Garnier, 1877).
5. Elisabeth Badinter, *Les passions intellectuelles*, vol. 2 (Paris: Fayard, 2002), pp. 17-20.
6. Cited by Aragon and Lacouture, p. 299; from d'Alembert's letter of June 29, 1776. Archives du Comte de Villeneuve-Guibert.

第六章　共和之愛

1. Marilyn Yalom, *Le temps des orages: aristocrates, bourgeoises, et paysannes racontent* (Paris: Maren Sell, 1989); Marilyn Yalom, *Blood Sisters: The French Revolution in Women's Memory* (New York: Basic Books, 1993).
2. Elisabeth Duplay Le Bas, "Manuscrit de Mme Le Bas" in *Autour de Robespierre. Le conventionnel Le Bas*, ed Stéfane-Pol (Paris: Flammarion, 1901), pp. 102-150. My translation.
3. Madame Roland, *Mémoires de Madame Roland*, ed. Paul de Roux (Paris: Mercure de France, 1986). My translation.
4. Marilyn Yalom, *A History of the Breast* (New York: Knopf, 1997), chap. 4.

第七章　渴望母愛

1. Benjamin Constant, Adolphe, trans. Margaret Mauldon (Oxford: Oxford University Press, 2001), pp. 31-39. All citations from *Adolphe* are from this editon.
2. Marilyn Yalom, "Triangles and Prisons: A Psychological Study of Stendhalian Love," *Hartford Studies in Literature* 8, no. 2 (1976).
3. Stendhal, *The Life of Henry Brulard*, trans. Jean Steward and B. C. J. G. Knight (New York: Minerva Press, 1968), p. 22.
4. Stendhal, *Le rouge et le noir* (Paris: Michel Lévy, Frères, 1866), p. 85. My translation.
5. Honoré de Balzac, *Le lys dans la vallée* (Paris: Classiques Garnier, 1966), p. 5. My translation.
6. Sylvain Mimoun and Rica Etienne, *Sexe & sentiments après 40 ans* (Paris: Albin Michel, 2009), pp. 20-24.

第八章　浪漫主義的愛情

1. The translations from Lamartine's poems are my own.
2. George Sand, *Oeuvres autobiographiques*, ed. Georges Lubin (Paris: Gallimard, 1970), 2 vols. My translations. See also Sand, *Story of My Life: The Autobiography of George Sand. A Group Translation*, ed. Thelma Jurgrau (Albany, NY: SUNY Press, 1991).
3. George Sand, "Lettre à Emile Regnault, 23 Janvier, 1832," *Correspondance [de] George Sand*, vol. 2, ed. Georges Lubin (Paris: Garnier Frères, 1964-), p. 12. 後續所有桑的信件的參考資料都出自這份多卷的信件集。
4. George Sand, *Indiana*, trans. Eleanor Hochman, preface Marilyn Yalom (New York: Signet Classic, Penguin Books, 1993). Subsequent citations are from this edition.
5. George Sand, *Lélia*. Translated by Maria Espinosa (Bloomington: Indiana University Press, 1978).
6. George Sand, *Journal intime*, in Lubin, *Oeuvres autobiographiques*, vol. 2, pp. 953-971; my translation. See also *The Intimate Journal*, trans. Marie Jenney Howe (Chicago: Cassandra Editions, 1977).
7. Alfred de Musset, *La confession d'un enfant du siècle* (Paris: Classiques Garnier, 1960). My translation.
8. E. O. Hellerstein et al., eds., *Victorian Women: A Documentary Account of Women's Lives in Nineteenth-Century England, France and the United States* (Stanford, CA: Stanford University Press, 1981), pp. 254-255.

第九章　幻滅的浪漫愛情

1. Gustave Flaubert, *Lettres à sa maîtresse*, vol. 3 (Rennes: La Part Commune, 2008), p. 425.

2. Stendhal, *De l'amour* (Paris: Garnier Frères, 1959), pp. 8-9.
3. Gustave Flaubert, *Madame Bovary*, trans. Lydia Davis (New York: Viking, 2010).

第十章　歡樂的九〇年代

1. Pierre Darblay, *Physiologie de l'amour: étude physique, historique, et anecdotique* (Pau: Imprimerie Administrative et Commerciale, 1889), p. 83.
2. Roger Shattuck, *The Banquet Years: The Origins of the Avant-Garde in France, 1885 to World War I* (Garden City, NY: Anchor Books, 1961), p. 6.
3. Edmond Rostand, *Cyrano de Bergerac*, ed. Leslie Ross Méras (New York and London: Harper & Brothers, 1936). The most recent English translation is by Lowell Blair (New York: New American Library, 2003). All translations from Cyrano are my own.

第十一章　男人間的愛情

1. Jonathan Fryer, *André & Oscar: Gide, Wilde, and the Gay Art of Living* (London: Constable, 1997), p. 144.
2. Michel de Montaigne, *The Complete Essays*, trans. M. A. Screech (London: Penguin Books, 1991), pp. 208-209, 211-212.
3. Bryant T. Ragan Jr., "The Enlightenment Confronts Homosexuality," in eds. Jeffrey Merrick and Bryant T. Ragan Jr., *Homosexuality and Modern France* (New York and Oxford: Oxford University Press, 1996), pp. 8-29.
4. Cited by Michael David Sibalis, "The Regulation of Male Homosexuality in Revolutionary and Napoleonic

France, 1789-1815," in Merrick and Ragan, 同上，p. 81.

5. Cited by Jacob Stockinger, "Homosexuality and the French Enlightenment," in eds. George Stambolian and Elaine Marks, Homosexualities in French Literature (Ithaca, NY: Cornell University Press, 1979), p. 168.
6. Jean Delay, *The Youth of André Gide*, trans. June Guicharnaud (Chicago and London: University of Chicago Press), 1963, p. 289.
7. André Gide, *L'immoraliste* (Paris: Mercure de France, 1946). My translation. For an English version, see Gide, *The Immoralist*, trans. Richard Howard (New York: Knopf, 1970).
8. Monique Nemer, *Corydon citoyen: essai sur André Gide et l'homosexualité* (Paris: Gallimard, 2006), p. 27.
9. Cited by Wallace Fowlie in *André Gide: His Life and His Art* (New York: Macmillan, 1965), p. 168.

第十二章　欲望與絕望

1. Marcel Proust, *Remembrance of Things Past*, vol. 1, trans. C. K. Scott Montcrief, Terence Kilmartin, and Andreas Mayor (New York: Vintage Books, 1982), p. 24. 所有普魯斯特的翻譯都出自這三卷巨作。
2. Nicolas Grimaldi, *Proust, les horreurs de l'amour* (Paris: Presses Universitaires de France, 2008).
3. André Gide, *Journal, 1889-1939*, vol. 1 (Paris: Gallimard, 1951), pp. 691-692.
4. 我在此處與其他的觀察都要得益自 William C. Carter, *Proust in Love* (New Haven, CT: Yale University Press, 2006), p. 100.
5. Gaëtan Picon, *Lecture de Proust* (Paris: Gallimard, 1995), p. 131.
6. André Aciman, ed., *The Proust Project* (New York: Farrar, Straus, and Giroux, 2004), p. x.

第十三章　女同性戀之愛

1. Quoted by Tirz True Latimer in *Women Together/Women Apart: Portraits of Lesbian Paris* (New Brunswick, NJ: Rutgers University Press, 2005), p. 42.
2. Colette, *My Apprenticeships & Music-Hall Sidelights* (Harmondsworth, UK: Penguin Books, 1967), p. 55.
3. 同前，p. 57.
4. Colette, *Claudine at School*, trans. Antonia White (Harmondsworth, UK: Penguin Books, 1972), p. 16. Further citations are from this edition.
5. Colette, *Claudine Married*, trans. Antonia White (New York: Farrar, Straus and Cudahy, 1960), pp. 93-94. Further citations are from this translation.
6. Elaine Marks, "Lesbian Intertextuality," in George Stambolian and Elaine Marks, *Homosexualities and French Literature* (Ithaca, NY: Cornell University Press, 1979), p. 363.
7. *Le Cri de Paris*, December 2, 1906, cited in Colette, Lettres à Missy, ed. Samia Birdji and Frédéric Maget (Paris: Flammarion, 2009), p. 17. My translation.
8. Quoted by Judith Thurman, *Secrets of the Flesh: A Life of Colette* (New York: Knopf, 1999), p. 136. Taken from Sido, *Lettres à sa fille* (Paris: des Femmes, 1984), p. 76.
9. 此處與以下摘自柯蕾特的信件是我翻譯自 Birdji and Maget, eds., *Lettres à Missy*。
10. *The Vagabond*, trans. Enid McLeod (New York: Farrar, Straus & Giroux, 2001), p. 126.
11. Renate Stendhal, ed., *Gertrude Stein in Words and Pictures* (Chapel Hill, NC: Algonquin Books of Chapel Hill, 1994), p. 156.
12. Gertrude Stein and Alice B. Toklas, *Baby Precious Always Shines*, ed. Kay Turner (New York: St. Martin's

Press, 1999).

13. Violette Leduc, *La Bâtarde*, trans. Derek Coltman (New York: Farrar, Strauss, and Giroux, 1965), p. 348.
14. Isabelle de Courtivron, "From Bastard to Pilgrim: Rites and Writing for Madame," in Hélène Vivienne Wenzel, ed., *Simone de Beauvoir: Witness to a Century*, Yale French Studies, no. 72 (New Haven, CT: Yale University Press, 1987), p. 138.
15. Deirdre Bair, *Simone de Beauvoir. A Biography* (New York: Simon and Schuster, 1990), p. 505.

第十四章　存在主義之愛

1. Simone de Beauvoir, *Memoirs of a Dutiful Daughter*, trans. James Kirkup (New York: Harper & Row, 1959), p. 339.
2. 同前，p. 345.
3. Simone de Beauvoir, *The Prime of Life*, trans. Peter Green (New York: Harper & Row, 1962), p. 24.
4. Jean-Paul Sartre, *Lettres au Castor et à quelques autres*, vols. 1-2 (Paris: allimard, 1983); Simone de Beauvoir, *Lettres à Sartre*, ed. Sylvie Le Bon de Beauvoir (Paris: Gallimard, 1990).
5. Hazel Rowley, *Tête-à-Tête. The Tumultuous Lives and Loves of Simone de Beauvoir and Jean-Paul Sartre* (New York: Harper Collins, 2005).
6. Jean-Paul Sartre, *Quiet Moments in a War: The Letters of Jean-Paul Sartre to Simone de Beauvoir 1940-1963* (New York: Scribner's, 1993), pp. 273-274.
7. Beauvoir, *The Prime of Life*, p. 55.
8. Deirdre Bair, *Simone de Beauvoir: A Biography* (New York: Simon and Shuster, 1990), p. 333.

9. Simone de Beauvoir, *A Transatlantic Love Affair: Letters to Nelson Algren* (New York: New Press, 1998).
10. Bianca Lamblin, *A Disgraceful Affair*, trans. Julie Plovnick (Boston: Northeastern University Press, 1996).
11. Cited by Rowley, *Tête-à-Tête*, p. 335.
12. Simone de Beauvoir, *The Second Sex*, trans. Constance Borde and Sheila Malovany-Chevallier (New York: Knopf, 2010).
13. Simone de Beauvoir, *Adieux: A Farewell to Sartre*, trans. Patrick O'Brian (London: André Deutsch/Weidenfeld & Nicolson, 1984), preface.
14. Bair, *Simone de Beauvoir*, p. 183.

第十五章　欲望殖民地

1. Marguerite Duras, *10:30 on a Summer Night*, trans. Anne Borchardt, in *Four Novels by Marguerite Duras* (New York: Grove Press, 1978), p. 165. 以下這本小說的翻譯都出自這個版本。
2. Marguerite Duras, *Moderato Cantabile*, trans. Richard Seaver, in ibid., p. 81. 以下這本小說的翻譯都出自這個版本。
3. Marguerite Duras, *The Lover*, trans. Barbara Bray (New York: Pantheon Books, 1997), p. 32. 以下這本小說的翻譯都出自這個版本。
4. Laure Adler, *Marguerite Duras: A Life*, trans. Anne-Marie Glasheen (London: Victor Gollancz, 1998), pp. 53-67.

第十六章　二十一世紀的愛情

1. Paul Claudel, *Partage de midi* (Paris: Gallimard, 1949), p. 7.
2. Philippe Sollers, *Trésor d'amour* (Paris: Gallimard, 2011).
3. René Girard, *Deceit, Desire, and the Novel*, trans. Yvonne Freccero (Baltimore: Johns Hopkins University Press, 1965).
4. Michel Houellebecq, *The Elementary Particles*, trans. Frank Wynne (New York: Vintage, 2000), prologue.
5. Virginie Despentes, *King Kong Théorie* (Paris: Grasset, 2006), p. 9. My translation.
6. 引言出自 *Nord/Ouest Documentaires* 發布的宣傳。

後記

1. Words attributed to Jean-François Kahn, *Le Point*, May 26, 2011.
2. *The Key to Love*, in The Comedy of Eros: Medieval French Guides to the Art of Love, trans. Norman R. Shapiro (Urbana and Chicago: University of Illinois Press, 1997), p. 37.
3. Sue Carrell, ed., *La Comtesse de Sabran et le Chevalier de Boufflers: Correspondance*. Vol. 1, 1777-1785; Vol. 2, 1786-1787 (Paris: Tallandier, 2009, 2010).
4. "Je t'aime: enquête sur une déclaration universelle," *Philosophie*, April 2011.
5. Elaine Sciolino, *La Seduction*, pp. 54-57.

參考書目

英譯第一手資料

Abelard, Peter, and Heloise. *The Letters of Abelard and Heloise.* Translated by Betty Radice. New York: Penguin, 2003.

Balzac, Honoré de. *The Lily of the Valley.* [1835] Translated by Lucienne Hill. New York: Carroll & Graf Publishers, 1997.

Beauvoir, Simone de. *Adieux: A Farewell to Sartre.* Translated by Patrick O'Brian. London: André Deutsch/ Weidenfeld & Nicolson, 1984.

_________. *All Said and Done.* Translated by Patrick O'Brian. New York: Warner Books, 1975.

_________. *Force of Circumstance.* Translated by Richard Howard. New York: Putnam's, 1964.

_________. *Letters to Sartre.* Translated by Quintin Hoare. London, Sydney, Auckland, Johannesburg: Radius, 1991.

_________. *Memoirs of a Dutiful Daughter.* Translated by James Kirkup. New York: Harper & Row, 1959.

_________. *The Prime of Life.* Translated by Peter Green. New York: Harper & Row, 1962.

_________. *The Second Sex*. Translated by Constance Borde and Sheila Malovany-Chevallier. New York:

Knopf, 2010.

_________. *A Transatlantic Love Affair: Letters to Nelson Algren.* Translated by Sylvie Le Bon de Beauvoir. New York: New Press, 1998.

Béroul, *The Romance of Tristan.* Translated by Alan S. Fedrick. Harmondsworth, UK: Penguin, 1970.

Capellanus, Andreas. *The Art of Courtly Love*. Translated by John Jay Parry. New York: Columbia University Press, 1994.

Chrétien de Troyes. *Lancelot: The Knight of the Cart.* Translated by Burton Raffel. New Haven: Yale University Press, 1997.

Colette. *Claudine at School*. [1900] Translated by Antonia White. Harmondsworth, UK: Penguin Books, 1972.

_________. *Claudine in Paris.* [1901] Translated by Antonia White. Harmondsworth, UK: Penguin Books, 1972.

_________. *Claudine Married.* [1902] Translated by Antonia White. New York: Farrar, Straus and Cudahy, 1960.

_________. *My Apprenticeships and Music-Hall Sidelights.* [1936 and 1913] Translated by Helen Beauclerk and Anne-Marie Callimachi. Harmondsworth, UK: Penguin Books, 1967.

_________ *The Pure and the Impure.* [1941] Translated by Herman Briffault. New York: Farrar, Straus & Giroux, 1966.

_________ *The Vagabond.* [1910] Translated by Enid McLeod. New York: Farrar, Straus & Giroux, 2001.

Constant, Benjamin. *Adolphe.* [1816] Translated by Margaret Mauldon. Oxford: Oxford University Press, 2001.

Crébillon Fils. *The Wayward Head and Heart.* [1736 and 1738] Translated by Barbara Bray. Oxford: Oxford

University Press, 1963.

Duras, Marguerite. *Four Novels by Marguerite Duras. Includes 10:30 on a Summer Night.* Translated by Anne Borchardt. Includes *Moderato Cantabile*. Translated by Richard Seaver. New York: Grove Press, 1978.

_________. *The Lover.* Translated by Barbara Bray. New York: Pantheon Books, 1997.

Flaubert, Gustave. *Madame Bovary.* [1857] Translated by Lydia Davis. New York: Viking, 2010.

Gide, André. *Corydon.* [1924] Translated by Hugh Gibb. New York: Farrar Straus, 1950.

_________. *Fruits of the Earth.* [1897] Translated by D. Bussy. New York: Knopf, 1949.

_________. *If It Die.* [1926] Translated by D. Bussy. New York: Random House, 1935.

_________. *The Immoralist.* [1902] Translated by Richard Howard. New York: Knopf, 1970.

Houellebecq, Michel. *The Elementary Particles.* Translated by Frank Wynne. New York: Vintage, 2000.

Laclos, Choderlos de. *Dangerous Acquaintances*. [1782] Translated by Richard Aldington. New York: New Directions, 1957.

Lafayette, Madame de. *The Princess de Clèves*. [1678] Translated by Terence Cave. New York: Oxford University Press, 1992.

Lamblin, Bianca. *A Disgraceful Affair. Simone de Beauvoir, Jean-Paul Sartre, and Bianca Lamblin.* Translated by Julie Plovnick. Boston: Northeastern University Press, 1996.

La Rochefoucauld. *Maxims.* Translated by Stuart D. Warner and Stéphane Douard. Southbend, IN: St. Augustine's Press, 2001.

Leduc, Violette. *La Bâtarde.* Translated by Derek Coltman. New York: Farrar, Strauss, and Giroux, 1965.

Lespinasse, Julie de. *Love Letters of Mlle de Lespinasse to and from the Comte de Guibert*. Translated by E.H.F.

Mills. New York: The Dial Press, 1929.

Marie de France. *The Lais of Marie de France.* Translated by Glyn S. Burgess and Keith Busby. Harmondsworth and New York: Penguin Classics, 1986.

Miller, Catherine. *The Sexual Life of Catherine M.* Translated by Adriana Hunter. New York: Grove Press, 2002.

_________. *Jealousy: The Other Life of Catherine M.* Translated by Helen Stevenson. London: Serpent's Tail, 2009.

Molière. *"The Misanthrope" and "Tartuffe".* [1666 and 1664] Translated by Richard Wilbur. New York: Harcourt, Brace, & World, 1965.

Montaigne, Michel de. *The Complete Essays.* Translated by M. A. Screech. London: Penguin Books, 1991.

Musset, Alfred de. *The Confession of a Child of the Century.* [1836] Translated by Kendall Warren. Chicago: C. H. Sergel, 1892.

Prévost, Abbé. *The Story of the Chevalier des Grieux and Manon Lescaut.* [1731] Translated by Angela Scholar. Oxford: Oxford University Press, 2004.

Proust, Marcel. *Remembrance of Things Past.* [1913-1927] Translated by C. K. Scott Moncrieff, Terence Kilmartin, and Andreas Mayor. New York: Vintage Books, 1982.

Racine, Jean. *Phèdre.* [1677] Translated by Ted Hughes. London: Faber and Faber, 1998.

Rostand, Edmond. *Cyrano de Bergerac.* [1897] Translated by Lowell Blair. New York: New American Library, 2003.

Rousseau, Jean-Jacques. *Julie, or The New Eloise.* Translated by Judith H. Mc-Dowell. University Park: Pennsylvania State University Press, 1968.

Sand, George. *Indiana.* [1832] Translated by Eleanor Hochman. New York: Signet Classic, Penguin Books, 1993.

_________. *The Intimate Journal.* [1834] Translated by Marie Jenney Howe. Chicago: Cassandra Editions, 1977.

_________. *Lélia.* [1833] Translated by Maria Espinosa. Bloomington: Indiana University Press: 1978.

_________. *Story of My Life: The Autobiography of George Sand.* A Group ranslation. [1854-1855] Edited by Thelma Jurgrau. Albany, NY: SUNY Press, 1991.

Sartre, Jean-Paul. *Existentialism and Humanism.* Translated by Philip Mairet. London: Methuen, 1948.

_________. *No Exit and Three Other Plays, The Flies, Dirty Hands, The Respectful Prostitute.* New York: Vintage, 1989.

_________. *Quiet Moments in a War: The Letters of Jean-Paul Sartre to Simone de Beauvoir 1940-1963.* Edited by Simone de Beauvoir and translated by Lee Fahnestock and Norman MacAfee. New York: Scribner's, 1993.

_________. *Witness to My Life: The Letters of Jean-Paul Sartre to Simone de Beauvoir 1926-1939.* Edited by Simone de Beauvoir and translated by Lee Fahnestock and Norman MacAfee. New York: Scribner's, 1992.

_________. *The Words.* Translated by Irene Clephane. London: Penguin, 1967.

Stein, Gertrude. *The Autobiography of Alice B. Toklas.* [1933] New York: Vintage Books, 1990.

_________ and Alice B. Toklas. *Baby Precious Always Shines. Selected Love Notes.* Edited by Kay Turner. New York: St. Martin's Press, 1999.

_________. *Three Lives.* [1909] Copenhagen and Los Angeles: Green Integer, 2004.

Stendhal. *The Charterhouse of Parma.* [1839] Translated by Richard Howard. New York: Modern Library, 1999.

_________. *The Life of Henry Brulard.* [1890] Translated by Jean Steward and B. C. J. G Knight. New York: Minerva Press, 1968.

_________. *On Love.* [1822] Translated by Gilbert and Suzanne Sale. New York: Penguin Books, 1975.

_________. *The Red and the Black.* [1830] Translated by Roger Gard. New York: Penguin, 2002.

英文二手資料

Aciman, André, ed. *The Proust Project.* New York: Farrar, Straus and Giroux, 2004.

Ackerman, Diane. *A Natural History of Love.* New York: Random House, 1994.

Adler, Laure. *Marguerite Duras: A Life.* Translated by Anne-Marie Glasheen. London: Victor Gollancz, 2000.

Amt, Emilie, ed. *Women's Lives in Medieval Europe. A Sourcebook.* New York and London: Routledge, 1993.

Armstrong, John. *Conditions of Love: The Philosophy of Intimacy.* New York and London: Norton, 2002.

Badinter, Elisabeth. *The Conflict: How Motherhood Undermines the Status of Women.* New York: Metropolitan Books, 2012.

Barthes, Roland. *On Racine.* Translated by Richard Howard. New York: Hill and Wang, 1964.

Benstock, Shari. *Women of the Left Bank. Paris, 1900-1940.* Austin: University of Texas Press, 1986.

Bloch, R. Howard. *Medieval Misogyny and the Invention of Western Romantic Love.* Chicago: University of Chicago Press, 1991.

Brée, Germaine. Gide. *New Brunswick.* NJ: Rutgers University Press, 1963.

Brooke, Christopher. *The Twelfth Century Renaissance.* London: Thames and Hudson, 1969.

Campbell, John. *Questions of Interpretation in "La Princesse de Clèves."* Amsterdam and Atlanta, GA: Editions Rodopi, 1996.

Carter, William C. *Marcel Proust. A Life.* New Haven and London: Yale University Press, 2000.

_________. *Proust in Love.* New Haven and London: Yale University Press, 2006.

Chalon, Jean. *Portrait of a Seductress: The World of Natalie Barney.* Translated by Carol Barko. New York: Crown, 1979.

De Courtivron, Isabelle. *Violette Leduc.* Boston: Twayne, 1985.

Delay, Jean. *The Youth of André Gide.* Translated and abridged by June Guicharnaud. Chicago and London: University of Chicago Press, 1963.

Dickenson, Donna. *George Sand: A Brave Man, a Most Womanly Woman.* Oxford, New York, and Hamburg: Berg, 1988.

Dock, Terry Smiley. *Woman in the Encyclopédie. A Compendium.* Potomac, MD: Studia Humanitatis, 1983.

Faderman, Lillian. *Surpassing the Love of Men: Romantic Friendship and Love Between Women from the Renaissance to the Present.* New York: Morrow, 1981.

Fryer, Jonathan. *André & Oscar: Gide, Wilde, and the Gay Art of Living.* London: Constable, 1997.

Fuchs, Jeanne. *The Pursuit of Virtue: A Study of Order in La Nouvelle Héloïse.* New York: Peter Lang, 1993.

Galvez, Marisa. *Songbook: How Lyrics Became Poetry in Medieval Europe.* Chicago and London: University of Chicago Press, forthcoming.

Gifford, Paul. *Love, Desire and Transcendence in French Literature: Deciphering Eros.* Aldershot, UK, and Burlington, VT: Ashgate Publishing, 2005.

Girard, René. *Deceit, Desire, and the Novel.* Translated by Yvonne Freccero. Baltimore: Johns Hopkins University Press, 1965.

Glente, Karen, and Winther-Jensen, Lise, editors. *Female Power in the Middle Ages*. Copenhagen: St. Gertrud Symposium, 1986.

Guerard, Albert. *André Gide.* Cambridge, MA: Harvard University Press, 1951.

Herold, J. Christopher. *Mistress to an Age. A Life of Madame de Staël.* Indianapolis and New York: Charter Books, 1958.

Hill, Leslie. *Marguerite Duras. Apocalyptic Desires.* London and New York: Routledge, 1993.

Latimer, Tirza True. *Women Together/Women Apart: Portraits of Lesbian Paris.* New Brunswick, NJ: Rutgers University Press, 2005.

Lucey, Michael. *Never Say I: Sexuality and the First Person in Colette, Gide, and Proust.* Durham, NC: Duke University Press, 2006.

Martin, Joseph. *Napoleonic Friendship: Military Fraternity, Intimacy and Sexuality in Nineteenth-Century France.* Durham, NH: University of New Hampshire Press, 2011.

May, Simon. *Love: A History.* New Haven: Yale University Press, 2011.

Merrick, Jeffrey, and Bryant Ragan, Jr., eds. *Homosexuality in Modern France.* New York and Oxford: Oxford University Press, 1996.

Meyers, Jeffrey. *Homosexuality and Literature, 1890-1930.* London: Athlone Press, 1977.

Moore, John C. *Love in Twelfth-Century France.* Philadelphia: University of Pennsylvania Press, 1972.

Nehring, Cristina. *A Vindication of Love: Reclaiming Romance for the Twenty first Century.* New York: Harper

Collins, 2009.

Owen, D. D. R. *Noble Lovers.* New York: New York University Press, 1975.

Porter, Laurence M., and Eugene F. Gray, eds. *Approaches to Teaching Flaubert's "Madame Bovary."* New York: Modern Language Association of America, 1995.

Roberts, Mary Louise. *Civilization Without Sexes: Reconstructing Gender in Postwar France, 1917-1927.* Chicago and London: University of Chicago Press, 1994.

_________. *Disruptive Acts: The New Woman in Fin-de-Siècle France.* Chicago: University of Chicago Press, 2002.

Rougemont, Denis de. *Love in the Western World.* New York: Pantheon, 1956.

Rowley, Hazel. *Tête-à-Tête: The Tumultuous Lives and Loves of Simone de Beauvoir and Jean-Paul Sartre.* New York: Harper Collins, 2005.

Sarde, Michèle. *Colette: Free and Fettered.* Translated by Richard Miller. New York: William Morrow, 1980.

Seymour-Jones, Carole. *A Dangerous Liaison: A Revelatory New Biography of Simone de Beauvoir and Jean-Paul Sartre.* New York: Overlook Press/Peter Myer Publishers, 2009.

Shapiro, Norman R., editor and translator. *French Women Poets of Nine Centuries: The Distaff and the Pen.* Baltimore: John Hopkins University Press, 2008.

Shattuck, Roger. *The Banquet Years: The Origins of the Avant-Garde in France, 1885 to World War I.* New York: Harcourt Brace, 1955.

Skinner, Cornelia Otis. *Elegant Wits and Grand Horizontals.* Boston: Houghton Mifflin, 1962.

Stendhal, Renate. *Gertrude Stein in Words and Pictures.* Chapel Hill, NC: Algonquin Books of Chapel Hill,

1994.

Stambolian, George, and Elaine Marks, eds. *Homosexualities and French Literature: Cultural Contexts, Critical Texts.* Ithaca, NY: Cornell University Press, 1979.

Thurman, Judith. *Secrets of the Flesh: A Life of Colette.* New York: Knopf, 1999.

Vircondelet, Alain. *Duras: A Biography.* Translated by Thomas Buckley. Normal, IL: Dalkey Archive Press, 1994.

Wenzel, Hélène Vivienne, ed. *Simone de Beauvoir: Witness to a Century.* Yale French Studies, No. 72. New Haven, CT: Yale University Press, 1986.

Wickes, George. *The Amazon of Letters: The Life and Loves of Natalie Barney.* New York: Putnam, 1976.

Winegarten, Renée. *Germaine de Staël and Benjamin Constant.* New Haven: Yale University Press, 2008.

Yalom, Marilyn. *Birth of the Chess Queen.* New York: Harper Collins, 2004.

__________. *Blood Sisters: The French Revolution in Women's Memory.* New York: Basic Books, 1993.

__________. *A History of the Breast.* New York: Knopf, 1997.

__________. *A History of the Wife.* New York: Harper Collins, 2001.

無英譯的法文資料

Apostolidès, Jean-Marie. *Cyrano: qui fut tout et qui ne fut rien.* Paris: Les Impressions Nouvelles, 2006.

Bruel, Andrée. *Romans français du Moyen Age.* Paris: Librairie E. Droz, 1934.

Castries, Réne. *Julie de Lespinasse: le drame d'un double amour.* Paris: Albin Michel, 1985.

Chalon, Jean. *Chère George Sand.* Paris: Flammarion, 1991.

Colette. *Lettres à Missy.* Ed. Samia Bordji and Frédéric Maget. Paris: Flammarion, 2009.

Conte-Stirling, Graciela. *Colette ou la force indestructible de la femme.* Paris: L'Harmattan, 2002.

Darblay, Pierre. *Physiologie de l'amour: étude physique, historique, et anecdotique.* Pau: Imprimerie Administrative et Commerciale, 1889.

Daumas, Maurice. *La tendresse amoureuse, XVIe-XVIIIe siècles.* Paris: Librairie Académique Perrin, 1996.

Delcourt, Thierry. *Le roi Arthur et les chevaliers de la table ronde.* Paris: Bibliothèque Nationale de France, 2009.

Flaubert, Gustave. *Lettres à sa maîtresse,* vol. 3. Rennes: La Part Commune, 2008.

Godard, Didier. *L'amour philosophique: l'homosexualité masculine au siècle des Lumières.* Bêziers: H & O editions, 2005.

Grellet, Isabelle, and Caroline Kruse. *La déclaration d'amour.* Paris: Plon, 1990.

Grimaldi, Nicolas. *Proust: les horreurs de l'amour.* Paris: Presses Universitaires de France, 2008.

Grossel, Marie-Geneviève, ed. *Chansons d'amour du Moyen Age.* Paris: Livre de Poche, 1995.

Lacouture, Jean and Marie-Christine d'Aragon. *Julie de Lespinasse: mourir d'amour.* Brussels: Editions Complexe, 2006.

Lafitte-Houssat, Jacques. *Troubadours et cours d'amour.* Paris: PUF, 1979.

Lespinasse, Julie de. *Lettres*. Ed. Eugène Asse. Geneva: Slatkine Reprints, 1994.

Lorenz, Paul. *Sapho 1900: Renée Vivien.* Paris: Julliard, 1977.

Marol, Jean-Claude. *La fin'amor: Chants de troubadours, XIIe et XIIIe siècles.* Paris: Editions du Seuil, 1998.

Marty-Dufaut, Josy. *L'amour au Moyen Age.* Marseille: Editions Autres Temps, 2002.

Mimoun, Sylvain, and Rica Etienne. *Sexe et sentiments après 40 ans.* Paris: Albin Michel, 2011.

Morin, Benoît. *Dictionnaire universel des synonymes de la langue française: contenant les synonymes de Girard et ceux de Beauzée, Roubaud, Dalembert, Diderot.* Paris: Dabo, 1824.

Nelli, René. *Troubadours et trouvères.* Paris: Hachette, 1979.

Nemer, Monique. *Corydon Citoyen: essai sur André Gide et l'homosexualité.* Paris: Gallimard, 2006.

Pougy, Liane de. *Idylle Saphique.* [1901] Paris: Editions Jean-Claude Lattès, 1979.

Richard, Guy, and Annie Richard-Le Guillou. *Histoire de l'amour, du Moyen Age à nos jours.* Toulouse: Editions Privat, 2002.

Rosenberg, Samuel N., and Hans Tischler, eds and trans. *Chansons des trouvères.* Paris: Livre de Poche, 1995.

Saint-Mard, Rémond de. *Lettres galantes et philosophiques.* Cologne: Pierre Marteau, 1721.

Sand, George. *Correspondance.* Edited by Georges Lubin. Paris: Garnier Frères, 1964-. 26 vols.

_________. *Elle et lui.* [1858] Meylan: Editions de l'Aurore, 1986.

Sollers, Philippe. *Trésor d'amour.* Paris: Gallimard, 2011.

Verdon, Jean. *Le plaisir au Moyen Age.* Paris: Librairie Académique Perrin, 1996.

Viala, Alain. *La France galante: essai historique sur une catégorie culturelle, de ses origines jusqu'à la Révolution.* Paris: Presses Universitaires de France, 2008.

Viallaneix, Paul, and Jean Ehrard. *Aimer en France, 1760-1860,* vol. 1. Clermont-Ferrand: Université de Clermont-Ferrand, 1980.

索引

人物

三至四畫

五至六畫

七至八畫

九至十畫

十一至十二畫

十三至十四畫

十五畫以上

文獻

一至五畫

六至十畫

地點

組織機構

其他

貓頭鷹書房 459

法式愛情：法國人獻給全世界的熱情與浪漫

作　　者　瑪莉蓮・亞隆
譯　　者　何修瑜
選書責編　張瑞芳
編輯協力　劉慧麗
專業校對　林昌榮
版面構成　張靜怡
封面設計　児日設計
行銷統籌　張瑞芳
行銷專員　何郁庭
總 編 輯　謝宜英
出 版 者　貓頭鷹出版

發 行 人　涂玉雲
發　　行　英屬蓋曼群島商家庭傳媒股份有限公司城邦分公司
　　　　　104 台北市中山區民生東路二段 141 號 11 樓
　　　　　劃撥帳號：19863813；戶名：書虫股份有限公司
城邦讀書花園：www.cite.com.tw　購書服務信箱：service@readingclub.com.tw
購書服務專線：02-2500-7718~9（周一至周五上午 09:30-12:00；下午 13:30-17:00）
24 小時傳真專線：02-2500-1990；25001991
香港發行所　城邦（香港）出版集團／電話：852-2508-6231 ／傳真：852-2578-9337
馬新發行所　城邦（馬新）出版集團／電話：603-9056-3833 ／傳真：603-9057-6622
印 製 廠　中原造像股份有限公司
初　　版　2020 年 8 月
定　　價　新台幣 630 元／港幣 210 元
I S B N　978-986-262-435-7

讀者意見信箱　owl@cph.com.tw
投稿信箱　owl.book@gmail.com
貓頭鷹臉書　facebook.com/owlpublishing

國家圖書館出版品預行編目資料

法式愛情：法國人獻給全世界的熱情與浪漫／瑪莉蓮・亞隆（Marilyn Yalom）著；何修瑜譯 . -- 初版 . -- 臺北市：貓頭鷹出版：家庭傳媒城邦分公司發行 , 2020.08
　面；　公分 . --（貓頭鷹書房；459）
譯自：How the French invented love:
　nine hundred years of passion and romance
ISBN 978-986-262-435-7（平裝）

1. 民族文化　2. 社會生活　3. 文化史　4. 法國

742.3　　109009902